LOS AÑOS DEL LOBO

OPERACION CONDOR

Stella Calloni

LOS AÑOS DEL LOBO

OPERACION CONDOR

Prólogo
de
Adolfo Pérez Esquivel

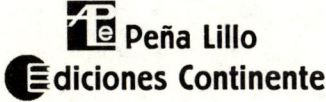

**Peña Lillo
Ediciones Continente**

982   Calloni, Stella
CAL   Operación Cóndor: los años del lobo
          1ª ed. - Buenos Aires
          Peña Lillo
          Ediciones Continente, 1999
          224 p.; 23x15 cm

          ISBN 950-754-054-7

          I. Título - 1. Historia Argentina

1ª edición: en Ediciones Continente, abril de 1999

Libro de edición argentina

© by **E**diciones Continente S.R.L.

Pavón 2229
(1248) Buenos Aires, Argentina
Tels.: (54-11) 4308-3535   Fax: (54-11) 4308-4800
e-mail: ventas@edicontinente.com.ar

Corrección: Susana Rabbufeti
Diseño de interior: Mora Digiovanni
Diseño de tapa: Mario Blanco

IMPRESO EN LA ARGENTINA
PRINTED IN ARGENTINA

Queda hecho el depósito que marca la ley 11.723

Se terminó de imprimir en los talleres de EDIGRAF
Delgado 834 - Buenos Aires - Argentina,
en el mes de abril de 1999

INDICE

*Agradecimientos: a Martín Almada, a Adolfo Pérez
Esquivel, por su generosidad y aliento.
A Gladys Mellinger de Sannemann,
por su trabajo y ejemplo.
A todos aquellos que hundieron sus manos en la
verdad y se atrevieron a contarla en libros,
artículos, notas, denuncias, que son bases para este
intento de unir la trama.
A Sergio, por su trabajo y compañía.
A los familiares de las víctimas, que no permiten
el silencio.*

PRÓLOGO

En estos días comienzan a emerger desde la oscuridad, documentos y testimonios sobre los años oscuros del terror que asolaron la vida de los pueblos de América Latina y que están desterrando largos años de silencios, complicidades e impunidad. Es un hecho importante, cuando la falta de coherencia en los gobernantes y en la actividad política han llevado al descreimiento y la apatía a grandes sectores de la sociedad.

La detención en Londres del ex dictador de Chile, Gral. Augusto Pinochet, en 1998, así como los juicios que se llevan adelante en España, Italia, Francia, Suecia, Alemania contra las dictaduras del Cono Sur; las causas judiciales abiertas por las Abuelas de Plaza de Mayo en la Argentina, en un intento de hacer justicia y encontrar a los responsables del "experimento" de apropiarse de niños nacidos en cautiverio, después de asesinar a sus padres, están llevando hacia la verdad.

Esta actividad obligó al gobierno de Estados Unidos a desclasificar documentos que ponen en evidencia su intervención en la época del terror, como lo hizo también en diversas invasiones armadas contra distintos países. Y en el caso clave del Cono Sur, su accionar en el golpe de Estado de Chile y el apoyo a todas las dictaduras militares, es hoy una verdad a voces. La aplicación de la Doctrina de Seguridad Nacional, elaborada en Washington, dejó como saldo miles de muertos, desaparecidos, torturados, detenidos y exiliados.

El terror y el desamparo marcaron la vida de nuestros pueblos, que fueron privados de sus derechos sociales, políticos, jurídicos y culturales, y sometidos a un proyecto de dominación y a la creciente dependencia económica y política que significa la deuda externa.

En Paraguay, y gracias a la persistencia y resistencia de personas como el abogado y pedagogo Martín Almada, víctima de la dictadura de Stroessner, se encontraron en 1992 los llamados Archivos del Terror que documentan la política y metodología represiva y el llamado "Operativo Cóndor", una internacional del terror donde actuaban grupos comandos en operaciones conjuntas en distintos países, con el pretexto de combatir al "comunismo internacional".

Stella Calloni investigó en estos archivos y en diversa documentación. Reunió artículos y libros, en un intento por ordenar esta información, y escribió una serie de trabajos, que finalmente sirvieron de base a su libro: *Los años del lobo: Operación Cóndor*.

Es un extenso trabajo de investigación de las temibles tramas secretas, un rescate de la memoria sobre las causas y los orígenes de ese tiempo de horror que se vivió, poniendo en evidencia a los responsables del genocidio. Cuando me comentaba la marcha de su trabajo, muchos recuerdos dolorosos regresaron a mi mente y mi corazón, y me di cuenta de que todo eso era parte de mi propia experiencia, porque yo mismo quedé atrapado más de una vez en los mecanismos de represión continental.

En febrero de 1975, junto con la doctora Hildegard Goss-Mayr de Austria, y presidenta de International Fellowship of Reconciliation (IFOR), una persona comprometida con los pueblos y co-fundadora del servicio Paz y Justicia en América Latina (SERPAJ-AL), después de un seminario sobre "Experiencias de No Violencia en América Latina", realizado en Buenos Aires, decidimos viajar a São Paulo, Brasil. Ibamos a reunirnos con el Cardenal Pablo Evaristo Arns, arzobispo de esa ciudad, un amigo comprometido con los sectores populares y la defensa de los derechos humanos, para trabajar sobre un encuentro de obispos latinoamericanos que iba a realizarse en Brasil sobre la "No Violencia Evangélica, como fuerza de liberación". Al llegar al aeropuerto fuimos detenidos, junto con el Dr. Mario Carvalho de Jesús, abogado sindicalista, que nos esperaba, y llevados al cuartel de la policía militar por miembros del famoso Departamento de Control Político y Social (DOPS). Nos separaron y nos llevaron al calabozo, donde nos interrogaron. Me pusieron un capucha negra, cuya base levantaban cada tanto para que pudiera ver algunos informes de la policía de Paraguay, Argentina, Bolivia, sobre dirigentes sindicales, organizaciones sociales y religiosas. Nos preguntaban bastante sobre nuestros vínculos con la Central Latinoamericana de Trabajadores (CLAT), con sede en Venezuela. También sobre un campesino paraguayo, de apellido Coronel, sobre dirigentes de la Central Obrera Boliviana (COB), entre otros.

Mientras me interrogaban pasaban música y se escuchaban gritos y golpes de gente torturada. Tres personas nos interrogaban: uno era el "duro", que decía que nos iba a fusilar si no hablábamos; otro, "el bueno", quien se mostraba comprensivo y que decía que nos ayudaría si le confesábamos nuestros "contactos" y le decíamos a quién íbamos a ver a São Paulo. El tercero, tenía la misión de no dejarme sentar, ni tomar agua,

ni apoyarme en la pared. Así pasé toda la noche. El Cardenal Arns, al ver
que no llegamos, hizo averiguaciones y supo que nos habían detenido en el
aeropuerto. Entonces realizó una marcha pública para reclamar nuestra
libertad. Al día siguiente nos liberaron y nos obligaron a abandonar el país.

El hecho más grave sucedió en agosto de 1976 en Ecuador, donde
teníamos una reunión en la Casa de la Santa Cruz, en la diócesis de
Riobamba, con el obispo, Monseñor Leonidas Proano, para reflexionar e
intercambiar experiencias de las pastorales a la luz del Evangelio, y pensar
los caminos a seguir junto a los pobres. El 4 de agosto, estando ya en
Riobamba, nos llegó la noticia del asesinato de Monseñor Enrique Angelelli,
obispo de La Rioja, en Argentina –a quien esperábamos en la reunión–, lo
que provocó una gran congoja entre los diecisiete obispos de América
Latina y cuatro de Estados Unidos, que participaban, además de teólogos,
religiosos y religiosas y algunos laicos. Y por supuesto hubo muchas
declaraciones de condena.

El 12 de agosto, cuando estábamos reunidos, invadieron la Casa de la
Santa Cruz unos 70 hombres con armas largas, granadas, máscaras para
gases lacrimógenos y nos detuvieron a todos. Nos llevaron al cuartel de la
policía, en la ciudad de Quito, y nos acusaron de subversión y conspiración.
Según informes que nos llegaron después de nuestra liberación, varios
gobiernos habían avisado a la dictadura militar ecuatoriana que el grupo
reunido en Riobamba eran obispos de la Teología de la Liberación, y que
la reunión era "subversiva".

Esto ya era un ejemplo de cómo actuaba la coordinación entre la
Fuerzas Armadas y los servicios de seguridad entre los países. Estando luego
en prisión, encerrado en los "tubos" de la Superintendencia de Seguridad
Federal, un centro de tortura de la Policía Federal Argentina en ese
entonces, pude comprender lo que significaba el "Operativo u Operación
Cóndor", cuyas garras me habían rozado en Brasil y Ecuador. En otro
"tubo" se encontraba un joven, Luis P., que el ejército brasileño había
secuestrado en San Salvador de Bahía a pedido del gobierno militar
argentino y se lo había entregado. Logramos avisar a su esposa, pero nunca
supe qué sucedió con el joven.

Mi "experiencia Cóndor" prosiguió en otros países, durante las
dictaduras militares. Fui detenido en Chile y llevado a seguridad dos veces,
cuando intentaba reunirme con el secretariado de SERPAJ de ese país. En
Uruguay no me dejaron entrar, me retuvieron en el aeropuerto y me
embarcaron en el primer vuelo de regreso a la Argentina. En Paraguay,
donde estaba invitado por organizaciones de derechos humanos, sindicales y otras, llegaron a no permitir que aterrizara el avión de Aerolíneas en
Asunción –que debió regresar a Puerto Iguazú–, por haber resistido las
presiones de un ministro del gobierno de Stroessner, que fue a mi casa, el

día anterior al viaje, a ofrecerme que no viajara y que el presidente me iba a invitar después. Otra vez, intentando entrar en Paraguay por Clorinda (Formosa), un batallón de soldados paraguayos me impidió el acceso.

Relato esto para mostrar cómo funcionaba el intercambio de datos, la complicidad que hizo posible el crimen de los "cóndores", a muchos de los cuales encontraríamos luego en los testimonios de la guerra sucia en Centroamérica.

Stella Calloni señala en el capítulo sobre los antecedentes de la Operación Cóndor que el descubrimiento de los Archivos del Horror permitió, "como en un maldito juego de ajedrez de la muerte", acceder a documentos oficiales y comprender el papel de los gobiernos dictatoriales y el rol permanente de la CIA y otras instituciones estadounidenses.

Recientemente, la Secretaria de Estado Norteamericano, Madeleine Albright, declaró que lamentaba los "errores" cometidos por su país cuando se conocieron los pasos de Estados Unidos en Chile y en la Operación Cóndor. Pero todos sabemos que no hubo errores, sino políticas que se impusieron a sangre y fuego, y que el costo humano y material de los pueblos es un genocidio aún no resuelto. Más que declaraciones, Estados Unidos debe ya accionar para que la "ronda del crimen" termine para siempre y los responsables sean expuestos.

De allí surge la importancia de este libro, profusamente documentado, a través de una paciente labor artesanal que permitió a la autora reunir y relacionar los hechos. Esto permite medir la dimensión del terror. No pretende mostrar el dolor como una exhibición. Lo que busca es mostrar el rostro humano de ese dolor, las causas y los mecanismos que lo desataron y el porqué se implantó en América esa política del terror, y esto es clave. Hoy hemos retornado a las democracias condicionadas, o como lo señala Eduardo Galeano, las "democraduras", y vemos cómo se preparan nuevas fuerzas de represión para otro escenario, cómo se revela en las propias conferencias de los Ejércitos Latinoamericanos, donde se debaten hipótesis de conflictos, y entre ellos, los llamados de "Baja Intensidad", temibles para todos. Lamentablemente muchos gobiernos se han sometido a las políticas que se imponen y muy pocos han tenido el coraje de asumir las verdaderas necesidades de sus pueblos.

En esta introducción-testimonio, siento que recupero algo, como cuando veo surgir a los sectores emergentes que buscan dar respuesta a la vida. Este libro, escrito en lenguaje directo, claro, de riguroso análisis, es también un desafío para recuperar la memoria, que es recuperar la fuente de la vida.

Adolfo Pérez Esquivel
Servicio de Paz y Justicia de Argentina
Premio Nobel de la Paz, 1980

INTRODUCCIÓN

Pocos días antes de la Navidad de 1992, una noticia muy singular dio la vuelta al mundo. En Paraguay, un pequeño país sudamericano, donde comenzaba una controvertida transición a la democracia, se habían descubierto una buena parte de los archivos que confirmaban la leyenda negra de una de las dictaduras más temibles y largas de América Latina. Durante 35 años, el general Alfredo Stroessner había mantenido a su país bajo el terror, la persecución y el aislamiento.

La buena obsesión por la justicia de una de las víctimas de la dictadura, el abogado y pedagogo Martín Almada, lo había llevado hacia esas oficinas policiales nuevas en Lambaré, suburbios de Asunción, la capital de Paraguay, adonde habían sido trasladados en esos días, dentro del mayor sigilo, toneladas de papeles en desorden, que testimoniaban la historia menuda de la tragedia.

Desde un primer momento entrevistamos a Almada, quien había sido detenido en 1974, y que fue rescatado por una intensa acción internacional en 1977. Pequeño, delgado, afable y generoso, Almada, que por momentos se evade hacia ese mundo de sombras y catacumbas por el que atravesó durante años, dedicó su vida a buscar la justicia, en un entorno de terrores que aún persisten, porque muy poco ha cambiado en lo esencial en su país.

El fue un solidario guía hacia ese extraño túnel del tiempo, que significó hurgar los papeles, ir descubriendo datos, documentos, cartas, que no sólo desnudaban lo sucedido en Paraguay sino que permitían –con documentación oficial y membretada– comprobar la existencia de coordinaciones criminales entre las dictaduras del Cono Sur, como el Operativo Cóndor. Más aún, los nexos de la muerte iban mucho más lejos. De alguna manera nos llevaban hacia la mano que mecía la cuna de la muerte.

En el periódico *La Jornada* de México, para el cual trabajo como corresponsal en Sudamérica, se entendió de inmediato que debíamos dar importancia a este descubrimiento y abrir las páginas a las víctimas de la dictadura para tejer la historia, aun cuando sea incompleta. Llegar hasta el final supone un inmenso esfuerzo colectivo. Esto es lo que se intenta: reconstruir, a partir de los trabajos propios y ajenos, lo que llamo "los años del lobo", o los años del miedo.

¿Hay cifras exactas del genocidio? Aunque resulte doloroso sumar en estas circunstancias, podemos llegar a la conclusión de que más de 400 mil latinoamericanos fueron víctimas de una política de estado terrorista, cuya base estuvo diseñada en Washington. Y esto no es ideologismo fatuo. Sólo basta con reconstruir la historia de los dictadores, como Anastasio Somoza, Fulgencio Batista, Jorge Ubico, Alfredo Stroessner, y otros, y unirla con las dictaduras del llamado Cono Sur, y comprobar de dónde y por qué surgieron y qué poder los sostenía.

Los Archivos de Paraguay abrieron una pequeña esperanza hacia la verdad. En mi trabajo como corresponsal durante las guerras en Centroamérica donde conviví con sus pueblos, sus gozos y tragedias, había investigado otros pactos de sangre entre dictadores y hacedores. Entrar en la otra cara de esa historia fue tan sorprendente como terrible. Los Archivos cerraban para mí una línea del círculo, el esquema de la "guerra sucia", la política exterior de Washington en carne viva.

Las cartas dirigidas por el coronel Robert Scherrer, del Buró de Investigaciones de Estados Unidos (FBI), dirigidas a funcionarios de Stroessner desde la sede diplomática en Buenos Aires, confirmaban que éste era un hombre clave, y que sabía muy bien lo que significaba la Operación Cóndor. Más aún, alimentaba con sus informes y solicitudes de informes a los criminales, así como otros funcionarios estadounidenses y de distintos países.

Estados Unidos desclasificó alguna documentación en los últimos tiempos, pero en realidad mucho de esto ya se conocía. Periodistas norteamericanos habían accedido a esos documentos, sin que lamentablemente esto obligara a Washington a revisar la política de sus sectores fundamentalistas e ideologizantes, que actuaron entonces y actúan ahora. Este libro intenta abrir, en pequeño, el juego de una verdad maldita. Cada tema que se expone, es una demanda para continuar investigando, quebrar así la impunidad y exigir a Estados Unidos que destruya ahora y definitivamente el huevo de la serpiente, que continúa allí, en las oficinas ovales, amenazando con los retornos criminales e impidiendo la justicia. La política de impunidad no es un hecho aislado. Asegura la continuidad de la política de terror, por medio de la cual América Latina fue "preparada", sobre el genocidio anterior, para imponer una dictadura global sin precedentes.

Ninguno de los esquemas del control y la represión se han desactivado. La llamada Guerra de Baja Intensidad (GBI) resume el nuevo plan, el proyecto que nunca ha dejado de ser parte de la Teoría de Seguridad, tan vigente, como agazapada en los escenarios frívolos que nos proponen las empobrecidas democracias.

"Llevamos quinientos años aprendiendo a odiarnos entre nosotros y a trabajar con alma y vida por nuestra propia perdición, y en eso estamos. Pero todavía no hemos podido corregir nuestra manía de andar soñando despiertos y chocándonos con todo, y cierta tendencia a la resurrección inexplicable", ilumina el escritor uruguayo Eduardo Galeano. En todo caso, este trabajo de unir pedazos de historias es, de alguna manera, un sueño de resurrección. No he querido hacer literatura sobre esa documentación, ni "alivianar" o novelar sobre el tema. Debajo de mis pies hay un mundo de silencios y silenciados que reclaman cada día. Y en esta pequeña parte de ese mundo alienante que los devoró, es un intento, uno más, para soñar con ellos la resurrección.

S. C.

1

OPERACIÓN CÓNDOR.
LOS AÑOS DE LA GUERRA SUCIA

En los años 70, en plena guerra sucia, un prisionero político escribió en un papel arrugado que alguien recogió y guardó en su memoria: estoy metido en una historia de espejos malditos. No puso firma. Era una víctima del llamado Operativo Cóndor y había pasado por las cámaras de tortura de por lo menos dos dictaduras. Un sobreviviente rescató aquella frase y la repetía siempre para referirse a los secretos temibles de una operación criminal que no reconoció fronteras ni límites. El túnel oscuro aún está. Por ese túnel oscuro caminaron miles de hombres, mujeres y niños, y en él desaparecieron. Fue un tiempo demasiado largo y cruel.

El entorno de esos años del lobo correspondía a una verdadera red de dictaduras en el Cono Sur y en América Latina. El general Alfredo Stroessner llevaba ya una década en el poder cuando los militares brasileños derrocaron al gobierno democrático y popular de João Goulart. La tradición del golpe tras golpe llevó a la dictadura de Hugo Banzer en 1971 en Bolivia. El golpe del general Augusto Pinochet, el 11 de septiembre de 1973 en Chile, terminó con el experimento socialista de un gobierno elegido democráticamente, derrocando al presidente Salvador Allende, que no se rindió y murió en la casa gubernamental destruida por los bombardeos. Ese mismo año, la prolongada democracia en Uruguay culminó cuando el presidente Juan María Bordaberry, aliado con los militares, cerró el Congreso y puso al país bajo dictadura. Tres años después, el 24 de marzo de 1976, una Junta militar, presidida por el general Jorge Rafael Videla, interrumpió, una vez más en Argentina, un gobierno civil. Desde los años

30 Argentina tuvo escasos períodos democráticos, todos interrumpidos por golpes militares. En este caso fue derrocado el gobierno de Isabel Martínez de Perón, viuda y heredera política –sin otra razón que haber sido la tercera esposa– del tres veces ex presidente de la república, Juan Domingo Perón. Bajo este gobierno ya había comenzado a actuar la Alianza Anticomunista Argentina (Triple A), una coordinación criminal con la dictadura de Pinochet en Chile.

La represión entonces ya no tuvo límites ni fronteras. En todos lo casos, detrás aparece la mano de Washington y el esquema de la Teoría de Seguridad Nacional estadounidense, bajo cuyo diseño se produjo el geno-cidio regional, que ahora aparece en su verdadera dimensión.

Stroessner tenía entonces "buenos amigos" rodeándolo. Como con-secuencia de las dictaduras, refugiados y exiliados políticos transcurrían por las fronteras. Después de los golpes en Chile y Uruguay muchos habían buscado refugio en Argentina, donde ya vivían miles de paraguayos que huyeron del régimen stroessnerista. Todos ellos quedaron entrampados bajo la dictadura argentina, que produjo unas 30 mil desapariciones forzadas. Los débiles espacios de exilio terminaron definitivamente y México, Panamá, Venezuela, Perú, Cuba, entre otros, y países de Europa y nórdicos debieron abrir sus puertas a millones de refugiados.

La cifra de asesinados-desaparecidos, sólo en el Cono Sur, superaría los 50 mil. En Centroamérica, Guatemala ostenta el doloroso récord: 200 mil personas muertas, la mayoría de ellas a manos del ejército, durante la guerra de 36 años que vivió ese país. La Comisión de Esclarecimiento Histórico, dirigida por el alemán Christian Tomuschat, dio a conocer un informe, en diciembre de 1996, en el que se documentan los violentos hechos que sucedieron en Guatemala. "Hemos registrado más de 42.000 víctimas de violaciones, entre éstas más de 29.000 fueron ejecutadas o desaparecidas". De acuerdo con el documento, el 93 por ciento de los hechos fue cometido por el ejército y agentes de seguridad del Estado, y añade que el gobierno de Estados Unidos a través de diferentes dependen-cias, incluyendo la CIA, apoyó a grupos operativos ilegales del Estado guatemalteco. Unas 440 aldeas indígenas fueron borradas del mapa durante la represión. Datos de organismos humanitarios de Guatemala sostienen que 60.000 personas fueron desaparecidas. Esto, después de que en 1954 fuera derrocado el gobierno popular del coronel Jacobo Arbenz Guzmán, mediante una invasión preparada por la CIA estadounidense, en combinación con la United Fruit, compañía frutera, cuyos intereses se atrevió a tocar el mandatario, democráticamente elegido. En El Salvador y Nicaragua las dictaduras, y luego las guerras, dejaron más de 150 mil muertos. Y podríamos continuar en una lista continental para recordar que la región fue víctima de un genocidio y que no pueden asentarse democracias sólidas sobre la impunidad, que también fue impuesta como una continuidad de la misma doctrina ideologista, para proteger a los responsables intelectuales y materiales.

El descenso del Cono Sur al salvajismo tuvo sus raíces en una crisis geopolítica y política y en una ideología común, compartida por los gobiernos militares de la región. Estados Unidos cumplió un rol decisivo en los tres. La Guerra fría suministró el contexto global de un anticomunismo patológico. Y Estados Unidos proporcionó la instrucción militar e ideológica a sus aliados latinoamericanos. Las fuerzas armadas de la región –salvo escasas excepciones– fueron muy receptivas a estos planes y desarrollaron –previa instrucción desde el norte– una visión totalitaria con las terribles consecuencias que dejaron esos años del lobo.

Estados Unidos proporcionó inspiración, financiamiento y asistencia técnica a la represión y pudo haber plantado las semillas de la Operación Cóndor. La CIA promovió una mayor coordinación entre los servicios de inteligencia de la región. Un historiador estadounidense atribuye a un operativo de la CIA la organización de las primeras reuniones entre funcionarios de seguridad uruguayos y argentinos para discutir la vigilancia de los exiliados políticos. La CIA también actuó como intermediaria en las reuniones entre los dirigentes de los escuadrones de la muerte brasileños y los argentinos y uruguayos.[1]

Pero Estados Unidos hizo más que organizar los encuentros. La división de servicios técnicos de la CIA suministró equipos de tortura eléctrica a brasileños y argentinos, y ofreció asesoramiento sobre el grado de shock que el cuerpo humano puede resistir.[2] Los agentes de seguridad latinoamericanos también recibieron entrenamiento de la CIA en cuanto a fabricación de bombas, en la sede de la oficina de Seguridad Pública del Departamento de Estado en Texas.[3]

El asesoramiento y la asistencia de Estados Unidos facilitaron la coordinación entre las agencias regionales de inteligencia. Esta cooperación hizo posible el intercambio de información y de prisioneros, incluso de asesinatos conjuntos. Un exiliado político podía ser secuestrado, tomado como rehén y llevado a través de las fronteras, torturado y desaparecido, sin ninguna autorización judicial. Paradójicamente el hecho de que la CIA dirigiera estas acciones puede haber alentado la creación de la Operación Cóndor. La administración del presidente demócrata James Carter resistió la decisión de la CIA de resolver todos los pedidos de inteligencia en América Latina. La cooperación de la CIA fue muy valiosa para todas las dictaduras militares desde el final de la Segunda Guerra Mundial, pero el gobierno de Carter comenzó a tener reservas ante los pedidos de colaboración después de muchos escándalos, fundamentalmente los sucedidos en Chile.[4]

El dictador Pinochet visitó Paraguay el 13 de mayo de 1974,

intentando profundizar la relación entre amigos, cuando estaba aislado y el presidente argentino Juan Domingo Perón repudiaba el golpe. Hacia Argentina habían llegado varios refugiados chilenos, entre ellos el general Carlos Prats y también de otras nacionalidades que habían logrado huir cuando Pinochet se hizo del poder y sembró la muerte.

Los discursos fueron muy elocuentes. Pinochet designó a Stroessner como "general Honoris Causa" del ejército chileno y le regaló una réplica del sable del libertador Bernardo O' Higgins. A su vez el anfitrión le entregó una medalla labrada en oro que recordaba al mariscal Francisco Solano López, y en la despedida en el aeropuerto de Asunción dijo refiriéndose a su visitante: "Es el líder que hizo brillar el acero de su espada para no permitir jamás el enseñoramiento de esta doctrina antinacional y anticristiana que es el comunismo ateo".[5]

Cuatro meses después el dictador paraguayo visitó Chile. Pocos días antes, el 14 de julio de 1974, mediante el decreto número 521, Pinochet había creado la Dirección Nacional de Inteligencia (DINA),[6] que reunía a los servicios de inteligencia de las tres armas, y puso al frente al general Manuel Contreras. La empresa criminal tomaba forma organizada. Así es que cuando atacado por la verborragia –que no era su fuerte– agradeció a Stroessner por su visita, Pinochet dijo: "Vuestra presencia reviste para los chilenos un hondo significado, porque sois el primer gobernante de una nación amiga que llega a nuestra tierra desde que Chile recuperó su libertad". Detrás de ambos dictadores se extendía la muerte. Cuando partió, Stroessner dijo: "Aquí en Chile nos hemos visto como un espejo". En el país que dejaba, los cadáveres de los asesinados pasaban flotando por los ríos y las salas de tormento no descansaban. Pero era cierto: Chile de Pinochet era el espejo del Paraguay de Stroessner.

Aquellos días fueron muy "útiles" para los jefes militares de ambos países que en poco tiempo pondrían en marcha las operaciones secretas.

El plan secreto abarcaría a Brasil, Argentina, Paraguay, Chile, Bolivia y Uruguay. Uno de los propósitos más concretos, dice el periodista argentino Rogelio García Lupo, era la "eliminación de los terroristas fugitivos y de los disidentes exiliados", tal como figura en sus documentos de trabajo.[7]

Los señores de la muerte habían hecho varios pactos. Por debajo, en tanto, funcionaba ya la coordinación represiva, que luego se concretaría en la llamada Operación Cóndor, código para aquella organización multinacional del crimen, cuyo origen estaba en las inmensas oficinas de la CIA y del FBI, en Estados Unidos.

El 25 de octubre de 1974 William Colby, siendo director de la CIA, declaró que "Estados Unidos tiene derecho a actuar ilegalmente en cualquier región del mundo, acumular investigaciones en los demás países y hasta llevar a cabo operaciones tales como la intromisión en los asuntos internos chilenos".[8] No es casual que Colby esté presente en este escenario cuando ya en 1966 ponía en práctica en Vietnam la llamada "Operación Phoenix" (Operación Fénix), que significó la creación de bandas paramilitares y terroristas, responsables de miles de asesinatos en distintos lugares de esa región.

"La aventura de Washington en Vietnam es conocida como 'la guerra sucia'. Pero sería más exacto llamarla terrorismo internacional sin precedentes, porque el papel rector en ella correspondía a los servicios secretos de Estados Unidos (...) la Inteligencia del Pentágono y la CIA. Ellos llevaban a cabo en Vietnam un amplio programa de operaciones secretas que incluía la violencia total, desde actos terroristas, subversión y sabotaje hasta el exterminio masivo de representantes de la oposición política en Vietnam del Sur."[9] No es desmesurado tampoco recordar que en 1963 Colby había sido titular de la División lejano Oriente de la CIA, responsable de coordinar la producción de narcóticos en el Cono Sur en los inicios de los 60.[10]

Entre los hechos graves que el ensayista argentino G. Mardonez destaca como prueba del genocidio, mediante la guerra secreta estadounidense en el sudeste asiático con la participación de la CIA, se encuentra el golpe de Estado en Indonesia, cuyo resultado fue la destitución del presidente Sukarno y el "llamado programa Fénix".[11] Hay que recordar que este presidente había llevado adelante planes de desarrollo de corte nacionalista, tratando de mejorar el nivel de vida de millones de pobres. Entre sus medidas más importantes figura la nacionalización del petróleo (en manos de la angloholandesa Royal Dutch-Schell) en 1965. En octubre de ese mismo año, con la participación –plenamente aceptada hoy en día– de la CIA estadounidense y compañías transnacionales, se produjo un golpe liderado por Suharto, dejando como saldo un millón de muertos y más de 200 mil prisioneros políticos, sobre los cuales se experimentaron métodos de torturas que luego se aplicaron en nuestros países.

El programa Fénix continuó lo que se llamó la línea de "pacificación" de las aldeas survietnamitas, aplicada a partir de 1966 desde la sede de la CIA en Langley, bajo el control, precisamente, del entonces subdirector, William Colby. Para esta llamada "pacificación" se formaron grupos llamados "pelotones de exploración provincial", integrados por efectivos de unidades survietnamitas irregulares, los que realizaban operaciones punitivas en los poblados. En realidad estos pelotones eran "bandas ultraderechistas que estaban apoyadas por 44 centros de investigación" provinciales (uno en cada provincia), "cuyo personal torturaba de manera sistemática a compatriotas sospechosos".[12]

William Colby consideró que esto era "insuficiente" y entonces trazó el llamado programa u "Operación Fénix (Phoenix)". En éste participaban los cuerpos policiales, los servicios de información y unidades militares survietnamitas y estadounidenses. En 1971 Colby reconoció ante la Comisión del Senado del Congreso de Estados Unidos, que mediante este programa se mató a 20.587 sospechosos. Y según el gobierno de Saigón, el número de muertos fue de 40.994. "Pero sea cual fuere la cifra real, nadie puede negar que 20 mil muertos es también genocidio. Además, el empleo en gran escala de napalm, fósforo blanco, granadas de fragmentación, lanzallamas y otras armas reglamentarias en las Fuerzas Armadas de Estados Unidos y sus aliados survietnamitas contra la población civil, son asimismo actos de genocidio", como señala el escritor G. Mardonez en su libro: *La CIA sin máscara*.[13]

"El programa Fénix puede ser catalogado sin duda entre los casos de crueldad injustificada (como si hubiera algún caso de crueldad justificada, el subrayado es nuestro) (...) y Colby en persona está de acuerdo en eso. Pero semejantes fenómenos son característicos de todas las guerras en general y creemos que sería una injusticia escandalosa estigmatizar a Colby –como algunos intentan hacerlo ahora– de asesino de masas".[14] Esto lo escribía la revista *Parade* cuando se comprobó que Colby era quien decidía las "cuotas mensuales obligatorias de exterminio de población civil" y se admitía la participación activa de unidades estadounidenses en el crimen.

En el otro extremo de la situación, la revista estadounidense *Counter Spy*, publicó un artículo severamente crítico de los "trabajos sucios" de la CIA y un pequeño reportaje a un soldado norteamericano. Se le preguntó a éste si al "interrogar a los prisioneros arrestados en Vietnam se les imponían torturas con empleo del teléfono de campaña".

"Respuesta: Sí, practiqué este método en varios casos. Lo hacían también todos los que se dedicaban a los interrogatorios en Vietnam."[15]

De los 18 testimonios que mencionó la revista, hay varios referidos a los interrogatorios usados por los soldados estadounidenses. Además de la descripción de los tormentos se analizaron las otras participaciones de la CIA. Una característica peculiar del modo de operar de este organismo consistía en la "cooperación estrecha con las fuerzas represivas internas locales, lo que permitía realizar accciones tales como: escuchas telefónicas, censura de correspondencia, el intercambio de listas de las personas que viajaran al extranjero, listas de huéspedes de los hoteles (...) esta cooperación es importante para la CIA en la realización de otras operaciones como incursiones, arrestos y torturas a fin de obtener información".[16]

Cuando Colby se presentó ante el Congreso, en las Audiencias del senado, que fueron publicadas en el libro *Los expedientes de la CIA*,[17] sostuvo por una parte que sus acciones tenían el visto bueno del gobierno de Estados Unidos, del Presidente del país, del Consejo de Seguridad nacional y además que el Congreso estaba informado de esto.

Más adelante dijo que "yo personalmente no he matado a nadie" (risas de los presentes). "El programa Fénix era parte del programa general de 'pacificación', realizado por el gobierno de Vietnam, que incluía también otros varios componentes como la creación de las fuerzas de seguridad locales para defender las aldeas o la distribución de armas entre los voluntarios de los grupos de autodefensa, lo que, en mi opinión, era un paso audaz que es poco probable que se hayan atrevido a dar los gobiernos de muchos países...". Y continuó con el mismo cinismo: "En más de dos años y medio de realización del programa Fénix, fueron capturadas 29 mil personas, convertidas en traidores, 17 mil, y muertas 20 mil 500. El 87 por ciento de las muertes fue ocasionado por unidades regulares y paramilitares y sólo el 13 por ciento por la policía y servicios análogos. (...) El programa Fénix preconizaba la detención por cuanto respetamos la vida humana (otra vez risas). Además, se sabe que el hombre viviente puede dar información y un cadáver no".[18]

Esta misma operación fue la que se desarrolló luego en Chile, donde se concentró el mayor comando de la CIA para los años 70, después del derrocamiento de Salvador Allende. "La operación subversiva más importante de la CIA fue sin duda su participación activa en la organización y realización del golpe militar fascista en Chile." Allí se aplicó todo aquello que Colby consideraba "lo más avanzado", en materia de operaciones secretas y criminales.

Lo cierto es que en 1974 comenzó la ronda más "espectacular" de la muerte, por la trascendencia política de las víctimas. El 30 de septiembre de 1974, el general chileno Carlos Prats, quien había sido ministro de Defensa de Allende, entre otros cargos, y estaba asilado en Argentina, fue asesinado junto a su esposa Sofía Cuthbert en Buenos Aires. Una bomba estalló debajo de su automóvil cuando regresaba de una reunión con amigos. Fue una señal temible.

El 19 de diciembre de 1974 fue asesinado en París, Francia, el coronel uruguayo Ramón Trabal, quien no se mostró dispuesto a participar en lo más oscuro de la represión en su país. El crimen quiso ser atribuido a una venganza de la izquierda, pero en junio de 1975, el periodista británico Richard Gott, escribía en *The Guardian* de Londres que no se pudo encontrar en París ninguna noticia, ni siquiera insinuación, de que los asesinos pertenecieran a la izquierda. "Las sospechas caían sobre el gobierno uruguayo y la CIA." Trabal había confesado a Gott sus simpatías por el movimiento de los militares de izquierda en Portugal y por los sectores progresistas de su país.[19] Pero ya había un informe del Comité de Relaciones Exteriores del Senado de Estados Unidos de septiembre, que advertía sobre esta situación. La desclasificación de documentos, precedidos por denuncias concretas de investigadores y periodistas (que analizaremos más adelante), demuestran hasta qué grado llegó este involucramiento estadounidense en Chile, mediante el gobierno y grandes empresas, para derrocar a Salvador Allende.

La dictadura chilena y sus socios extendieron la persecución a los opositores, lo que incluso llegó a Washington y Europa. "Su originalidad consistió en que eran utilizados personal y conexiones de la CIA, si bien con un control atenuado de la misma."[20] Era, en realidad, una operación encubierta de la CIA, que luego le provocaría serias contradicciones con los militares y policías latinoamericanos que intervinieron en la misma y, hoy por hoy, deben asumir solos esa responsabilidad.

"Operación Cóndor, significa 'continentalización' de la criminalidad política. Es decir, difusión en todo el continente de las acciones terroristas que se manejan desde Washington. (...) 'El cóndor' en este caso, cumple la función de ave de rapiña. La colaboración entre los servicios secretos de las dictaduras latinoamericanas dio a luz a esta ave de rapiña. En un principio colaboraban entre sí sólo algunos regímenes dictatoriales, hoy se habla ya de una organización general para todo el hemisferio occidental, que actúa bajo la égida de la CIA. Esta organización puede vanagloriarse de haber sabido preparar y llevar a cabo los crímenes políticos más horrorosos de nuestra época en América Latina y aun en Estados Unidos, como lo prueba el asesinato de Orlando Letelier, ex ministro de Defensa y embajador de Chile en Washington" del gobierno de Allende, sostenía el político y escritor Volodia Teitelboim, en el prólogo del libro de Valentín Mahskin.

Teitelboim atribuía a Pinochet ser el "cabecilla" latinoamericano del Cóndor y señalaba entonces "con la ayuda del Cóndor, los dictadores espían a los emigrados políticos latinoamericanos, los persiguen y los matan".[21]

Esto se sustentaría en los años 96 y 97 cuando el ex poderoso jefe de la inteligencia chilena, general Manuel Contreras, acusó directamente a la CIA, y de esta manera al ex presidente George Bush, que la dirigió en su momento, por el asesinato de Letelier.

A mediados de 1976 los crímenes de Prats, Trabal, y el intento de asesinato de Bernardo Leighton y su esposa, Anita Fresno, (1975) en Roma, Italia, así como de otros políticos, y los relatos atroces que llegaban desde el Cono Sur, despertaron la inquietud de periodistas e investigadores. El mencionado periodista británico Richard Gott publicó un trabajo en *The Guardian* de Londres, el 4 de junio de 1976,[22] donde calificó a la represión coordinada como algo similar a la llamada Operación Phoenix (Operación Fénix) ideada por la CIA para eliminar donde fuera necesario a los patriotas que resistieran a la guerra estadounidense en Vietnam. Se hablaba de que "hombres con capacidad para inspirar y unir a la nación en una campaña de resistencia contra las fuerzas de ocupación, son eliminados uno por uno". Gott responsabilizó a Washington señalando que el entonces secretario de Estado, Henry Kissinger "debía saber" (quién es el responsable).[23]

Pero en realidad fue el asesinato de Orlando Letelier en el llamado "barrio de las embajadas" en Washington, en septiembre de 1976, lo que puso en evidencia las piezas de la Operación Cóndor. Una bomba colocada –como se demostraría luego– por un grupo operativo en el que participaban Michael Townley (ex agente de la CIA), enviados especiales de la dictadura chilena y terroristas cubanos anticastristas, asesinó a Letelier y su ayudante Ronni Moffit. El marido de Ronni, Michael Moffit que viajaba en el asiento de atrás sobrevivió y horrorizado comenzó a dar vueltas alrededor del coche gritando: "Lo hicieron los hijos de puta de los fascistas chilenos".[24]

Aunque Moffit tenía razón, los obstáculos puestos a la investigación hicieron que se tardara años hasta llevar a Townley y los cubanos de Miami ante la Corte, pero el papel de estos cubanos, como veremos más adelante, fue también clave en otros crímenes regionales.

En el juicio por el asesinato de Letelier y Moffit, resultaron además inculpados el director de la DINA, Manuel Contreras, y dos de sus oficiales de inteligencia. Aunque la dictadura siempre lo negó, en 1991 cuando fue sustituido en Chile el régimen militar por una democracia altamente vigilada, esto fue tan evidente que se juzgó finalmente a Contreras y el general Pedro Espinoza, quienes en 1996 fueron a una cárcel de lujo, un edificio construido especialmente para estos casos. Más adelante veremos cómo Contreras comenzó a hablar al sentirse el "chivo expiatorio" de la red de criminales.

Después del crimen de Letelier aparecieron las primeras informaciones precisas sobre esta siniestra Operación. El agente especial del FBI, coronel Robert Scherrer, quien estuvo en varias sedes diplomáticas estadounidenses, pero en esos años en la Argentina, informó a sus jefes en un cable enviado el 28 de septiembre de 1976 sobre la Operación Cóndor: "Este es el nombre en código para la recolección, intercambio y almacenamiento de información de inteligencia sobre los llamados izquierdistas, comunistas o marxistas, que se estableció hace poco entre los servicios de inteligencia de América del Sur que cooperan entre sí para eliminar de la zona las actividades terroristas-marxistas. Además la Operación Cóndor propicia operaciones conjuntas contra objetivos terroristas en los países miembros para llevar a cabo represalias que llegan al asesinato contra supuestos terroristas o sus apoyos y soportes, o a perseguirlos en las naciones miembros de la Operación Cóndor".[25] De acuerdo con el esquema informado por Scherrer las fases comprendían: la "ubicación del objetivo", es decir un "terrorista", (por supuesto en sus definiciones, pero en realidad se hablaba de disidentes políticos) o "vigilancia" a quienes apoyaban a los grupos que estaban en contra de los gobiernos –dictaduras– de los países miembros del Cóndor. Unos grupos hacían "inteligencia" y "ubicación del blanco" y otros "ejecutaban" la "acción directa contra el objetivo". Grupos especiales emitirían la documentación falsa necesaria de los países miembros de la Operación Cóndor.[26]

Precisamente la firma de Scherrer figuraba en varias de las cartas enviadas tanto a Pastor Coronel, el jefe de la Policía política de Stroessner, como al siniestro director de la Policía Técnica, Antonio Campos Alum, hoy prófugo y, según algunos informes, amparado por los Cóndores que sobreviven en la impunidad. El informe de Scherrer está dirigido al director del FBI y describe cómo nace y cuál es el desarrollo de Cóndor. Consideraba que los tres países más activos fueron Chile, Argentina y Uruguay. Y también sostenía que los equipos de la muerte pueden estar formados por miembros de uno o varios países del grupo cuando van a ejecutar "al blanco". El destino principal en Europa era Francia y Portugal. En ese informe no descarta que el asesinato de Letelier fuera parte del Cóndor.

Un informe del Comité de Relaciones del Senado de Estados Unidos en 1979, fundamentado en los archivos de la CIA, explicaba que "la Operación tenía tres fases: y que fue planeada en 1974, después del asesinato de un embajador de Bolivia en París, de un funcionario chileno en Medio Oriente y de un agregado uruguayo (Trabal) en París. Cóndor planeó una operación destinada a asesinar a tres izquierdistas en Europa, uno de ellos el famoso 'Carlos', el Chacal (recientemente capturado), de nombre Ilich Ramírez Sánchez (venezolano). La conjura se malogró, después que la CIA advirtiera a los países donde probablemente se produjeran los asesinatos, que eran Francia y Portugal, quienes a su vez habrían advertido a los posibles objetivos. La operación se suspendió y su existencia fue negada".[27]

Ese mismo día *The Washington Post* mencionaba una fuente anónima de la CIA, que aseguraba una contribución clara al éxito francés en la captura de Carlos, que fue "rastreado por cuatro continentes" durante 20 años, ayudando a estrechar el cerco y negándole refugios seguros.[28]

El 2 de agosto de 1979, precisamente el periodista estadounidense Jack Anderson escribió un artículo sobre esta siniestra Operación que se desarrollaba en Sudamérica bajo el nombre de "Cóndor: los criminales de

América del Sur" en *The Washington Post*, donde ya trazaba un esquema de esta "corporación internacional de la muerte", como la llamó. Sostuvo entonces que "las policías secretas de por lo menos seis regímenes militares sudamericanos llevan a cabo una operación secreta conjunta cuyo objetivo es el asesinato de los enemigos comunes en los países extranjeros" y que esta organización que "tiene su estado mayor en Chile", actúa bajo el nombre de "Operación Cóndor", lo que evoca al ave de rapiña de los Andes (que también está en el escudo chileno). Refirió Anderson que para su investigación utilizó informes ultrasecretos y mencionó precisamente el de la Comisión de Asuntos Extranjeros del Senado de su país, y el informe de Scherrer.[29]

Con el crimen de Letelier, el brazo largo del Cóndor había llegado a las puertas de la Casa Blanca, lo cual desencadenó una serie de investigaciones periodísticas, como las realizadas por Saúl Landau y John Dinges, quienes incluso publicaron el informe de Scherrer en el libro *Asesinato en el barrio de las Embajadas* (1980), donde relatan los pasos dados para asesinar a Letelier. ¿Qué hubiera sucedido si el documento enviado por Scherrer en septiembre de 1976 a sus superiores del FBI se hubiera publicado en ese mismo año? ¿Cuántas de las víctimas se hubieran salvado? Nada de esta información se hizo pública en el momento, aunque hubo suficientes elementos para mostrar cómo esta Operación continuaba y había suficientes pruebas, pero eran muy raras las que surgían a la luz pública, salvo las que se originaron en el caso Letelier.[30] A fines de los años 80, cuando las dictaduras fueron cayendo, había quizás demasiado temor o cansancio de la muerte y en pocos lugares se realizaron investigaciones a fondo. Los regímenes surgidos eran muy débiles, y en todo caso se abocaron a indagar en lo estrictamente local. Sin embargo, el Cóndor continuaba su vuelo y se extendían esos lazos en los crímenes cometidos en los años 80 en América Central y en otros hechos en el Cono Sur.

En febrero de 1980 el periódico estadounidense *Sunday News Journal* dijo que la CIA ayudó a ocultarse a los cubanos responsables del asesinato de Letelier –Virgilio Paz, José Dionisio Suárez, Alvion Ross y los hermanos Novo–, algunos de los cuales fueron involucrados en 1989 en el asesinato del arzobispo de El Salvador, monseñor Oscar Arnulfo Romero, ejecutado en marzo de 1980, cuando celebraba una misa en una iglesia de la capital salvadoreña. La conexión de estos crímenes con otros que se atribuyen a los mismos grupos y la presencia de los criminales de este tiempo en Centroamérica a fines del 70 y en la década del 80, estará referida más adelante.

Valentín Mahskin en su libro sobre el Operativo Cóndor, menciona que en el otoño de 1981 el diario español *Pueblo* publicó que existían sospechas sobre la participación de Cóndor en las catástrofes aéreas que en 1981 costaron la vida al general Omar Torrijos en Panamá y a Jaime Roldós, presidente de Ecuador, en su país. Asimismo *Unidad*, periódico del Partido Comunista de Perú, sostuvo que podía tratarse de un asesinato, el accidente aéreo que también costó la vida al general Luis Hoyos, jefe del Estado Mayor del Ejército y el último de los participantes en la "revolución peruana" progresista de 1968, y que había logrado conservar influencia en Perú.[31]

En el *Documento de Santa Fe I*, que diseñó una nueva política interamericana para la década de 1980, en la Introducción del llamado Grupo de Santa Fe, que trazó planes temibles de política exterior, donde se consideraba prácticamente "marxista" o "complaciente" al presidente demócrata James Carter, los halcones de Estados Unidos mencionaban que "Panamá se encuentra bajo el control de un régimen militar de izquierda, el cual, según informes de la CIA, fue el intermediario en la transferencia de armas cubanas y de Estados Unidos a los sandinistas para la toma del poder por los marxistas en Nicaragua, en julio de 1979" y continuaba su visión casi apocalíptica del avance del "marxismo" en la región.[32] En la Propuesta número I se hablaba también de que "La Doctrina Roldós (que lleva el nombre del presidente de Ecuador, Jaime Roldós Aguilera) debe ser condenada". Torrijos y Roldós fueron considerados molestos para los nuevos planes de la ultraderecha estadounidense. Ambos murieron en sendos "accidentes" aéreos en 1981. El general Hoyos había sido mencionado como un "conspicuo comunista". El Cóndor no reconocía límites y siguió siendo un azote en la década de los 80.

En un libro publicado en 1989, la médica paraguaya Gladys Mellinger de Sannemann, una de las víctimas sobrevivientes de esta operación criminal, unió detalles de todo lo que se había escrito en torno a un tema que ella conocía tan de cerca y relató cómo había sido su paso desolado por los pasadizos de Cóndor: "Nací en Encarnación, en el extremo sur de Paraguay, sobre el río Paraná turbulento, a cuyo cauce me abracé desesperadamente en esos interminables años de exilio, aun cuando había sido tirada a la otra orilla, 'al otro lado del Tíber', como dirían los antiguos romanos, para quienes el ostracismo significaba, igual que para nosotros hoy en día, la negación de los derechos humanos", escribió Mellinger de Sannemann al presentar su libro, que describía la larga tragedia de su país.

Pero esencialmente ella quería hablar de la Operación Cóndor y para esto se documentó y registró que aquella internacional de la muerte había funcionado como una siniestra máquina de relojería.

"Estoy convencida de que existió ese pacto o convenio político-militar, Doctrina de la Seguridad Nacional Occidental y cristiana (política denominada 'democracia sin comunismo'), que comenzó e imperó en la década de los 70 entre los regímenes militares del Cono Sur en especial, y Latinoamérica toda; y podrá aparecer nuevamente (...) por esa forma de represión castrense y policial un ciudadano podía ser: muerto, desaparecido, preso, estar bajo vigilancia de la policía del lugar o de su país (residencia, teléfono, correspondencias, visitas, etc.), obligado a renunciar a sus actividades políticas, ser secuestrado y enviado a su país de origen a pedido de las fuerzas represivas requirentes. Esta represión terrorista gubernamental 'antisubversiva' tuvo como víctimas a todos los luchadores por la vigencia del estado de derecho en su país, a los opositores políticos, a destacadas personalidades progresistas, sociales, a estudiantes, profesionales, sindicalistas, obreros, sacerdotes, laicos, universitarios, investigadores e incluso algunos no activistas (...) ¿fui víctima de la Operación Cóndor? También a esta pregunta puedo contestar afirmativamente que sí, que fui dañada por el citado convenio, estoy segura de ello porque mi caso es uno de los conocidos y documentados, entre tantos otros desconocidos; o conocidos y no documentados."[33]

Esta valiente mujer no descansó nunca en su exilio, y denunció su situación, lo que estaban viviendo los prisioneros de la dictadura stroessnerista y la existencia de una Operación siniestra que ella ya entonces conocía como "Operativo Cóndor". Había compartido cárcel y campos de concentración con detenidos de distintas nacionalidades, prisioneros de la dictadura.

Notas

1. A. J. Langguth, *Hilden Terrors New York*, Pantheon, Nueva York ,1978, pág. 251.

2. *Ibid.*, pág. 123.

3. *Ibid.*, págs. 124-142-242.

4. Rogelio García Lupo, *El Paraguay de Stroessner*, Ediciones B, Serie Reporter, Buenos Aires, 1989, pág. 149.

5. *Ibid.*, pág. 148.

6. Valentín Mahskin, *Operación Cóndor, su rastro sangriento*, Editorial Cartago, Buenos Aires, 1985, págs. 13-14-15.

7. García Lupo, *op. cit.*, 4, pág. 149.

8. Mahskin, *op. cit.*, 6, pág. 8.

9. *CIA y Terrorismo Internacional,* Editorial Progreso, Moscú, 1985, pág. 104.

10. Jorge Ubertalli, "Informe Terrorismo y Narcotráfico: el doble juego de los Estados Unidos". Contraconferencia sobre Terrorismo en Mar del Plata, Argentina, 1998.

11. G. Mardonez, *La CIA sin máscara*, Ediciones Martí, La Habana, Cuba, 1979, págs. 95-96.

12. *Ibid.*, pág. 96.

13. *Ibid.*, págs. 96-97.

14. Revista *Parade*, Estados Unidos, 1974, 21 de julio, pág. 6.

15. *Counter Spy*, 1976, Estados Unidos, vol. 3, Nº 2, pág. 61.

16. *CIA y Terrorismo Internacional, op. cit.*, 9, pág. 108.

17. *The CIA File*, R. L. Borosage and J. Marks (comps.), Nueva York, 1976, pág. 190.

18. *Ibid.*, pág. 190.

19. Mahskin, *op. cit.*, pág. 77.

20. García Lupo, *op. cit.*, pág. 149.

21. Mahskin, *op. cit.*, págs. 8-9.

22. Richard Gott, "Shots and Plots", *The Guardian*, Londres, 1976, págs. 17-18 .

23. Mahskin, pág. 20.

24. *Ibid.*, pág. 52.

25. Cable enviado al FBI por el agente especial Robert Scherrer el 28 de septiembre de 1976, Stella Calloni, *Covert Action*, otoño 1994, pág. 57.

26. *Ibid.*, pág. 58.

27. Jack Anderson y Michael Binstein: "Cómo la CIA salvó a Carlos, el Chacal", *Washington Post*, 22 de agosto de 1994, pág. 12.

28. *Ibid.*, pág. 12.

29. Jack Anderson, "Condor: South American Assassins", *Washington Post*, agosto 2, 1979, pág. 9.

30. Véase la Cámara de Representantes de Estados Unidos en: Derechos humanos en Uruguay y Paraguay. Audiencia ante el subcomité sobre organizaciones internacionales del Comité sobre Relaciones Internacionales, del 17 de junio al 4 de agosto de 1976.

31. Mahskin, *op. cit.*, pág. 23.

32. *Documento de Santa Fe I*, Ediciones Estudios 78, Montevideo, 1981.

33. Gladys Mellinger de Sannemann, *Paraguay en el operativo Cóndor*, RP Ediciones, Asunción, 1989, págs. 13-14-15.

2

LOS ARCHIVOS DEL HORROR

En diciembre de 1992, Martín Almada y Gladys Mellinger de Sannemann estaban ya de regreso en su país y un suceso, no casual precisamente, los llevaría a reencontrarse con el pasado, pero también a demostrar
todo aquello que durante años fue la obsesión de sus vidas.

Asunción del Paraguay es la capital más centroamericana del Cono
Sur. El verde intenso sale de entre las casas, inunda las calles, como el olor
de los jazmines. En los mercados de artesanías indígenas, en las plazas, en
el antiguo puerto, las voces de los vendedores suenan como un coro.
Edificada en las riberas del Río Paraguay, que semeja un mar de aguas
marrones, en las calles de esta ciudad se huele la selva cercana, la
voluptuosidad de la Amazonia, la misma humedad tibia y el calor sofocante.
Curiosamente, aunque se respira la vida, como en Managua, Nicaragua,
también se vivencia un tiempo de muerte. Ella está debajo de los pies.
Paraguay registra una de las historias más ricas del continente, pero es un
país condenado al silencio y al olvido.

En la segunda mitad del siglo pasado fue un territorio arrasado por los
ejércitos de Brasil, Argentina y Uruguay, cuyos gobiernos actuaron en favor
de intereses extranjeros a la región. Prácticamente no quedaron hombres
en el país. Los últimos defensores de Paraguay fueron niños disfrazados de
hombres. En los años 30 de este siglo, el país fue llevado a una guerra,
devastadora e infinitamente cruel, contra Bolivia. Una guerra entre ejércitos descalzos por los intereses de compañías petroleras extranjeras que
operaban en la zona.

Desde 1954, los mismos intereses hundieron a Paraguay en una
dictadura larga y cruenta de 35 años. El pueblo paraguayo tiene todas esas

cicatrices, si uno lo mira a fondo, pero escapa con esa alegría de las resistencias en el coraje de la sobrevivencia, en su música, en sus artesanías de colores vivos, en el "sapucay" (el grito de alegría o de rebeldía). Es el único país donde un idioma indígena, el guaraní, es tan oficial como el español y más, es el idioma real.

Aunque el 2 de febrero de 1989 un golpe militar (también movido por una necesidad coyuntural de los intereses que dominan) derrocó al anciano tirano Alfredo Stroessner, el temor sobrevive. Cambiar algo para que nada cambie no mata los miedos que siguen teniendo su razón de ser.

Pero fue algo movilizador como hecho histórico. Nadie olvida ese 2 de febrero, cuando el país amaneció con una pequeña guerra (como es todo golpe de Estado), esta vez entre "amigos". Stroessner fue al exilio dorado en Brasil, con sus crímenes a cuestas. Comenzaron a regresar los exiliados, algunos después de 30 o 40 años. Y se hurgó en el pasado en busca de verdad y justicia.

El 22 de diciembre de 1992, más de tres años después, hubo otra mañana donde los acontecimientos fueron impactantes. Se habló de un "segundo golpe". No era con armas, sino con la voluntad ciega de un hombre que había sido víctima de la dictadura y que no quiso ni quiere olvidar. Por él y por los otros.

Al promediar esa mañana del 22 de diciembre, un grupo de personas llegó al barrio de Lambaré en los suburbios de Asunción. Uno de ellos era un juez de sólo 29 años: José Agustín Fernández. Lo acompañaban dos secretarios de su juzgado y el profesor, pedagogo y abogado Martín Almada –ex prisionero político de la dictadura de Stroessner– y su actual esposa Stella de Almada.

En los alrededores estaban apostados por lo menos dos periodistas y fotógrafos. Habían sido informados que se iba a producir el allanamiento pero se les había pedido absoluta discreción. Nadie podía saber ni el momento ni la hora exacta porque el factor sorpresa era indispensable. El grupo llegó hasta una casa, una construcción relativamente nueva, sede del departamento de Producciones de la Policía de la Capital. Los custodios del lugar, y su jefe, el comisario principal Ismael Aguilera, intentaron impedir el allanamiento judicial.[1]

El juez recurrió a la amenaza de ingresar por la fuerza, apoyado por vecinos del lugar. Ya en esos momentos, alertados por los periodistas, llegaron medios de prensa, cámaras de televisión, el diputado Francisco de Vargas, del Partido Liberal Radical Auténtico (PLRA), presidente de la Comisión de Derechos Humanos del Parlamento y familiares de ex detenidos y desaparecidos que habían escuchado la novedad por radio. El allanamiento y hallazgo de los papeles de la dictadura se convirtió así en la noticia del año.

Como si alguien guiara sus pasos, el juez se dirigió hacia una habitación interior. El magistrado jugaba una partida fuerte. Estaba dando curso a una denuncia sobre el traslado a esa sede policial de una buena parte de los Archivos de la dictadura de Stroessner. El juez sabía que podía encontrarse también ante el abismo, ante la nada. Pero los datos precisos eran que allí estaban los papeles secretos que la tiranía había acumulado durante 35 años de terror.

"Cuando la puerta se abrió y vimos las toneladas de papeles, sentimos que toda la lucha por descubrir la verdad había logrado su objetivo. Allí estaban los famosos archivos de la dictadura, la historia de casi 40 años de poder y terror increíbles", decía Martín Almada en aquellos días.[2]

"En el momento en que vi aquella montaña de papeles que yo había imaginado en mis sueños de justicia no pude contenerme y lloré de emoción. Un asustado policía nos llevó hacia otra habitación donde se encontraron también algunos archivos de la famosa Policía Técnica y luego pudimos desenterrar, a unos 60 metros de este local de Lambaré, una bolsa de documentos de paraguayos, argentinos, brasileños, las identificaciones de personas desaparecidas que estaban ocultas en esas bolsas de plástico, bajo la tierra, para protegerlas de la humedad", recordó Almada.

El 25 de abril de 1989, Almada había iniciado una querella criminal contra el ex dictador Alfredo Stroessner; Sabino Montanaro, ex ministro del Interior; Pastor Milcíades Coronel, jefe del departamento de Investigaciones de la Policía, y varios torturadores del régimen. La acusación se basaba en la muerte, por torturas psicológicas, de su esposa Celestina Pérez de Almada y por su propio secuestro, privación ilegítima de la libertad y saqueo de bienes personales. El 13 de julio el juez Cristóbal Cáceres Frutos admitió la querella de Almada por supuesto homicidio y torturas psicológicas. A partir de entonces sus abogados recurrieron a todos los elementos y testimonios, incluyendo los de prelados de la Iglesia Católica, para continuar con el juicio. Un año y medio después la causa judicial logró la sentencia del juez en lo criminal Félix Silva Monges, declarando a Alfredo Stroessner y Sabino O. Montanaro, "reos rebeldes y contumaces", disponiendo la captura de los mismos. Se había logrado el procesamiento de Stroessner, que después se complementaría con pedidos de extradición y juicios que se realizaron gracias a las pruebas que aparecieron en los archivos.

Almada se vio favorecido con un artículo de la Nueva Constitución Nacional (julio 1992), uno de cuyos párrafos dice: "(...) el genocidio y la tortura así como la desaparición forzosa de personas, el secuestro y homicidio por razones políticas, son imprescriptibles".[3]

Con este nuevo elemento, el 12 de septiembre de 1992, patrocinado por los abogados del Comité de Iglesias, solicitó judicialmente su hábeas data, un recurso jurídico establecido en el Artículo 135 de la Constitución nueva. Se solicitó a la Policía de la capital paraguaya el prontuario (registro) de Almada entre noviembre de 1974 y septiembre de 1977, período en que fue mantenido en cárceles, comisarías y el campo de concentración de Emboscada. El 1 de diciembre de 1992, el juez en lo criminal del Tercer Turno, José Fernández, reiteró el pedido al Jefe de Policía y lo intimó a remitir la copia legitimada de todo lo actuado en el archivo policial sobre este caso.

Obsesionado por lo que había vivido y los crímenes de los que fue testigo durante su prisión, Almada había seguido la trayectoria de varios de sus torturadores a través de la *Revista de la Policía de la Capital* que le enviaban amigos al exilio, primero en Panamá y luego en París, Francia. También anotaba los cambios, los nuevos profesores que adiestraban a los policías, así como los edificios que se construyeron en los últimos años. "Investigué desde el número 275 de septiembre y octubre de 1973, hasta el número 379 de la misma revista en septiembre-octubre de 1992. Fueron 15 años de investigación científica que me permitieron anotar por lo menos cinco lugares donde podían estar los archivos. En los últimos tiempos antes de su descubrimiento me enteré de que en uno de estos lugares, en Lambaré, había habido un movimiento y se habían trasladado montañas de papeles. Ahí comenzó otra historia."[4]

El 7 de diciembre de 1992, la jefatura de Policía de la capital respondió al juez que "en los archivos de este departamento no existe ningún expediente con relación al señor Martín Almada, ni referente a su detención entre los meses de noviembre de 1974 y setiembre de 1977. Los mismos –dice la nota– habrían desaparecido durante los acontecimientos del 2 y 3 de febrero de 1989", fecha en que se produjo el golpe militar y el derrocamiento de Stroessner.

Ante esta respuesta, Almada y sus abogados exigieron el 18 de diciembre el allanamiento del archivo policial y la investigación de las responsabilidades de los jefes policiales. Y así llegaron hasta ese "inolvidable" 22 de diciembre, cuando el juez Fernández decidió el allanamiento del edificio de Lambaré. "En ese momento se terminó la noche para mí (...) lloré, sin poder contenerme. Allí estaban las grabaciones de mis propios gritos cuando me torturaban y que le hicieron escuchar a mi esposa Celestina, quien murió del corazón al no poder resistir aquella tortura psicológica. En esa montaña de papeles estaba la historia real de casi 40 años donde el pueblo paraguayo fue sometido y chantajeado por Stroessner y es algo de lo que se tardará en salir, como se tarda en salir de los años de sombra y terror", recordó Almada.[5]

Finalmente la obstinación de un hombre desesperado por el pasado y la injusticia había logrado llegar a la verdad. Nunca se supuso que esa verdad abriría la posibilidad de reconstruir no sólo la historia del crimen en Paraguay, y los entretelones alienantes de una dictadura feroz y primitiva, sino también la historia de las coordinaciones de asesinos en el Cono Sur y la asesoría y apoyo de los Estados Unidos en esos "años del lobo" en la región.

En un lugar céntrico, en el palacio de Justicia, hay dos oficinas que en poco tiempo concentraron la atención de periodistas, abogados, familiares de detenidos desaparecidos. Allí fueron trasladados los archivos en esos primeros días del temible reencuentro con el pasado reciente. En esas oficinas se acumulan miles de documentos que constituyen el primer "archivo del horror" encontrado en América Latina: cuatro toneladas de papeles donde está escrita la historia de una dictadura de larga data y de impunidades cómplices. Y también los documentos suficientes para reconstruir parte de la tragedia que vivió el continente en las últimas décadas. Asunción fue evidentemente un centro en las "guerras sucias" y de Baja Intensidad (GBI) libradas por Estados Unidos en el marco del conflicto este-oeste.

Al entrar en aquellas oficinas de Asunción era inevitable una sensación sobrecogedora ante el olor lejano de esos papeles amarillentos, que tenían connotaciones de horror y de muerte. Allí estaba la historia real, no "oficial", de las dictaduras, de aquellas noches donde el lobo devoró a su presa. Eran las memorias del crimen, escritas por los victimarios. En algunos casos son cartas e informes de hombres claves dirigidos a Stroessner. En otros —escritos con lenguaje primitivo— los miles y miles de datos sobre espionaje de personas, realizados por una red que abarcaba manzana por manzana trabajando para la dictadura. El haber guardado los archivos demuestra el grado de disciplina férrea a que estaban sometidos los subordinados del régimen y también la percepción de la impunidad. Nadie pensó en destruir estos papeles. La idea de que la impunidad también es efímera estaba muy lejos de ese escribiente de las sombras que simplemente dejaba asentados los sucesos de su guardia diurna y nocturna o de los jerarcas que escribían sus informes fríos y detallados. Nunca imaginaron que en cada frase concreta y formal alguien podría leer algún día el testimonio del crimen. Los periodistas paraguayos le llamaron "los Archivos del Horror" o los "Archivos del Terror", que se convirtieron en una clave para descifrar la historia reciente de la región.

En esos papeles se detallaba el destino de miles de desaparecidos, secuestrados, asesinados en prisión, así como el entrecruzamiento de datos y prisioneros entre las dictaduras de los años 70. A través de diversos documentos y cartas aparecía por primera vez documentada la llamada

Operación Cóndor o Plan Cóndor, una conspiración asesina entre servicios de seguridad de Argentina, Chile, Brasil, Paraguay, Uruguay y Bolivia, destinada a rastrear y eliminar adversarios políticos sin cuidarse de las fronteras o los límites. El esbozo de ese plan pudo ser completado con la aparición de los Archivos del Horror.

Otro descubrimiento similar llevó hasta la temible Policía Técnica (contraparte del Buró de Investigaciones –FBI– de Estados Unidos).

Los documentos encontrados correspondían a archivos, correspondencia, libros de entradas y salidas de prisioneros, control de fronteras, cartas e informes entre los dictadores, los jefes militares y de seguridad de los países de la región, fotografías, cassettes, videos, fichas de "colaboradores especiales", datos de agentes especiales, correspondencia directa entre Pastor Coronel y Alfredo Stroessner, entre otros.

Al revolver aquellos papeles también se encontraban informes que mostraban cómo cada funcionario del régimen stroessnerista era vigilado, el sistema de "control cruzado" de datos de los que se consideraban "enemigos políticos" de la región, lista de "empaquetados" como se llamaba en Paraguay a los asesinados en las salas de tormento y manuales de procedimientos o de instrucciones de interrogatorios de Estados Unidos y otros países. En suma, la memoria del horror.

El descubrimiento de Lambaré llevó también a realizar excavaciones, en la dramática búsqueda de los desaparecidos. Así encontraron un "cementerio" de documentos. Los primeros dos, que llegaron a manos de Almada, fueron los de Oscar Eladio Medina e Irene Grassi, ambos paraguayos, desaparecidos en Argentina y evidentemente entregados a su país. En este momento también se estaba accediendo a una parte, mínima, quizás, pero reveladora, de la Operación Cóndor. Además de las anotaciones de los detenidos desde 1954 en Paraguay, los archivos contienen datos de actividades sindicales, políticas, culturales, grabaciones, transcripción de conversaciones telefónicas, casos especiales como el prontuario y muerte de Anastasio Somoza, espionaje contra allegados al propio Stroessner y hasta valijas diplomáticas con informes de embajadas acreditadas allí, que nunca llegaron a destino.

Aquellos días fueron febriles, una verdadera revolución en Paraguay, donde los periódicos publicaban día por día las fotocopias de documentos. Organismos humanitarios, abogados y periodistas paraguayos se apresuraron a fotocopiar aquellos documentos. No hubo la respuesta que se esperaba a nivel mundial para preservar los archivos. Sólo un ofrecimiento de la estadounidense Agencia Internacional para el Desarrollo (AID), que precisamente estaba involucrada por el envío de asesores policiales y militares, como se verá más adelante. A partir de allí Almada diseñó propuestas para proteger los archivos como Patrimonio histórico y conformar un Museo de la Memoria. A instancias del abogado se creó en Paraguay el 7 de enero de 1993, la "Comisión por los Derechos Humanos y el Nunca Más al terrorismo de Estado".

Pero lamentablemente hubo una deserción mundial. No se visualizó la importancia de los documentos encontrados y los mismos intereses que posibilitaron el crimen, se encargaron de minimizar el valor documental del hallazgo. Los archivos adquirieron su importancia real cuando el juez español Baltasar Garzón abrió el juicio contra el genocidio militar en el Cono Sur, en 1996. Pero ya algunos documentos habían desaparecido y otros –como los militares– sustraídos al interés público.

El archivo contiene unos 700 mil folios referidos al accionar de la dictadura de Stroessner; 740 libros encuadernados y clasificados con un sistema de números y letras; 115 libros de Novedades de Guardia; 181 archivadores y 204 contenedores de cartón, donde se agrupan informes y documentos de diverso origen; 574 carpetas con información sobre partidos políticos, sindicatos, mapas, controles, etc.; 8.369 fichas de detenidos en el Departamento de Investigaciones, Sección Técnica y Departamento Judicial. También hay casi dos mil cédulas de identidad y pasaportes, no menos de diez mil fotografías de detenidos, actos políticos, acontecimientos familiares, seguimientos, etc. A éstos se agrega una biblioteca que contiene los libros y revistas requisados en los allanamientos; 543 cassettes con grabaciones de paneles, conferencias, homilías, discursos, programas radiales y de "escuchas". Y también existen unos 28 libros de registros de nombres, antecedentes, prontuarios, listas de dirigentes obreros, y otros, de la época anterior a Stroessner.[6] Es muy extenso lo que aún está en proceso de clasificación. Pero ya el hallazgo produjo una movilidad continental e incluso puede haber llevado a Washington a desclasificar alguna documentación, especialmente relacionada con la Operación Cóndor, en que Paraguay tuvo una función estratégica, como una central de la CIA que fue.

Notas

1. Entrevista de la autora con Martin Almada, febrero de 1993, Asunción.
2. *Ibid.*
3. Martín Almada, *Paraguay: La cárcel olvidada, el país exiliado*, Imprenta Salesiana, Asunción, 1993, pág. 207.
4. Entrevista de la autora con Martín Almada.
5. *Ibid.*
6. *El Archivo del terror*, cuadernillo de información del Centro de Documentación y Archivo para la defensa de los Derechos Humanos, Palacio de Justicia, Asunción, Paraguay.

3

Antecedentes de la Operación Cóndor

El descubrimiento de los "Archivos del Horror" permitió –como en un maldito juego de ajedrez de la muerte– cruzar algunos informes, tener a mano documentos oficiales de las reuniones entre los militares, comprender el papel especial cumplido por el gobierno dictatorial de Paraguay y acceder a la certificación de la asesoría del Buró Federal de Investigaciones (FBI) y la Agencia Central de Inteligencia (CIA) de Estados Unidos. Paraguay fue una de las bases de operaciones por excelencia y esto explica la gran cantidad de funcionarios norteamericanos en una nación pequeña y encerrada en el corazón de América, y esa construcción de verdadera fortaleza que es la Embajada estadounidense en Asunción. Ya en 1973 se conoció que el dinero para financiar la huelga de los camioneros chilenos contra el presidente Salvador Allende vino precisamente del Paraguay, de la central de la CIA en ese país. Luego también el asesinato del ex ministro Letelier en Washington, mereció una investigación que llevó hacia el mayor del ejército chileno, Armando Fernández Lario y Michael Townley, norteamericano que "había" trabajado en la CIA. Ellos entraron en Washington con documentos falsos entregados por Paraguay. La unidad entre Paraguay y Chile estaba bien ajustada. Para estudiar los antecedentes de Cóndor es inevitable referirse a lo actuado por Estados Unidos contra el gobierno de Salvador Allende en Chile y a la intervención de Stroessner en esto.

Aunque la acción estadounidense en contra del gobierno de Allende fue denunciada por periodistas y políticos desde 1970, y especialmente después del golpe militar de 1973, en la primera semana de septiembre de 1998, una selección de cables liberados en los Archivos de Seguridad Nacional de Estados Unidos demostró la turbia conspiración estadounidense.

Edward Korry, embajador de Washington en Santiago de Chile, comunicaba a su gobierno (8 de septiembre de 1970) que era muy difícil que se diera un golpe en Chile ya que "las fuerzas armadas chilenas no tienen estómago para la violencia que puede ser resultado de su intervención". En ese tiempo elaboró varios documentos. El 11 de septiembre de 1970 explicaba que sentía "un olor a cementerio en Chile, el vapor de una democracia en descomposición. Apesta como apestaba Checoslovaquia en 1948 y es igualmente enfermante".[1]

Washington no necesitó más y el 15 de ese mismo mes, el director de la CIA, Richard Helms, escribía: "Una chance en diez de salvar a Chile (...) pero vale la pena (...) sin temer los riesgos (...) dejar la embajada afuera" y proponía entregar "para comenzar, 10 millones de dólares y más, si es necesario" para alentar la desestabilización. Esto se había decidido después de una reunión con el presidente Richard Nixon y el secretario de Estado, Henry Kissinger. Sus órdenes eran bien claras: había que "hacer gritar a la economía" en un plan de acción de 48 horas.[2]

Había comenzado la historia de una de las más siniestras desestabilizaciones en una larga lista de este tipo de acciones que, en lo que va del siglo, permitió al escritor y periodista argentino Gregorio Selser escribir una cronología de más de mil páginas sobre intervenciones estadounidenses en la región.

Sólo un día después de la reunión Nixon-Helms-Kissinger y de la virtual declaración de la "guerra sucia", William Broe, director de la División Hemisferio Occidental de la agencia, enviaba nota de la oficialización del tema: "El presidente Nixon ha decidido que el gobierno de Allende no es aceptable para Estados Unidos. El presidente ordenó a la Agencia (CIA) impedir que asuma el poder o desestabilizarlo. El presidente autorizó diez millones de dólares para este propósito. La agencia no debe reportar a los departamentos de Estado o de Defensa. El director (de la CIA) se reunirá directamente con Kissinger".[3]

Es decir, el mismo hombre que en estos días dicta conferencias sobre negocios y democracia en toda América Latina, tenía en sus manos el seguimiento y control de lo que fue uno de los golpes militares más criminales de la región. De acuerdo con la serie de desclasificados, el 11 de octubre de 1970, la central de la CIA en Langley confirmaba a su oficina en Santiago "que las armas, ametralladoras y municiones habían sido enviadas por el canal normal", pero se enfrentaba con "un realista" de la propia "compañía", Henry Hecskscher, quien no veía posible que se realizara un golpe para impedir el ascenso de Allende.

A pesar de esto la CIA envió el 16 de octubre (1970) un cable muy conciso: "Es política firme y establecida de esta administración que Allende debe ser derrocado por un golpe militar". En ese tiempo el Paraguay de Stroessner era una buena base para el envío de dinero, agentes y armas. "La CIA entregaba a los conspiradores chilenos millones de dólares para el trabajo de zapa, poniendo a su disposición agentes como Harry Schlaudemann, Danile Arabak, John Tipton y Kate Willock. Los monopolios norteamericanos también donaron dinero a los conspiradores", como señala el periodista Valentín Mahskin.[4]

En noviembre de 1998 se conocieron más archivos desclasificados en Washington: una serie de 20 documentos, donde figuran completos los cables enviados por el embajador Edward Korry a su gobierno. "El primer esbozo del complot contra el gobierno de Allende fue bautizado con el nombre en código de *Proyecto Fulbert*. Y como se señaló, la primera reunión fue precedida por Richard Helms, entonces director de la CIA."[5]

"Los documentos (...) prueban además que la diplomacia de Estados Unidos estaba enterada en detalle de la represión que comenzó a ejecutar el régimen de Augusto Pinochet, tras el golpe del 11 de setiembre."[6] Muchos de los documentos estaban censurados, como sucede con todos los desclasificados en Estados Unidos. Especialmente se trataría de ocultar la complicidad de Estados Unidos en el crimen de Letelier (aunque ya se sabe lo suficiente) y también con la desaparición de los norteamericanos Frank Teruggi y Frank Horman durante los primeros tiempos de la dictadura chilena.

El *Proyecto Fulbert* quedó bajo la jefatura de Thomas Karamessines, director de Planes de la CIA, para preparar un plan de 48 horas destinado al Consejero de Seguridad, Henry Kissinger, y cumplir la orden de Nixon de evitar que llegara Allende al poder o destronarlo.

El 15 de octubre de 1970 se hablaba de promover un golpe militar "mediante una operación que ahora se llama 'Track II' y resume una conversación entre Kissinger, su adjunto, el general Alexander Haig, y Karamessines", donde se mencionaba que el general Roberto Viaux Marambio se encargaría de propiciar el golpe desde adentro.[7] Kissinger, ante la imposibilidad de este plan, ordenó a la CIA continuar con su trabajo clandestino en Chile.

El 3 de noviembre de 1970, cuando asumió Allende, la CIA enumeró sus esfuerzos para prevenir la ratificación parlamentaria del presidente electo, así como sus planes de golpe, y ya se describe cómo será el 'grupo de Tareas' operativo encargado de armar el golpe: "Consiste en cuatro funcionarios de la CIA con la apariencia, el lenguaje y la experiencia como para mantener la ficción de varias nacionalidades extranjeras. Fueron llamados de sus puestos en el exterior a Washington, informados e insertados individualmente en Chile".[8]

En un párrafo censurado se enumeran las tareas desplegadas ante Eduardo Frei (padre) para apoyar un golpe que evitaría que Allende tomara el poder el 3 de noviembre. No se sabe hasta dónde avanzó esto.

"También la diplomacia estadounidense estaba advertida que el general René Schneider, como jefe del ejército impediría un compromiso golpista de la Institución. Aunque algunos oficiales estaban predispuestos a tomar acción, sentían que el ejército era central para un golpe y que mientras Scheneider fuera el jefe del arma no podía contarse con el ejército." Si algo faltara para corroborar esta documentación desclasificada, el periódico *Clarín* de Buenos Aires hizo referencia al libro *Mis Memorias*, que Henry Kissinger escribió en 1979, donde habla de todo lo actuado en el caso de Chile con "candoroso cinismo".[9] Allí también relata las conversaciones febriles de aquellos días, cuando se propuso que la economía chilena debía ser exprimida "hasta que gritase" y se hablaba de que era necesario "evaluar a sangre fría la posibilidad y probabilidad de un golpe militar" en Chile.

También se menciona como un documento básico de la conspiración el "Confidencial 747" dirigido al secretario de Estado de Nixon, William Rogers: "Chile votó con toda tranquilidad tener un Estado marxista-leninista. Es la primera nación en el mundo que hace esta elección libremente y a conciencia. El doctor Salvador Allende confirmó la sabiduría de la política soviética en América Latina criticando la táctica revolucionaria de su modelo, Fidel Castro, al llegar al poder por vía electoral (…) No hay ningún motivo para pensar que las fuerzas armadas chilenas puedan desarrollar una guerra civil o que algún otro milagro vuelva atrás el triunfo (…) Más allá de que hayamos sufrido una amarga derrota, las consecuencias serán internas e internacionales. Las repercusiones tendrán un impacto inmediato en algunas regiones y en otras el efecto será retardado".[10]

Que se considerara un milagro la posibilidad de un golpe militar habla a las claras de cómo pensaba actuar Washington. Después de convencerse de que no se podía actuar antes de la toma de posesión, la campaña se dirigió directamente al derrocamiento de Allende, actuando en todos los terrenos.

Para evaluar cómo se puede destruir económicamente las posibilidades de un país, de un Estado, es importante advertir que Chile no estaba quebrado. El embajador Korry envió su segundo informe después de que Allende ya estaba en el gobierno y dijo que "Chile está en su mejor momento. Posee 500 millones de moneda fuerte, más que los Estados Unidos per cápita. A partir del año próximo será el segundo productor más grande de cobre en el mundo, superando a la Unión Soviética, gracias a las enormes inversiones de las compañías norteamericanas (...) lamentablemente es

Estados Unidos el que tendrá que apurar el paso. Mañana informaremos sobre las medidas que estamos tomando para enfrentar la nueva era. El liderazgo depende de, y me permito usar términos españoles, cabeza, corazón y cojones. En Chile contaron con la cháchara y la charlatanería".[11]

La intervención fue de tal magnitud que la palabra "desestabilización" comenzó a circular ampliamente "cuando el antiguo director de la CIA, William Colby, la utilizó para describir lo que la CIA había hecho en Chile. Desestabilización significa que se ha encontrado primeramente la masilla que mantiene a una sociedad y se utiliza después ese conocimiento para desmoronar a esa sociedad".[12]

La operación contra Chile ha sido también básica para analizar la importancia de la manipulación de los medios de comunicación para fines de desestabilización y guerra. Fred Landis, sociólogo de Estados Unidos, analizó la acción de la CIA sobre los medios, después de realizar su tesis sobre lo actuado en Chile. En 1974 "el Comité de Inteligencia del Senado norteamericano (Senate Intelligence Committee) escogió a Chile para un estudio sobre operaciones secretas de la CIA. De esta forma, por primera vez, un gobierno norteamericano le daba carácter oficial a un informe sobre actividades secretas de la CIA".[13]

De Schneider a Prats

El 22 de octubre, dos días antes de que el Congreso confirmara a Allende como presidente, fue herido gravemente el Comandante en jefe de las Fuerzas Armadas, general René Schneider, un constitucionalista acérrimo. Los criminales lo esperaron cerca de su casa, interceptaron su automóvil y lo balearon a mansalva. El 25 de octubre el general murió. Se inauguraba una saga de crímenes en la ideologizada carrera estadounidense para quebrar la opción democrática en Chile. En este crimen, Estados Unidos tuvo el rol decisivo. Desde Washington, Kissinger había dado órdenes precisas –como surge de la amplia documentación– para que se ordenara actuar al general Roberto Viaux Marambio. La intención era impedir por la fuerza la asunción de Allende, es decir que el Congreso confirmara su triunfo electoral. "Es imperativo que estas acciones se implementen clandestinamente y con seguridad, de manera que la mano norteamericana y la de su gobierno permanezcan bien ocultas. Mientras tanto esto nos impone un alto grado de selectividad para establecer contactos militares, y obliga a que esos contactos se hagan de manera más segura (...)", decía un mensaje de Helms, del día 16 de octubre de 1970. Era un anticipo muy claro de la conspiración que vendría.

Sin embargo, el general Viaux Marambio fue señalado como el

hombre que encabezaba el complot. Hubo una acción rápida que sacó de escena a uno de los generales más confiables para Washington, ya que fue detenido.

Kissinger no dudó de la responsabilidad de Viaux Marambio en el asesinato de Schneider. Dice en sus Memorias: "Entonces, el 22 de octubre, el grupo Viaux, al cual explícitamente se le había dicho que desistiera, por medio de la CIA, el 17 de octubre, prosiguió por su cuenta, desafiando a la CIA y sin nuestro conocimiento trataron de secuestrar al general Schneider y estropearon todo. Schneider sacó su pistola en defensa propia y fue herido mortalmente".

Pero toda la documentación anterior muestra la falsedad de este intento de Kissinger de desvincularse del crimen, porque los hechos señalan que Washington había potenciado previamente al general Viaux Marambio, como la cabeza de la conspiración interna.

Esta acción es muy importante para seguir el camino de los Cóndores ya que actuó aquí Enrique Lautaro Arancibia Clavel, que fue uno de los personajes claves en la ronda del crimen, y también agente especial de la DINA, que fue la creación máxima de Augusto Pinochet después del golpe militar del 11 de septiembre de 1973. Entre la documentación citada por *Zona de Clarín*, figura "El documento de opciones sobre Chile", elaborado por Theodore L. Elliot, jr., del Consejo de Seguridad Nacional (NSC). Es una larga enumeración de los peligros que entrañaba el gobierno de Allende donde se llegaba a decir que "es posible que Chile se convierta en refugio de subversivos latinoamericanos y en escenario para movimientos subversivos en otros países".

Proponía diversas opciones entre ellas la C, que destaca el analista de *Clarín* y que se resume en: "Mantener una postura aparentemente correcta, pero dejar en claro nuestra oposición al surgimiento de un gobierno comunista en Sudamérica; actuar en favor de mantener la iniciativa en la relación cara a cara con el gobierno de Allende. Esta opción se plantearía en la convicción de que un *modus vivendi* satisfactorio es en última instancia imposible; que las confrontaciones son, tarde o temprano, inevitables, (....) que lo más importante es que trabajemos para mantener la iniciativa en tanto le negamos flexibilidad a Allende (...)".

Pero la línea fina de la opción C es el símbolo de la asfixia contra el gobierno chileno: "(...) no brindar apoyo a la renegociación de la deuda chilena. Vetar los pedidos chilenos de préstamos ante el Banco Internacional de Reaseguro y Fomento (Banco Mundial ahora), el BID y el Eximbank, debido a las expropiaciones y políticas económicas. Desaconsejar la inversión norteamericana, de terceros países y multilateral privada con Chile. Acogerse tan pronto como corresponda a las provisiones de la ley de

Asistencia extranjera para (...) negar asistencia al país dominado por un movimiento comunista internacional (....) negar asistencia económica a los países que comercien con Cuba o Vietnam del Norte (....) si se hace evidente la hostilidad norteamericana, desalentar el turismo y los viajes a Chile (...) si Chile comenzara el tráfico comercial aéreo con Cuba, no brindar asistencia a las Aerolíneas chilenas, ni nuevos equipos, ni rutas".[14] Más adelante figuran los castigos propuestos en caso de un comercio con Cuba y la Unión Soviética, y en especial ya habla del ámbito militar sugiriendo "aumentar significativamente la cooperación en seguridad con otros países sudamericanos, ofrecer a la Argentina la venta de F4 (aviones de guerra) en términos favorables, proporcionar material selectivo del plan de ayuda militar (MAP) a la Argentina y Brasil, brindar apoyo a Argentina en su reclamo sobre el Canal de Beagle (esto si estaba Allende, pero con Pinochet la situación cambiaría, lo que desmuestra cómo se usan los conflictos entre países de acuerdo con los intereses estadounidenses).[15]

También se cita la necesidad de aumentar la asistencia a Uruguay y Paraguay para seguridad interior y posiblemente Bolivia en base a la idea de "sufrir una exportación subversiva chilena".

Otro documento clave es el que ratificó que la CIA creó una *fuerza de tarea* chilena", dentro de su misión específica entre el 15 de septiembre y el 3 de noviembre de 1970. Los nombres de sus conductores han sido cuidadosamente tachados. Una *fuerza de tarea* es un equipo de trabajo de desestabilización militar de actuación también militar o encubierta. Se formó una Comisión simultáneamente en Santiago de Chile y Buenos Aires, Argentina, para manejar el delicado tráfico de cables para la fuerza de tarea.

"En Santiago, su único contacto norteamericano era un oficial de la CIA que había residido en Santiago (tachado) y allí establecieron contactos con los intermediarios chilenos en promover un golpe militar. A raíz de un arreglo especial (y único) solicitado por la CIA, el agregado militar de los Estados Unidos en Santiago se puso bajo la direccción operativa del jefe del centro de la CIA, allí. Su asistencia y contactos con militares chilenos fueron inestimables en este programa."[16]

Este aparato serviría luego para el intercambio de mensajes a partir de las comunicaciones establecidas por la DINA y servicios de informaciones argentinos, como veremos más adelante.

El involucramiento estadounidense hizo decir a Gore Vidal en una reciente entrevista con la revista griega *News Perspective* al hablar sobre la detención de Pinochet en Londres que "Pinochet va a cantar si lo procesan. Y si lo hace, tengo la esperanza de que Henry Kissinger sea detenido y enjuiciado por lo que hizo con Chile y con Camboya. Creo que Kissinger es el más grande criminal de guerra libre en el planeta".[17]

Debería agregarse el nombre de George Bush y de otros "halcones" estadounidenses, cuya complicidad en el crimen latinoamericano surge abiertamente en la Operación Cóndor y en otras acciones en la región.

El jefe militar asesinado en Chile para evitar la asunción de Allende, lo que fracasó, fue reemplazado por el general Carlos Prats, quien impulsó la llamada Doctrina Schneider, que básicamente se sustentaba en la subordinación militar al poder civil y la necesidad de que los militares colaboraran en las transformaciones económicas que estaban comenzando. En ese mismo momento, este militar honesto también estaba firmando su sentencia de muerte. La CIA lo tenía en su lista y Prats fue una de las primeras víctimas de lo que luego fue la Operación Cóndor.

En 1972 Allende lo nombró ministro del Interior y en agosto de 1973 pasó a ocupar el cargo de ministro de Defensa como un hombre de extrema confianza del presidente. Pero ya muchos de los generales que rodeaban a Prats conspiraban en las sombras, alentados por los funcionarios de la Embajada de Estados Unidos en Chile. La campaña de prensa contra Prats, que era para los estadounidenses el "obstáculo principal" hacia las acciones civiles y militares que preparaban contra Allende, fue feroz en todo ese período de conspiración. En junio de 1973 hubo un intento de asesinato contra el general. Y en ese mismo mes Prats encabezó la resistencia a una división de tanques blindados que se levantó cercando el palacio presidencial. La campaña de prensa entonces no tuvo límites. Lo denostaron, injuriaron, inventaron casos de corrupción –que después se comprobó eran falsos– porque la meta era lograr que el general Augusto Pinochet llegara a ocupar el cargo de comandante en jefe, que por sucesión le correspondía.

Poco se ha hablado de esta historia, pero las arañas tejían su red y cuando Prats fue obligado a renunciar, la CIA ya tenía a su hombre en el lugar preciso: Pinochet asumió el mando. En el diario que el general Carlos Prats escribió desde el 1º de febrero de 1973, hasta poco tiempo antes de su asesinato en Argentina, revela cómo se fue produciendo el proceso de descomposición de las Fuerzas Armadas y detalles de la conspiración ordenada y diseñada desde Washington para derrocar a Allende. También allí menciona la falta de cohesión de alguna izquierda para entender el momento, sus divisiones, y por otra parte desnuda la acción de los grupos civiles de ultraderecha, que trabajaron codo a codo con los agentes de Estados Unidos para forjar el proceso dictatorial. En mayo de 1973, advertía Prats lo que estaba sucediendo dentro del Ejército: "Con José Toha (ministro de Allende) hemos conversado de esto y de los informes que al respecto entregan los servicios correspondientes. Toha afirma que el gobierno ya sabe que en bancos de Estados Unidos se han abierto cuentas en dólares a nombre de oficiales de las Fuerzas Armadas de Chile. Los oficiales chilenos siempre se han distinguido por su débil formación política y muchos de ellos, incluso generales, son presas fáciles de los halagos y se dejan envolver fácilmente".[18] Allí se advierte la preocupación de Prats por mantener unidas a las Fuerzas Armadas, pero obedientes a la Constitución. Menciona también a la poderosa compañía estadounidense ITT cuya intervención en el golpe de Chile, fue fundamental. Prats señala claramente hacia la CIA, que junto con la ultraderecha chilena, avanzaban en su plan de desestabilización.

En un párrafo de su diario que corresponde al 22 de febrero de 1973, escribe que ya las radios y medios de la derecha y del Partido Nacional han abandonado todo lenguaje de halagos hacia su persona: "Se me ataca como jamás se atacó en este siglo a un jefe militar chileno en servicio activo". El 3 de abril de 1973 escribe que comienzan a aparecer en las paredes letreros amenazantes, entre ellos sobre "Djakarta", recordando la masacre de comunistas en Indonesia y también otra palabra "SACO", incomprensible entonces.

En sus anotaciones del 7 de abril habla ya de que SACO es la sigla de Sistema de Acciones Civiles Organizadas, por medio del cual se dan instrucciones que son la mejor revelación sobre la guerra contra el gobierno de la Unidad Popular: "1) Ocultar el 20 por ciento como mínimo de la producción. 2) Crear depósitos de piezas de repuesto en galpones y subterráneos fuera de las empresas y disminuir al mínimo la producción. 3) Distribuir la producción de las fábricas y los alimentos, especialmente los que escasean, únicamente a través de los intermediarios de SACO. En caso de que el gobierno tome represalias, los empresarios deben entregar al sector social artículos de la más baja calidad y sólo en cantidades mínimas. A los dueños de empresas se les recomienda también despedir con cualquier pretexto a obreros y empleados que simpaticen con el gobierno de la Unidad Popular, o al menos hacer la lista de ellos para tenerlos a mano. A la vez los autores del plan SACO aconsejan a los patrones conceder pequeños beneficios a los trabajadores que no son de UP".

En cuanto al campo, se dan las siguientes instrucciones: "1) Responder a las preguntas de los cuestionarios de SACO e informar a sus activistas. 2) Destinar a la producción pequeñas parcelas de las tierras más fértiles tratando de evitar su control por los organismos del gobierno. 3) Entregar datos falsos sobre los rendimientos de los cultivos a las Cooperativas Agrícolas controladas por la Unidad Popular. 4) Crear células de autodefensa con sistema propio de información. 5) Llevar las listas de todos los activistas de la Unidad Popular, especialmente de los comunistas y socialistas y tenerlos bajo control y observación".[19]

También cita Prats que se recomendaba a los comerciantes no vender nada a los partidarios de UP, o en último caso "suministrarles artículos de mala calidad y en cantidades mínimas", así como desinformar sobre los lugares donde se venderán ciertos artículos. A su vez Patria y Libertad ordenaba a su gente entregar listas de las personas que debían abastecer y además copiar datos sobre todas las empresas; y ya se evaluaban entonces las posibilidades de interrumpir el suministro de energía eléctrica. Hay otros planes de la llamada guerra psicológica.[20]

El diario refleja más adelante las angustias de Prats ante los intentos de golpe, la existencia de conspiraciones cada vez más fuertes, y la impotencia que siente el 26 de julio de 1973 frente a otra huelga de los camioneros. "Vilarín (sindicalista) es para mí un simple agente del extranjero, intermediario encargado de distribuir los dineros norteamericanos entre los camioneros (...) ahora la disyuntiva es clara: o la CIA y la ITT o Chile. O la patria o los golpistas".

El diario del general Prats es quizás una de las expresiones más dramáticas y sinceras de aquellos días. El 21 de agosto relata la manifestación de esposas de generales ante su casa y ya advierte que institucionalmente será difícil mantener la unidad de las Fuerzas Armadas. Pero también más adelante refleja cómo va caminando Pinochet a tomar su lugar. El 23 de agosto Prats acosado, renuncia. "Mi carrera ha terminado. Sin sobrevalorar mi papel, creo que mi salida es la antesala del golpe de Estado, la gran traición", escribe. No se equivocaba.

El 11 de septiembre de 1973 la decisión de Nixon, Kissinger y Helms se cumplió ampliamente: el general Augusto Pinochet encabezó el golpe militar e instaló la dictadura más cruel que conoció ese país. El crimen era el signo y para eso habían trabajado los agentes de Washington, los militares y civiles, los mismos que entregaron las listas para ubicar a las víctimas. Pero Pinochet fue más lejos. Allí levantó el vuelo el Cóndor.

Notas

1. Sergio Kiernan, *Página 12*, Buenos Aires, 20 de septiembre de 1998, pág. 21.

2. *Ibid.*

3. *Ibid.*

4. Valentín Mahskin, *Operación Cóndor, su rastro sangriento*, Editorial Cartago, Buenos Aires, 1985, pág. 26.

5. Ana Barón y otros, "Los papeles secretos del golpe de 1973 en Chile", *Clarín*, 15 de noviembre de 1998, Buenos Aires, pág. 34.

6. *Ibid.*

7. *Ibid.*

8. *Ibid.*, pág. 35.

9. Alberto Amato, "Cómo Estados Unidos planeó el golpe contra Allende desde 1970", *Clarín*, suplemento *Zona*, 21 de febrero 1999, pág. 9.

10. *Ibid.*

11. *Ibid.*

12. Günter Neuberger, Michael Opperskalski, *La CIA en Centroamérica y el Caribe* (título original en alemán : *CIA en Mittelamerika*), primera edición en Alemania, segunda en Editorial José Martí, La Habana, 1985, pág. 48.

13. Fred Landis, *Covert Action*, "Information Bulletín", Nº 16, marzo de 1982.

14. *Ibid.* 9, *Clarín*, pág. 10.

15. Esta conclusión es nuestra.

16. Alberto Amato, *Clarín,* suplemento *Zona*: "Informe sobre las actividades de las fuerzas de tarea chilenas de la CIA entre el 15 de septiembre y el 3 de noviembre de 1970", 21 de febrero de 1999, pág. 11.

17. *Ibid.*

18. *Diario del general del Ejército Carlos Prats : ex comandante en jefe del Ejército chileno*, Editorial Fundamentos, Buenos Aires, 1984, pág.19.

19. Alberto Amato, *op. cit.*, *Clarín*, pág. 15.

20. Mahskin, págs. 15-16-17.

4

Morir en Buenos Aires

En Buenos Aires se encontraba precisamente una de las presas que el Cóndor más codiciaba: el general Carlos Prats y su esposa, Sofía Curthbert, asilados después del golpe de Pinochet. Existía además una fuerte preocupación en Chile por la presencia de los exiliados, de alto nivel, que denunciaban en forma permanente las atrocidades de la dictadura. "El afán de la Junta (de Chile) de perseguir a los exiliados, reprimirlos en cualquier parte que se encontraran, en América Latina o fuera de sus fronteras, vino de perlas a Estados Unidos, que tenía el proyecto de armarse una filial de la CIA al sur, que estuviese en condiciones de internacionalizar el terror contra los círculos progresistas del continente. Cierta coincidencia de intereses entre Washington y Santiago pasó a ser parte de los esfuerzos conjuntos de la CIA y la DINA para la creación del 'Cóndor'. Cuando comenzó a funcionar el consorcio de las dictaduras terroristas, la policía secreta de Pinochet ocupó el papel de subalterno principal de los servicios norteamericanos. No es casual que Contreras, el entonces jefe de aquella policía secreta de la Junta, firmara los mensajes dirigidos a otros participantes de la 'corporación de la muerte', como 'Cóndor 1'."[1] Un "objetivo" claro para Chile y Estados Unidos era Prats. El general conocía demasiados secretos y hablaba de la participación estadounidense en el golpe, e incluso Washington silenció la desaparición y tormentos de ciudadanos norteamericanos a manos de la dictadura. La doble moral de Washington se expresó en Chile como nunca. Pero también había inquietud, porque Prats tenía allí seguidores silenciosos en el ejército. Lo cierto es que desde Buenos Aires Prats había escrito a amigos, entre ellos a Hortensia Bussi, viuda de Allende –que estaba en México–, dándole cuenta de que era seguido por "soplones" y "espías" y que se intentaba denigrar su figura.

Los "soplones" chilenos no estaban solos. Actuaba aquí la Alianza Anticomunista Argentina (Triple A), que secuestraba, amenazaba y asesinaba a peronistas de izquierda, a izquierdistas, a intelectuales y sindicalistas de prestigio. La Triple A tenía conexión abierta con la CIA y fue una de las patas de la coordinadora del crimen en esos tiempos.

El 14 de septiembre –como relatan familiares– alguien le advirtió a Prats que su vida corría peligro, pero el general y su esposa Sofía no podían salir del país. El consulado de Chile le demoraba sus documentos. Ahora se sabe que era parte del plan. El 26 de septiembre de 1974 Gladys Marín, dirigente del Partido Comunista de Chile, estuvo con Prats, quien le confió que recibía amenazas y le dijo que tenía datos de cómo la CIA trabajaba con los servicios chilenos y grupos argentinos para asesinarlo.

No estaba equivocado. Vivía en Malabia 3351, en un edificio torre que pagaba el gobierno argentino. Prats y su esposa salieron en la noche del 29 de septiembre a cenar con amigos chilenos. El manejaba un Fiat 1600. Detrás iba la jauría. En la madrugada del 30 de septiembre cuando regresó al edificio donde vivía, dejó a su esposa en el automóvil y bajó a abrir el portón de entrada. En ese momento todo voló por el aire. Su esposa murió en el acto, él unos minutos después, alcanzado por una bomba de alto poder explosivo. Mientras ellos cenaban, el criminal ponía debajo de su auto la bomba para accionar a control remoto.

Tanto Chile como Estados Unidos negaron cualquier participación.

Pero nadie tenía dudas sobre la mano que actuó y sobre quienes dieron la orden, así como sobre los cómplices. Las denuncias de ayer se confirman ahora.

El 18 de enero de 1996 fue detenido en Buenos Aires el agente chileno Enrique Arancibia Clavel por orden de la jueza María Servini de Cubría. La magistrada fundamentó su decisión de ordenar la prisión preventiva en que el asesinato del general Carlos Prats y su esposa, en septiembre de 1974, no había sido una acción individual sino que involucraba a la DINA chilena. Servini de Cubría lleva adelante el juicio abierto nuevamente por la familia del militar asesinado, a partir de nuevos descubrimientos y pruebas en el caso cerrado apresuradamente en su momento. Sofía, María Angélica y Cecilia Prats Cuthbert, denunciaron en 1983 que por los antecedentes recogidos en Argentina, "por las actitudes que hemos visto en Chile, por la información obtenida en Estados Unidos, estamos definitivamente convencidas de que el crimen fue cometido por personal de la entonces Dirección Nacional de Inteligencia (DINA) y que ahora es la Central Nacional de Informaciones (CNI). El autor material del asesinato es Michael Townley, quien pertenecía a la DINA y ésta era un organismo del gobierno de Augusto Pinochet".[2]

En agosto de 1995 el gobierno de Chile rechazó una solicitud de Servini de Cubría, quien requería antecedentes del asesinato del ex canciller socialista Orlando Letelier, para ayudar a esclarecer el del general Prats en Buenos Aires. Los magistrados chilenos estimaron que los informes pedidos por la jueza argentina "eran muy genéricos" y que no permitían "precisar las partes a que hace referencia".[3]

El 19 de mayo de 1995 el agente Michael Townley, con el rostro cambiado por una cirugía plástica y con una nueva identidad como "testigo protegido" de Estados Unidos, hombre clave si los hay en esta historia, se presentó ante el juez italiano Giovanni Salvi, en Roma, quien lleva adelante el nuevo proceso por el atentado cometido en esa ciudad contra el ex vicepresidente democratacristiano Bernardo Leighton y su esposa Anita Fresno, ocurrido el 6 de octubre de 1975, en un lugar muy cercano al Vaticano. Este es otro caso testigo de los comienzos de la Operación Cóndor, "institucionalizada" en 1975-1976. Townley imputó al general Contreras, jefe de la DINA, al coronel Eduardo Iturriaga Newman, y al ultraderechista italiano Giulio Crescenzi que, junto con Stéfano Delle Chiaie y otros, trabajaban conjuntamente con cubanos de Miami, en todos estos atentados.

El caso Leighton está indisolublemente unido al de Prats. Por esta razón la jueza Servini de Cubría viajó a Roma para obtener mayor información, al no lograr que Townley compareciera en Argentina. La CIA protege a Townley, su hombre en América, para evitar que hable sobre lo que más sabe: el papel cumplido por la agencia estadounidense en la ronda de la muerte.

La detención del agente Arancibia Clavel no era la primera en Argentina. En 1978 cuando estuvo a punto de estallar un conflicto por diferendos fronterizos entre este país y Chile, Arancibia fue literalmente secuestrado por la inteligencia de la dictadura militar, junto a otros agentes chilenos. Para salvarse de una situación que él conocía como la palma de su mano, reveló que su trabajo no era el de espiar en la Argentina, sino que era un hombre clave en la llamada Operación Cóndor, y por lo tanto tenía sus buenos socios en las fuerzas armadas y policiales argentinas.

Pero la resolución judicial del 25 de enero de 1996, para ordenar la detención de Arancibia, fue robada al día siguiente del juzgado de Servini de Cubría, redoblando las sospechas sobre la magistrada, quien desvió causas claves de corrupción que afectan al gobierno del presidente Carlos Menem. Conjuntamente, y adscriptos a la resolución robada, había cientos de testimonios presentados a lo largo de la investigación. De acuerdo con éstos, la oficina de Lan Chile, empresa aérea oficial de ese país, servía para enlaces especiales de inteligencia. Arancibia era uno de los agentes que aportaba datos sobre chilenos en Argentina. En principio se había refugiado aquí en 1970 después de resultar involucrado en el asesinato del general Schneider en Chile. Durante todo ese tiempo tuvo el amparo de la ultraderecha local. Regresó a su país cuando Pinochet tomó el poder y, ya como agente de la DINA, volvió a la Argentina cuando bajo la sombra de José López Rega, el siniestro secretario de Juan Domingo Perón, se configuró la Alianza Anticomunista Argentina (Triple A). Arancibia también recibía el dinero proveniente de la DINA a través de la empresa Lan Chile. En los documentos entregados a Servini de Cubría constaban sus contactos con Michael Townley, agente de la CIA y la DINA. En base a estas conclusiones la magistrada citó diversos nombres de funcionarios de la DINA que, en menor o mayor grado, habían participado en el atentado: Manuel Contreras, Director; Pedro Espinoza Bravo, Jefe de Operaciones; Eduardo Iturriaga Newman, Jefe de Departamento Exterior; José Zara, segundo jefe del Departamento Exterior; Cristopher George Willike, jefe de la DINA en Argentina; Armando Fernández Larios, enlace; Enrique Arancibia Clavel, agente; Jaime Patricio Arrau, enlace; Michael Townley, agente. En este caso agentes y enlaces son los ejecutores directos. Y por otra parte las investigaciones periodísticas y de Derechos Humanos sobre el caso mencionan específicamente a Stefano Delle Chiaie, del ultraderechista movimiento Avanguardia Nazionale, de Italia, al argentino Martín Ciga Correa (quien utilizando el nombre de Mariano Santamaría participó con otros militares en Honduras, bajo mandato de la CIA en la guerra de Estados Unidos contra Nicaragua sandinista).

Mientras estuvo detenido Arancibia Clavel, en 1978, el télex instalado por él en el local de los Servicios de Inteligencia del Estado argentino (SIDE) continuó funcionando. El subsecretario de Seguridad argentina comisario Luis García Rey recibió una felicitación directa de Manuel Contreras por la "colaboración prestada".[4]

Entre los documentos incautados por la Policía Federal argentina, cuando investigaba la posibilidad de espionaje de Arancibia Clavel, se encontraron informes de 1974 donde detallaban las actividades de Prats en Argentina.[5]

La cobertura para el accionar de los agentes chilenos era además la empresa "COPIHUE. S.A", nombre clave de la DINA en Buenos Aires. Así los informes llegaban a manos de Contreras y de allí, reelaborados, a Pinochet.

La detención de Arancibia Clavel desató una serie de investigaciones periodísticas, que llevaron a la conclusión de que el general Manuel Contreras organizó "una impresionante red comercial".[6] Privatizando la empresa estatal pesquera Arauco, Pinochet la traspasó directamente a la

DINA. "La composición del primer directorio de la firma privatizada es más que llamativa: Manuel Contreras, presidente, Pedro Espinoza, vicepresidente y Cristopher George Willike como director".[7]

La DINA le dio cobertura (a Arancibia Clavel) como subgerente del banco del Estado en Buenos Aires y lo puso a trabajar en la coordinación regional, que incluía contactos con los Servicios de Informaciones del Estado y del Ejército. Entre sus corresponsales en Santiago estaba el norteamericano Townley, hijo de un directivo de la Ford, integrado a los grupos de choque antisocialistas y reclutado por inteligencia militar. Su red de contactos argentinos incluía a Ciga Correa, quien fue uno de los jefes de seguridad de la Universidad Nacional de Buenos Aires, designado por el rector Alberto Ottalagano (en el gobierno de Isabel Perón)."[8]

Arancibia Clavel identificaba sus apoyos argentinos con la Triple A y el Grupo Milicia Nacional Justicialista o Milicia a secas, donde estaba Ciga Correa, Federico y Rodolfo Rivanera Carlés que "además de secuestrar y matar, editaban la literatura antisemita que se distribuía en todo el país", señala el periodista Horacio Verbitsky.[9] Los informes de Arancibia Clavel citados, entre otros, por el mismo Verbitsky, indicaban que en la red estaba incluido un grupo de terroristas neofascistas italianos, encabezados por Pierluigi Pagliai, Alfredo Delle Chiaie y Vinscenzo Vinciguerra. "El agente de la DINA frecuentaba a los segundos jefes de la Secretaría de Informaciones del Estado, Jorge Cayo, y del Batallón de Inteligencia del Ejército, teniente coronel Jorge Osvaldo Ribeiro Rawson, contactos que le permitían saber en las postrimerías del gobierno de Isabel (Martínez de Perón, 74-76) que "el Ejército argentino está atacando a la subversión por derecha y por izquierda, es decir algunos pescados pasan al Poder Ejecutivo y el resto son RIP (asesinados). Esta semana el Ejército eliminó a 25 elementos subversivos, todos por izquierda", como decía un mensaje de Arancibia Clavel del 11 de diciembre de 1975.

En diciembre de 1995 los ultraderechistas italianos Delle Chiaie y Viscenso Vinciguerra admitieron en Roma ante la jueza Servini de Cubría que Arancibia Clavel y Michael Townley estuvieron involucrados directamente en el asesinato de Prats.[10] Se conoció también que Townley ingresó a la Argentina el 10 de septiembre de 1974 reuniéndose con Arancibia Clavel y en la misma noche del atentado contra Prats, salió del país, al parecer vía Montevideo, y unas horas más tarde festejaba en Santiago de Chile la efectividad del atentado que costó la vida a Prats y su esposa. En 1976 al quedar involucrado en el asesinato de Letelier en Washington (que analizaremos por cronología en el año 76), la justicia de Estados Unidos logró la extradición del agente y de otros personajes involucrados en el crimen. Todos señalaron al general Contreras. Townley fue condenado en

Italia a 15 años de prisión como intermediario entre la DINA y los extremistas de derecha italianos, pero está protegido por "su colaboración" con el gobierno estadounidense que le facilitó nueva identidad. Los neofascistas italianos Delle Chiaie y Maurizio Giorgio estuvieron con Townley en la casa que éste ocupaba en Santiago, donde se cometieron crímenes y se torturaba a prisioneros de la dictadura.

El asesinato de Prats también fue asociado en su momento al del padre Carlos Francisco Mujica, un sacerdote argentino que en agosto de 1967 había participado en la creación del Movimiento de los Sacerdotes para el Tercer Mundo (MSTM). Mujica vivió de cerca el mayo francés y también viajó a Cuba. Estuvo en Bolivia reclamando los restos del revolucionario Ernesto "Che" Guevara. Cuando el ex presidente Juan Domingo Perón regresó de Madrid, España, en 1972, lo acompañó en el viaje. Como sacerdote dedicado a los pobres, defendía a los habitantes de una Villa Miseria, una de las tantas ciudades perdidas de América Latina, con muchos símbolos en la Argentina. Levantada a los bordes de una estación terminal de autobuses en Retiro, que llegan desde todo el interior del país y de naciones limítrofes, la Villa acogía a los desheredados en sus casas de cartón, de latón o de viejas maderas, en calles polvosas, que desafiaban a la gran ciudad edificada de espaldas al río y también al país.

Mujica es uno de los símbolos de la actuación de los escuadrones de la muerte de la Triple A en Argentina, que tanto ayudaron a Arancibia Clavel y a Pinochet, el mismo que traicionó a sus amigos militares argentinos, apoyando a Gran Bretaña en la Guerra del Atlántico Sur o Guerra de las Malvinas en 1982.

El 11 de mayo de 1974, Mujica viajó en su automóvil Renault 4 hacia la Iglesia San Francisco Solano, del barrio popular de Mataderos, en Buenos Aires. Después de oficiar misa salió de allí a las 20 horas. Se le acercó un hombre de barba —eso recuerdan los vecinos— y le preguntó: ¿usted es el padre Mujica? El sacerdote respondió afirmativamente y repentinamente en las manos del hombre apareció una ametralladora. Fueron 15 disparos en segundos. Mujica murió pocas horas después y nadie dudó que los responsables eran de la fatídica Triple A, fundada y amparada por el ministro de Bienestar Social de Perón, José López Rega.

Algunos pormenores de la estancia de Prats en Buenos Aires y su relación con Juan Domingo Perón

Mientras el general Prats estuvo asilado en Buenos Aires, intercambió una serie de cartas con el general Juan Domingo Perón, con quien sostuvo varias reuniones.

En una carta escrita por Perón el 24 de septiembre de 1973, antes de hacerse cargo de la presidencia por tercera vez en el país –cuando Héctor Cámpora se hizo a un lado para dejar el gobierno en sus manos–, al condolerse por la muerte de Salvador Allende señala: "Es prematuro sacar conclusiones de lo sucedido en Chile, pero debo afirmar con toda sinceridad, como hombre que se ha enfrentado a las más duras pruebas de la vida, que no puedo tolerar a aquellos que tras pomposas consignas de democracia, paz y libertad, esconden sus bajos instintos y pasiones inconfesables. Estos bárbaros de hoy mucho se asemejan a los de los trágicos días de septiembre de 1955 (fecha en que los militares derrocaron a Perón instalando una dictadura). Nuestras vidas en cierto modo se asemejan, así como se asemejan los destinos de nuestros pueblos hermanos tantas veces sometidos al chantaje y a la presión de las fuerzas imperialistas que no sólo han tratado siempre de destruir nuestros éxitos en los campos económico-social y derrocar a los gobiernos constitucionales, sino también de separarnos y enfrentarnos. Un gran abrazo. Juan Domingo Perón".

En otra de las cartas fechada el 5 de octubre de 1973 Perón escribía: "Comparto sus atinados juicios que una vez más me confirman en la opinión de que ningún régimen nacido de un golpe militar y sostenido por la fuerza, es eterno. La historia lo demuestra. Como sabe usted bien, en la vida de los pueblos como en la de los hombres hay altos y bajos (...) Su carta trajo a mi memoria lejanos recuerdos relacionados con Chile, que siempre ocupó un lugar importante en mi vida. Ya en el año 1949 firmamos en Chile un tratado de complementación económica. Ese tratado y esos contactos permitieron ver muchas cosas desde un nuevo ángulo. Ante ambos países se abría la posibilidad de establecer las bases a nivel continental de una amplia y desinteresada cooperación sin injerencia de poderosas fuerzas exteriores. Esta negociación es parte de algo mucho más amplio: la creación de la Comunidad Económica Latinoamericana, proyecto del que venía ocupándome desde 1948. Esta comunidad hubiese podido asestar un golpe a los intereses de aquellos que se estaban enriqueciendo a nuestra costa. De paso le diré que a Europa le faltaba recorrer un largo camino antes de lograr en 1958 su unión económica (...).

"Considero lo sucedido en Chile como un verdadero desastre (espero que sea transitorio), como un duro golpe a mis esperanzas de establecer, aunque sólo fuese en el Cono Sur, una zona de libre dominio de las compañías extranjeras, cuyos apetitos de rapiña son bien conocidos. A mi entender este revés en el proceso revolucionario chileno servirá a los Morgan, Rockefeller y Dupont para desencadenar una vasta ofensiva en América Latina, no ocultando su júbilo ante el éxito obtenido en Chile. Por todos los medios tratarán de impedir en el futuro la repetición del avance democrático chileno. Cada vacilación, cada día perdido, cada paso atrás en la lucha contra la penetración imperialista representa un éxito para aquellos que descaradamente siguen explotando nuestra riqueza, enriqueciéndose, como usted dice, con todo, hasta con nuestra sangre y nuestra grandeza espiritual. Observe la rapidez con que se va extendiendo por el continente la mancha inmunda que los Estados Unidos han dado en llamar su zona de influencia o zona de intereses militares, industriales y financieros. A veces fingimos ignorar que a ojos vistas se apoderan de las tierras que labraron nuestros antepasados. Es sabido que poderosos monopolios norteamericanos se han adueñado de millones de hectáreas de las tierras más fértiles y obtienen pingües beneficios explotando el trabajo barato de los peones latinoamericanos (...) como regla general el capital extranjero se apodera de nuestras tierras utilizando testaferros locales o a través de sociedades con rótulos nacionales, sin preocuparse de disimular ante la opinión pública sus actividades ilícitas". En esta carta también menciona Perón "(...) y que no duden los Estados Unidos y ante todo la ITT y la CIA y sus semejantes dedicados a combatir los más lícitos y nobles anhelos de nuestros pueblos que las cartas están echadas (...)".

El 20 de noviembre de 1973 ya en momentos en que se hace cargo de la presidencia, Perón agradece a Prats sus felicitaciones y analiza la falta de capacidad para unirse de muchas dirigencias revolucionarias que no reconocen el momento político ni al enemigo al que se deben enfrentar unidas. Pero es sorprendente lo que Perón dice a Prats y que es el trasfondo de todo lo actuado por Washington en esos tiempos, que hoy tienen una vigencia asombrosa: "Comprendo su juicio de que el destino de un país depende principalmente de las relaciones del gobierno con sus Fuerzas Armadas, en una palabra de la tendencia que predomine dentro de éstas. Es muy justo lo que usted menciona sobre el proyectado plan de los Estados Unidos de modificar el estatuto de la OEA. Si los altos mandos de las Fuerzas Armadas latinoamericanas lo apoyan, tendremos que afrontar duras pruebas, ya que estas modificaciones tienden a la formación de bloques militares en América Latina. Traerán como consecuencia la desunión y permitirían a los yanquis instalar en el hemisferio su anhelado teatro de títeres políticos. Si llega a suceder ni imaginarlo quiero. América Latina se atrasaría un siglo en el camino de su desarrollo y su progreso social. Esta perspectiva debe impulsarnos a poner en descubierto los pérfidos planes de los Estados Unidos, sus intenciones inconfesables de "pentagonizarnos", de convertir nuestros territorios en polígonos destinados a probar armas, en plaza de armas que servirían a sus fines estratégicos".

Más adelante advierte que "el verdadero contenido de la política norteamericana en América Latina debe ser analizado a la luz de los fines globales de su gigantesca maquinaria bélica. En realidad todos los planes de ayuda a nuestros países, la política de exportaciones, el sistema financiero, el desarrollo industrial están sometidos a los intereses de los planes estratégicos del Pentágono (...)".

Y añade: "reconozcamos que una de las causas principales de los duros reveses sufridos por las fuerzas democráticas de América Latina reside en no apreciar debidamente el rol de los Estados Unidos, responsables de la mayoría de golpes de Estado. Sus manos están machadas con la sangre de miles y miles de latinoamericanos caídos en la lucha por la libertad y la independencia (...) Se equivocan los que afirman que respecto a Estados Unidos estamos viviendo un período de calma. ¿Y qué calma es ésta cuando están realizando toda clase de actividades secretas, soborno de políticos y funcionarios gubernamentales, asesinatos políticos, actos de sabotaje, fomento del mercado negro y penetración en todas las esferas de la vida política, económica y social? Sobre nuestros países vuelan aviones militares norteamericanos mientras nuestro suelo permanece en poder de sus monopolios, con bases militares. Y a éstos se añaden centenares de establecimientos menores como estaciones meteorológicas o sismológicas, capaces de convertirse en centros de terrorismo y agresión (...) No estamos bien informados sobre las actividades del imperialismo en el derrocamiento de gobernantes democráticos de Brasil, Chile, Bolivia, Uruguay y otros países".

El 3 de enero de 1974 Perón aconsejaba a Prats que se cuidara y se mostraba preocupado por los incidentes que el general chileno relataba en cuanto a amenazas directas e indirectas y seguimientos. "Vuelvo a recomendarle la mayor prudencia. Le escribo todo esto para que tome con seriedad esos incidentes alarmantes. Usted es indispensable a los suyos, pero mucho más a su patria en desgracia. Y a sus ex compañeros de armas que indudablemente se convencerán de que han sido engatusados (...) ¡No lo olvide! ¡Cuídese!".[11]

La reproducción de fragmentos de estas cartas dan una idea de lo que significaba este intercambio epistolar entre Prats y Perón. Algunas fuentes consultadas estiman que estando José López Rega, "el brujo", junto a Perón, esta correspondencia debe de haber llegado a manos de los amigos del increíble secretario del presidente argentino. La historia de López Rega forma parte no sólo del anecdotario de un tiempo temible sino del crimen político y la persecución, ya que fue uno de los hombres claves en la creación de los escuadrones de la muerte de la Triple A, que manifestando nacionalismo sirvieron claramente a los intereses estadounidenses, en los tiempos de la brutal *guerra fría*.

¿Fue Perón una contención para el asesinato de Prats? Todo indica que muerto el general en julio de 1974, el militar chileno estaba más desprotegido y a la deriva. El consulado de Chile le negaba la visa para viajar a Europa. Septiembre de 1974 fue llamado el "septiembre negro" argentino, porque más de 20 activistas políticos fueron asesinados. Al comenzar el día 30 de ese mes una bomba colocada en el automóvil del general Prats acabó con su vida y la de su esposa...

Los asesinos habían "trabajado" en la colocación de la bomba, mientras él estaba reunido con sus amigos. La policía sostuvo en sus primeras pericias que una bomba con mecanismo de relojería había sido adherida posiblemente bajo los asientos delanteros. De cómo todo había cambiado, lo demuestra el hecho de que las hijas de Prats nunca obtuvieron respuesta de María Isabel Martínez de Perón, quien había quedado a cargo de la presidencia, sin ninguna capacidad, ya que era visiblemente manejada por López Rega. Merecería otra larga investigación sobre cómo llegaron ambos a la vida de Perón y cómo se estructuró esa casi obra de ingeniería mediante la cuál "Isabelita" habría de asumir la presidencia, junto a aquel ex cabo de la policía devenido en el hombre real del poder. En Chile, en tanto, dos días antes del crimen las fuerzas militares fueron puestas en estado de alerta, ya que se conocía que había entre los uniformados algún movimiento de cierto reconocimiento a las advertencias de Prats, lo que habría potenciado la decisión de matarlo. El coronel Pedro Eving, a quien después se localizaría creando un centro Cóndor en Madrid, España, con ayuda de la ultraderecha de ese país, dijo sin inmutarse que Pinochet repudiaba el crimen: "Sin ninguna duda criticó el sistema de asesinatos que llevan a cabo elementos extremistas, de cualquier signo que fuesen". La operación de prensa de los militares intentaba convencer de que eran fuerzas de izquierda las que habían intervenido en el asesinato del general. ¡Cómo si fuera posible creerles! La infamia no reconocía límites.

De Prats a Letelier

Siguiendo con la escalada, para dar continuidad a la saga trágica de los años del lobo, otro de los casos testigos es el asesinato del coronel Ramón Trabal en París, Francia, el 19 de diciembre de 1974. Este accionar contra militares y políticos corroboraba indudablemente lo que advertía Perón en sus cartas a Prats.

"¿Qué representaba en realidad aquel destacado militar (Trabal) de las Fuerzas Armadas de Uruguay, ex jefe del espionaje militar? ¿Qué resultó no grato para las nuevas autoridades? (la dictadura militar con el rostro civil de Bordaberry), se preguntaba Valentín Mahskin en su libro sobre la Operación Cóndor.[12] "Era descendiente de una familia militar, ferviente partidario de la fidelidad de las Fuerzas Armadas a la Constitución del país.

Era excesivamente honesto y reprobaba las manifestaciones de corrupción y avidez que se advertían en los círculos dirigentes. En febrero de 1973 unos meses antes del golpe militar uruguayo, Trabal fue uno de los principales animadores de los comunicados Número 4 y 5 con que se pronunció un grupo de oficiales progresistas."[13]

Precisamente si algo había causado alarma en Washington era por una parte la existencia de la guerrilla de los Tupamaros, nombre surgido de Túpac Amaru, el último de los Incas que encabezó la resistencia en el siglo XVI contra los conquistadores españoles. Pero este nombre también se extendió como sinónimo de la rebelión y la lucha por la independencia. Lo adoptó José Gabriel Condorcanqui, en el siglo XVIII en Perú y también los seguidores del prócer uruguayo José Gervasio Artigas. Por otra parte preocupaba a Estados Unidos el surgimiento del Frente Amplio en 1971 que significaba la unión de fuerzas de izquierda, progresistas, democráticas, personalidades independientes y también militares. Uno de ellos fue el presidente del FA, general Líber Seregni. Aunque en 1972 los Tupamaros ya habían sido fuertemente golpeados (en noviembre estaban casi todos sus cuadros detenidos, más de 2.800, unos 60 muertos y órdenes de capturas para casi un millar), en el interior de las Fuerzas Armadas se dividían cada vez más los campos de la derecha y la izquierda o el progresismo. La CIA había intervenido también en este país. Y precisamente esto quedó en evidencia por el secuestro y posterior muerte de Dan Anthony Mitrione por los Tupamaros, una acción que inspiró la película *Estado de sitio*. Instructor de los militares en interrogatorios y torturas, había llegado a Uruguay bajo el disfraz de la Agencia Internacional para el Desarrollo (AID), que más adelante veremos involucrada en estas mismas actividades en otros países. En algunas entrevistas tanto con militantes Tupamaros, como con ex policías, se confirmó que Mitrione utilizó mendigos, algunos delincuentes y prostitutas para enseñar las técnicas de interrogatorios violentos. Era un profesional de la tortura, como luego indicaron algunos testimonios. Varios mendigos murieron en aquel verdadero infierno de las salas de torturas convertidas en "escuelas de interrogatorios".

Como resultado de toda la convulsión vivida, en febrero de 1973 un grupo de militares progresistas emitió dos comunicados donde afirmaban que no estaban dispuestos a seguir siendo la "mano armada de los grupos económicos y políticos" y planteaban la necesidad de transformaciones democráticas que coincidían con la de los sectores populares y sindicales. La reacción no se hizo esperar y varios militares fueron a prisión o dados de baja. El 27 de junio Juan María Bordaberry activó todos los resortes, suspendió el parlamento y encabezó la dictadura militar.

Hubo una fuerte resistencia en Uruguay con huelgas generales y otras actividades en un país que había sustentado un fuerte espíritu democrático. Los generales Líber Seregni y Víctor Licandro fueron detenidos junto con el coronel Sufratiegui. Al coronel Trabal, no tan avanzado políticamente como los otros firmantes de los comunicados de febrero del 73, lo enviaron como agregado militar a Francia.

Allí lo esperaba la muerte a corto plazo. Hasta allí se extendió la mano del Cóndor. Un año después, el 19 de diciembre de 1974 dos hombres lo esperaron frente a su casa en París: el Nº 15 de la Avenida Poincaré, donde descendió de su automóvil y apretó un botón para abrir el garaje. Los dos pistoleros dispararon por lo menos siete veces sobre el militar uruguayo. "Trabal cayó sobre el asfalto. Una de las balas que no había dado en el blanco alcanzó el vidrio del costado del coche (...) los asesinos salieron de su escondite corriendo. Por el otro lado de la calle se acercaba un transeúnte casual que había escuchado los disparos. Resultó ser médico. Pero a Trabal ya no se lo podía ayudar. Estaba muerto".[14]

Después de unas horas la agencia francesa France Press recibió un comunicado supuestamente enviado por una "brigada Internacional Raúl Sendic", dirigente de los Tupamaros, con lo cual parecía como que estos se adjudicaban el crimen. Tal como había sucedido con Prats en Chile, se intentaba adjudicar el asesinato a la izquierda. ¿Podía convenir a Sendic, prisionero de los militares en Montevideo, aquella muerte o a los cientos de refugiados uruguayos en Francia? El Partido Comunista de Uruguay destacó entonces a Trabal como "un militar demócrata". Y luego –como antes lo señalamos– el periodista británico Richard Gott, escribió en *The Guardian* de Londres, en junio de 1975, que "durante las investigaciones en París no pude encontrar ninguna noticia, ni siquiera una insinuación de que sus asesinos (de Trabal) fueran de izquierda. Las sospechas caían sobre el gobierno de Uruguay". Más adelante señalaba que "Trabal me confiaba no mucho antes de su muerte que estaba de acuerdo con la revolución de los militares de izquierda en Portugal (25 de abril de 1974) y que era su deseo que algo así sucediera en Uruguay".[15]

Trabal iba a regresar a Uruguay y estas actitudes debían de haber sido muy estudiadas por sus asesinos. Ya en diciembre de 1974, el Partido Comunista uruguayo asociaba la trágica muerte de Trabal a la de Prats. "A fines de 1979, gracias a noticias que se filtraron en la prensa sobre un documento secreto de la Comisión de Asuntos Extranjeros del Senado de Estados Unidos, se supo exactamente que el asesinato de Ramón Trabal en París, en 1974, pesa sobre la conciencia del 'Cóndor'."[16]

Después de la implantación de la dictadura se creó en Montevideo el Organismo Coordinador de Operaciones Antisubversivas (OCOA) bajo la jefatura del mayor José Nino Gavazzo. De acuerdo con todos los testimonios reunidos, y con los hechos que se verán en otros capítulos cronológi-camente, el OCOA se potenció notablemente después del golpe militar del 24 de marzo de 1976 en Argentina, donde se pueden seguir sus trabajos conjuntos. Con Paraguay y Chile la relación fue estrecha y de cooperación. OCOA es también una de las patas claves en la Operación Cóndor.

Notas

1. Valentín Mahskin, *Operación Cóndor, su rastro sangriento*, Editorial Catargo, Buenos Aires, 1985, pág. 28.

2. *Paz y Justicia*, año 2, Nº 11, 1984 (revista del Servicio de Paz y Justicia), págs. 24- 25, en referencia a una nota publicada por la revista *Análisis* de Chile, luego censurada por Pinochet.

3. *Clarín*, miércoles 9 de agosto de 1995, pág. 27.

4. Silvia Boschi y Mónica González, investigadoras chilenas. Informe Derechos Humanos, MOPASSOL, 1996.

5. Jorge Luis Ubertalli, diario *Noticias* del Paraguay, 3 de abril de 1996, pág. 32.

6. Sergio Villegas, *Punto Final*, Santiago de Chile, marzo de 1996.

7. Ubertalli, *Noticias*, Paraguay, 3 de abril, pág. 32.

8. Horacio Verbitsky, "El vuelo del Cóndor", *Página 12*, domingo 28 de enero de 1996, Buenos Aires, págs. 10-11.

9. *Ibid.*, págs. 10-11.

10. *Ibid.* 3, *Clarín*, 1995.

11. Cartas publicadas en abril de 1981 por la revista *Proceso* de México y reproducidas parcialmente en *Paz y Justicia*, año 2, Nº 11, Buenos Aires, 1984, págs. 26-27.

12. Mahskin, págs. 76-77.

13. *Ibid.*, pág. 77.

14. *Ibid.*, pág. 77.

15. Richard Gott, *The Guardian*, Londres, 1975, págs. 78-79.

16. *Ibid.*, pág. 80.

5

Operación Colombo

Una de las acciones bases de la llamada Operación Cóndor, en la temible ronda de la muerte que coordinaron las dictaduras militares de los años 70 en la región, es la llamada "Operación Colombo", perversa estrategia de la Dirección de Inteligencia (DINA) de Pinochet, con sus correspondientes cómplices en Argentina y otros países. 119 chilenos fueron detenidos y desaparecidos y sus muertes fueron atribuidas –como una respuesta falsa a demandas de organismos internacionales– a "peleas internas de la izquierda", en Argentina, o a enfrentamientos diversos que nunca sucedieron.

Aunque denunciada por diversos organismos, fue nuevamente la detención en 1978 en Buenos Aires del agente de la DINA chilena Arancibia Clavel, luego liberado en 1981, lo que certificó el plan siniestro. En las declaraciones robadas en el juzgado de Servini de Cubría que investiga el asesinato de Prats y de su esposa Sofía, también se fueron documentos que testificaban aspectos de la Operación Colombo. Pero en 1992 habían aparecido en medios chilenos algunos de estos documentos incautados a Arancibia Clavel.

Así este agente suma los asesinatos del general Schneider, del general Prats y su esposa, como surge de todas las investigaciones citadas en el capítulo anterior, otra cantidad de víctimas aún no establecidas, en la saga de crímenes de la Operación Colombo. Hijo de un militar, de familia ultracatólica, de sus diez hermanos dos son altos oficiales de las fuerzas armadas chilenas –Jorge, contralmirante de la Armada; Roberto, Brigadier general y ex director de la Academia Nacional de Estudios Políticos y Estratégicos y Felipe, el más joven, quien egresó más recientemente como capitán del Ejército– con fuertes lazos creados con sectores de seguridad argentina y con la Triple A. En estos grupos paramilitares encontró la DINA de Chile el nexo fundamental para llevar adelante la operación "Colombo", que potenciaría al Cóndor.

Una investigación realizada por el Comité de Defensa de los Derechos de los Pueblos de Chile (CODEPU) y publicada en enero de 1994, mediante la solidaridad de Médico Internacional de Alemania, reconstruye aquella operación basada en una acción psicológica y de prensa, cuya perversión no parece tener límites.[1]

Fue lo que se llama "una creación" de la DINA. "Esto sucedió cuando Naciones Unidas había designado una Comisión especial para investigar *in situ* lo que estaba ocurriendo en Chile y Pinochet, se negaba a responder sobre la desaparición de unas 300 personas y por supuesto sobre el asesinato de miles."[2] Los documentos secuestrados a Arancibia Clavel, debido al conflicto entre Argentina y Chile, contenían suficiente documentación sobre operaciones clandestinas.

"Este libro está construido sobre una historia singular y desgarradora ocurrida en Chile en el año 1975, en pleno período de la dictadura militar. Es el caso conocido como la 'Lista de los 119' nombres completos, incluso con sus dos apellidos. Hombres y mujeres que estaban detenidos-desaparecidos. Con el tiempo se ha llegado a saber el nombre que se dio a este plan: Operación Colombo", señala CODEPU en su presentación.

Bajo el nombre de Luis Felipe Alemparte, Arancibia dijo a los oficiales de la contrainteligencia argentina, que lo interrogaron en 1978, que "en 1975 con motivo de la llegada a Buenos Aires de otro agente de la DINA llamado Iturriaga (general Raúl Eduardo Iturriaga Newman), en esa época mayor del ejército, vuelvo a contactar a Ciga Correa, ya que transcurridos algunos días de la llegada de Iturrriaga, éste me refiere que volvía a Chile en razón de haber fracasado en su objetivo. Inquiriéndole sobre los motivos de su fracaso y sugiriéndole la posibilidad de ayudarlo, Iturriaga me informa que su misión es hacer aparecer en Argentina a un subversivo chileno cuyo nombre es Simelman, o algo parecido, muerto en Chile, habiendo bautizado este operativo como Operación Colombo". En una carta fechada el 18 de abril de 1975, Arancibia escribe a la DINA: "Mando material impreso en prensa del país sobre el caso Colombo por Coordinación federal. Va foto de UBALBHL, posiblemente RIP (muerto). Las facturas que acompañaban a Colombo se pagarán en el transcurso de la semana junto a 15 facturas argentinas".

"Esta carta –señala CODEPU–, en la que habla de una muerte, posiblemente esté ligada a la información del día 12 de abril sobre el encuentro del primer cadáver mutilado", y que fue atribuido a "David

Silbaran" (en realidad Silberman). Todo hace presumir que el término "factura" esté referido también a los crímenes.

El 22 de abril de 1975 Arancibia escribe a Iturriaga "lamentablemente hasta el momento la publicidad sobre el caso Colombo ha sido casi nula" y agrega: "recién mañana me entrevistaré con Martín (Ciga Correa) para saber exactamente qué pasó. Esta semana están prometidos los dos restantes (muertos) que aparecerían con '15 criollos'. Espero que la publicidad sea mayor. Mayores antecedentes se los daré en Santiago a partir del 25 de este mes (...) Martín me solicitó atención de fotografías para aproximadamente siete personas, espero llevarlas conmigo".

Esta serie de datos pone en evidencia la participación directa de Arancibia y de la Triple A, como se verá más adelante. Es también evidente que se esperaba más "publicidad" sobre el caso Silberman, toda vez que la idea era sostener ante organismos internacionales y familiares que los desaparecidos que buscaban estaban en realidad en Argentina u otros países y se mataban entre ellos. Pero habría que indagar a Arancibia sobre las fotos que llevaba desde Argentina. En este hombre está el nudo de la situación.

En otra de las cartas citadas por CODEPU,[3] escrita por Arancibia el 16 de mayo de 1975, se lee: "Materia: información general. Caso Colombo".

Allí habla de la Triple A, con quien está coordinando operaciones la DINA. "El hombre que coordinó y organizó estos elementos nacionalistas fue el comisario Alberto Villar, secundado en esta tarea por el comisario Arenz, actual jefe de Interpol en Argentina" (1978). Según Arancibia, la Triple A debía su nombre a Alberto Villar, Arenz y un tercero que no especifica. Relata también que luego Villar es asesinado por un comando del Ejército Revolucionario del Pueblo (ERP) (en realidad se sindicó a Montoneros). Explica que la muerte de Villar llevó a la división en tres partes de la Triple A. Una bajo comando de Arenz "cuyo ejecutor directo es el comisario Ramírez", a quien llaman "el carnicero especialista en quemados y ahogados". Otro grupo que sigue a los gremialistas y a López Rega, "ese grupo sólo es mercenario y no tiene ninguna formación ideológica. Actualmente es el grupo más peligroso ya que no sabe distinguir lo que hace, la mayoría son drogadictos y están completamente degenerados (...) Por último, queda una fracción de auténticos nacionalistas que conforman el aparato de seguridad de la Milicia Nacional Justicialista. Este grupo es conocido como Triple M (MMM). Su denominación se debe a sus jefes. Sólo conocemos uno: Martín Ciga Correa. Este grupo actuó en el caso Colombo, efectuando la primera etapa del trabajo en forma perfecta. Con los últimos acontecimientos políticos, el grupo Arenz se unió al grupo de Martín. Uno aporta el aparato logístico y otro la experiencia y el fanatismo político".

En el punto 3.2 de esta carta que titula "Caso Colombo" informa que "las últimas alternativas de la segunda parte de este caso, tuvo la participación de Vicente, quien informó que Interpol Argentina envió todos los antecedentes como se habían solicitado el día viernes 9 de mayo por vía aérea, con esta información y previo consentimiento de Copihue, Santiago. El operativo de publicidad comenzará utilizando los servicios de Manuel Acuña, director de la Agencia periodística Prensa Argentina y también periodista del diario *La Nación*, de Buenos Aires. Prensa Argentina es una agencia nacional que cubre con informaciones la mayoría de los diarios del interior. Se tiene contratado un servicio de recortes de diarios para este caso".

El 23 de mayo de 1975 Arancibia se muestra preocupado por la falta de publicidad y solicita saber qué se ha determinado ya que "no sé cómo manejarme con el periodista (Acuña) que me llama casi todos los días. Mañana obtendré todos los antecedentes que se mandaron a Santiago por intermedio de Interpol, las copias que consiguió Vicente".[4]

En otra carta manuscrita anexada al caso Prats, firmada por Carmen Gutiérrez (puede ser un seudónimo), señala que Vicente es nada menos que el nombre clandestino del oficial del ejército chileno Augusto Deichler Guzmán, que tuvo un papel significativo en la operación Colombo. En 1973 integró la DINA y fue oficial de Inteligencia de la Televisión nacional y también mencionado en el caso Prats. Fue uno de los que tuvo en sus manos la "operación psicológica" y la "compra de la prensa" para que Colombo tuviera éxito. Incluso llegó a reemplazar temporariamente a Manuel Contreras en la DINA.

"El oficial de caballería de Chile, Augusto P. Deichler, fue uno de los hombres claves de Colombo", señala CODEPU. En suma, la Operación Colombo se iba a dar en dos frentes: por una parte, atribuir a cadáveres mutilados aparecidos en Argentina, la identidad de ciudadanos chilenos detenidos; y por la otra, utilizar un equipo para iniciar una campaña a través de medios de comunicación, basada en difundir que guerrilleros chilenos entrenaban en Argentina para ingresar a Chile y hacer la guerra. Luego vendría otra fase que era atribuir a "peleas internas" de la izquierda, la matanza. "De los hombres y mujeres que murieron o desaparecieron en otras tierras y que suman al menos 80 personas, el gobierno de las Fuerzas Armadas nunca ha dado una respuesta. En cambio, curiosamente de otros, que sin lugar a dudas no desaparecieron ni murieron lejos de Chile, las explicaciones, las descripciones de sus posibles muertes en el extranjero, fueron informadas ampliamente sin omitir detalles", señala CODEPU.[5] Operación Colombo es caracterizada por los organismos humanitarios chilenos como "uno de los más evidentes montajes de guerra psicológica realizado por la dictadura chilena. También una de las más importantes maniobras efectuadas para ocultar crímenes y mantener la impunidad".

Colombo en acción

El 16 de abril de 1975 en un estacionamiento, un sótano de la calle Sarmiento en el centro de Buenos Aires, apareció un cadáver horriblemente mutilado, sin cabeza y sin manos. A su lado dos cédulas de identidad: una a nombre de Juan Francisco Pantoja y la otra con la misma foto semidestruida donde se alcanzaba a leer "un número de cédula que correspondía al nombre de David Silberman Gurovich, ingeniero civil chileno casado, militante del Partido Comunista (PC) de Chuquicamata, Chile, y detenido el día del golpe militar en Chile, el 11 de septiembre de 1973. El 30 de septiembre fue trasladado a Santiago y condenado a 13 años de prisión por un Consejo de Guerra en la ciudad de Calama".[6]

El 4 de octubre de 1974 Silberman fue sacado de la penitenciaría de Santiago por agentes de la DINA y trasladado al centro José Domingo Cañas, que CODEPU y diversos organismos chilenos señalan como centro clandestino, entre otros, como Villa Grimaldi, Vendasexi (destinado a mujeres) y Cuatro Alamos. Aunque fue visto por sobrevivientes en José Domingo Cañas, la DINA difundió la información de que Silberman fue nada menos que secuestrado por Claudio Rodríguez, militante del MIR (Movimiento de Izquierda Revolucionaria). La mentira era tan obvia que no necesita aclaración, pero como cita CODEPU, durante los juicios, luego la gendarmería chilena dijo que fueron los hombres de la propia DINA los que se lo llevaron. Junto al supuesto cadáver de Silberman, que era irreconocible, según un parte policial de Buenos Aires, estaba extendido un trapo blanco donde se leía escrito con pintura roja: "Dado de baja por el MIR (Movimiento de Izquierda Revolucionaria de Chile) por el comando exterminio bolches". Firmado "MMM". (¿No era acaso MMM la sigla de las Milicias de la Triple A?) El mensaje era así para ambos bandos. Por un lado, para atribuir al MIR el asesinato y por la otra los criminales firmaban para la DINA que el pacto se estaba cumpliendo. ¿De quién sería finalmente ese cadáver? Seguramente de algunos de los argentinos asesinados por la Triple A.

Dieciséis años más tarde y "cuando ya se sabía que Silberman había desaparecido" el diario chileno La Nación señalaba que había accedido a los archivos de la DINA, donde encontraron los documentos secuestrados en Argentina a Arancibia Clavel en 1978.[7]

El 11 de julio de 1975 la policía argentina encontró dos cadáveres en Pilar, a unos 50 km al noreste de la ciudad de Buenos Aires, que atribuyó a los chilenos Jaime Robotham y Luis A. Guendelmann, porque allí mismo estaba un cartel donde se leía "dados de baja por el MIR (Brigadanegra)". Estos podrían ser los otros dos de que hablaba Arancibia, que le "habían prometido" sus amigos de la Triple A.

La operación de prensa estaba en marcha y los informantes militares distribuyeron la noticia que el diario *El Mercurio* publicó el 12 de julio de 1975 de esta manera: "Miristas muertos en Argentina eran buscados en Chile". Sin embargo, varios testigos sabían que Robotham Bravo, estudiante de sociología de 23 años, había sido detenido el 31 de diciembre de 1974 junto con Claudio Tahuiby, también desaparecido, y ambos llevados a Villa Grimaldi. EL hermano de Robotham viajó a la Argentina, pero no reconoció el cadáver –los dos estaban carbonizados–, pero por las dentaduras supo que no se trataba de Jaime. Asimismo estaba falsificada la cédula de identidad que le mostró el cónsul chileno entre otros datos.

"Yo de inmediato comencé a hacer gestiones para viajar a Buenos Aires el 14 de julio. Al día siguiente fui al consulado donde también casualmente había familiares de Guendelman. El cónsul tenía una cédula de identidad con el nombre completo de mi hermano. Al exhibírmela pude comprobar que la firma no era de mi hermano, ya que él pone el apellido más la inicial del primer nombre. La firma que había en el carnet llevaba cuatro iniciales solamente. El cónsul hizo una llamada al gabinete de identificación. El número correspondía al primer carnet que mi hermano obtuvo en Nuñoa, cuando tenía trece o catorce años y con una foto de esa misma época. Enseguida me llevaron a ver dos cadáveres carbonizados, que a simple vista eran irreconocibles. Mi hermano tenía la dentadura completa y un diente hueco y ninguno de los cadáveres presentaba estas características. Además se hizo un peritaje que demostraba que las huellas habían sido puestas sobre las cédulas de identificación sólo horas antes."[8]

En julio de 1975 apareció también, en Buenos Aires, supuestamente, el cadáver de Juan Carlos Perelman Ide, militante del MIR, quien fue detenido junto a Gladys Díaz y remitido a Villa Grimaldi. La familia no reconoció el cadáver. La cédula estaba también falsificada, pero esto bastaba para continuar con la campaña de prensa de la DINA y ya había cuatro de los 119 nombres que después figuraron como desaparecidos en "peleas internas y asesinados en el exterior". Había otro dato digno de no subestimar. Todos los cadáveres de los primeros supuestos muertos chilenos en Argentina eran de judíos. Y los analistas chilenos consideraron que esa podía haber sido una forma "atractiva" planteada por la DINA para lograr más apoyo de la Triple A.

Mientras la campaña de prensa de la DINA prosperaba en su idea de crear confusión, "utilizando cadáveres mutilados y quemados que nunca se supo a quiénes pertenecían, cuando ya la muerte estaba en las calles argentinas con la Triple A, se dio inicio al gran plan tratando de producir la ruptura de todo, hasta del alma", señalan integrantes de CODEPU, de Chile.

El 6 de junio de 1975, una noticia difundida por el diario *La Mañana* de Talca (una población chilena), daba cuenta de que el capitán Osvaldo Heyder del ejército, había sido asesinado por un grupo de extremistas. A su vez, *La Tercera* de Santiago daba a entender que esta muerte no era un delito común y que el militar investigaba el tráfico de armas en esa región. A partir de allí se tejió la trama de la existencia de un supuesto ejército guerrillero chileno de unos dos mil hombres que se preparaban en Argentina para ingresar e iniciar una guerra en Chile.

El 12 de julio el mismo periódico de Talca informaba sobre la detención de 14 "extremistas" como presuntos responsables de la muerte del capitán Heyder, que supuestamente habían recibido armas extranjeras por "el paso de Pehuenche". Pero más aún se insinuaba la coordinación de extremistas en Argentina (...) y se decía que se buscaba a un tercer grupo. El 15 de junio el comité de prensa de la DINA filtraba a diarios y radios que guerrilleros chilenos se entrenaban en Tucumán, Argentina. A su vez, en Tucumán se levantaba esta información y luego regresaba a Chile como originada en la Argentina. Mediante esta maniobra se dejaba la idea de que los desaparecidos que se reclamaban en Chile, en realidad estaban vivos y preparándose para una guerra contra su país.[9]

Como señala CODEPU, Tucumán se encuentra a la altura de Copiapó en Chile y a unos 800 km al norte de Santiago, por lo que el supuesto ejército guerrillero iba a atravesar la cordillera en una acción sin precedentes (y sin sentido alguno). De ahí en adelante la supuesta guerrilla chilena estaba en todos los periódicos del país como una realidad mediática preparando el momento en que se habló ya de la "captura de unos 50 extremistas". El 13 de junio de 1975 el diario *La Tercera* de Santiago informaba con grandes titulares: "Ejército guerrillero se forma contra Chile". Y hablaba de que unos dos mil extremistas chilenos recibían entrenamiento en Argentina, de acuerdo con "fuentes responsables" de la dictadura.

En este punto comenzaron las contradicciones entre los informes de Santiago y algunos jefes militares. Especialmente con el coronel Alejandro Julio Chacón Reveco, intendente de la VII zona, supuestamente amenazada y donde se habían capturado los supuestos extremistas, quien decía que "desgraciadamente" no podía entregar información porque ésta era proporcionada por el alto mando del ejército en Santiago. Conjuntamente con esto, el 21 de junio, el diario *La Tercera* por informes del gobierno señala que "el MIR condenaba a muerte a nueve militantes". Más adelante los diarios publican que entre los detenidos supuestos en Argentina figuran los nombres de los desaparecidos que reclamaban los familiares. Ni a estos ni a otros supuestamente detenidos en Talca pudieron verlos las familias nunca más.

El 13 de julio de 1975, el diario *Ultimas Noticias* informó sobre quince chilenos asesinados en Argentina y ya agencias de este país hablaban de los crímenes de los comandos ultraderechistas y la Triple A, pero el gobierno chileno insistía con la "pelea interna".

El 16 de julio de 1975 el diario *Ultimas Noticias,* al informar sobre la muerte de algunos chilenos en Argentina, deja entrever que "los miristas no sólo se matan entre ellos sino que son capaces de simular pertenecer a los servicios de seguridad no sólo para raptar a sus propios compañeros, y además para falsificar cédulas y enviarlos al extranjero". Estos argumentos dentro de una nota titulada: "Sangrienta *vendetta* interna del MIR".

Otros de los esquemas periodísticos cumplían a la perfección con el temible y perverso plan de la DINA: "Desaparecidos en Chile resucitaron en la Argentina" o "Tácticas de detención simulando ser miembros del servicio de inteligencia entre extremistas". El confusionismo era total: por una parte se hablaba de guerrilleros entrenándose en Argentina; y por la otra, el diario *Los Andes* de Mendoza, Argentina (citado por *La Tercera* de Chile el 16 de junio de 1975), sostiene que "se captaron transmisiones de radioemisoras chilenas dando cuenta de que se realiza un intenso patrullaje en la región cordillerana vecina a la provincia de Talca, en la parte que limita con el departamento mendocino de Malargüe". Según las versiones, "los extremistas se dirigían a la región boscosa con el propósito de cruzar el macizo andino para buscar refugio en territorio argentino". ¿Salían o entraban los guerrilleros, unos dos mil? No importaba demasiado. El hecho era crear la desinformación. El teniente coronel Chacón Reveco, de la VII zona militar, desmentía tales operativos. Además sostenía entonces que era falso que se hubiera ordenado el fusilamiento de cinco extremistas como sostenía la agencia Noticias Argentinas, de Buenos Aires y un cable de EFE (agencia española, fechado en Mendoza).

"La Operación Colombo, fue quizás una de las más siniestras que se hayan dado porque además del crimen fue una operación psicológica que se aplicó con la Operación Cóndor. Cuando se asesinó a Orlando Letelier en Washington, el mismo jefe de la CIA entonces y ex presidente George Bush, dejó entrever que era un ajuste de cuentas entre izquierdistas" señala un informe de derechos humanos de Argentina. Después de ser citado por Pinochet y a partir del 26 de junio de 1975, el teniente coronel Chacón no habló nunca más. Pero ¿dónde estaban las 25 personas anunciadas como detenidas por esos días? Nunca se supo. "Los que estaban detenidos por segunda vez, los que estaban desaparecidos nuevamente no estaban en ningún lugar, en ningún recinto, simplemente no estaban."[10]

El 3 de julio de 1975 el diario *La Tercera* publicaba que habían sido capturados en Salta (Argentina) grupos guerrilleros con enlaces en Chile y que tenían ramificaciones con Bolivia y Uruguay. Un verdadero prodigio de un movimiento desangrado por la feroz dictadura. El 16 de julio de 1975 se informa también en Santiago que el MIR tenía un plan nacional "para provocar desconcierto en la ciudadanía".[11] Antes, el 7 de julio, el diario *La Segunda* informaba que "aleccionados por Laura Allende vienen investigadores de Naciones Unidas", lo que también se atribuye al ex canciller Orlando Letelier, que está en Washington. Y por supuesto el dictador Pinochet rechaza esta "afrenta" a la dignidad nacional y no permite entrar a la misión. Así se desautorizó el ingreso de la Comisión de Derechos Humanos de la ONU.

El 15 de julio de 1975, desde la nada surgió una revista en Buenos Aires titulada *Lea*, "cuya anunciada periodicidad semanal quedó suprimida el mismo 15" con una portada donde se veía una enorme foto de Isabel Perón y el titular: "Estoy enferma de asco" supuestamente ante las "vendettas internas de la izquierda chilena". La nota se llamaba precisamente "La vendetta chilena". Situaba la información en Ciudad de México, mediante la cual se decía que 60 extremistas chilenos "han sido eliminados por sus compañeros en los últimos tres meses a lo largo y ancho de América Latina y Europa", en lo que denominan un vasto "e implacable programa de venganza y depuración política". Y se da la lista completa por orden alfabético. Por primera vez la lista completa, sin que nadie supiera cómo llegó a manos de los editores "fantasmas" de la revista. Esto lo recoge *El Mercurio* en Santiago el 23 de julio de 1975.

En páginas interiores dice: "Ejecutados por sus propios camaradas identificados 60 miristas asesinados". Sólo un poco de tiempo después aparecía en diarios chilenos la noticia de un gigantesco operativo militar en Argentina donde supuestamente habían sido "exterminados otros 59 chilenos" en Salta, que completaban la lista de 119 de los desaparecidos reclamados, y que la dictadura chilena mencionaba como extremistas que habían viajado al exterior. En las declaraciones de Arancibia Clabel, que cita CODEPU, menciona también la cooperación de amigos brasileños. El diario *O Dia* de Curitiba, Paraná, el 25 de junio de 1975, escribió que las fuerzas argentinas habían matado a 59 militantes del MIR en Salta y señaló que "la acción terrorista en la Argentina viene aumentando en los últimos días. El país ha sido escenario de violentas manifestaciones de extremistas. Salta, Tucumán, Mendoza, Córdoba y Rosario han sufrido la acción subversiva...". El periódico curiosamente divulgó también los 119 nombres, lo que también sirvió para que diarios chilenos levantaran la noticia para darle verosimilitud. El periódico *O Dia*, que pertenecía a la Sociedad Periodística y Publicitaria Ltda., había dejado de circular y sospechosamente volvió con esta noticia.

Una investigación periodística argentina sobre la revista *Lea*, en esos días, constata que la publicación en cuestión tiene editores y responsables fantasmas, con un ilegible pie de imprenta. El editor general Juan Carlos Videla, no se encuentra "registrado en ningún organismo gremial o empresarial argentino, en tanto la dirección en la calle Brandsen 4.850 supera la numeración de esa calle. Sin embargo, un sobre impreso Nº 4 del número domiciliario, despertó las sospechas de la codificación correcta que podría ser el 485 o el 1485. El primero de ellos corresponde a un simpático parque tras cuya arboleda se ubica la editorial CODEX, propiedad estatal y dependencia del Ministerio de Bienestar Social, que controlaba José López Rega, hombre clave de la Triple A. Una indagación en esa imprenta concluyó en la afirmación de que 'aquí no fue editada la revista', pese a que el único nombre auténtico del impreso *Lea* –el distribuidor Fernando Varreira– declaró posteriormente que 'Codex' le entregó 20 mil ejemplares de la revista para su distribución en la capital".

Como lo había escrito en sus cartas Arancibia destacaba, a nivel de prensa, el apoyo del periodista (vinculado a la CIA) Carlos Manuel Acuña, mencionado anteriormente. Acuña fue un acusador público de miles de los que hoy están desaparecidos en Argentina. En casa de Arancibia Clavel se encontraron también algunas cédulas de identificación de desaparecidos chilenos, como el mismo agente había indicado para que fuera creíble su historia. Pertenecían a: Amelia Brun Fernández (detenida el 3 de octubre de 1974). Decoradora de interiores, 23 años (MIR). Estuvo detenida en Domingo Cañas y Cuatro Alamos. Existe el testimonio de la ex prisionera política Rosalía Martínez donde señala que fue conducida el 5 de octubre de ese año a Cuatro Alamos. "Amelia –dice– quedó en la pieza de mujeres Nº 4 y yo en la Nº 2. Unos días después vimos cómo la sacaban con destino desconocido y nunca más supimos de ella". También estaba la identificación de: Francisco González Manrique (ambos detenidos desaparecidos que según CODEPU no están en la lista de los 119). Pero sí están: Mario Fernández Peña Solari, quien aparece junto a su hermana Patricia en la lista de los 119, y que habían sido detenidos el 9 y 10 de diciembre de 1974, estudiantes universitarios ambos. Patricia Nilda estaba embarazada y fue trasladada a una clínica con sintomas de pérdidas por las torturas. "Ambos hermanos fueron 'trasladados' con destino desconocido el 24 de diciembre de 1974."

Otro documento corresponde a Samuel Osvaldo Abarca Molina (C.I. Nº 6.346.849/5). Pero también se encontró una hoja cuadriculada con 32 nombres,[12] con fechas que no guardan relación con la detención ni con el último día en que fueron vistos con vida. En otra lista a máquina aparecen 21 nombres más de los cuales 10 figuran en la lista de los 119 del caso

Colombo. Correspondían a 32 nombres. En referencia a los centros clandestinos de detención, interrogatorios y torturas, la CODEPU señala que los 119 desaparecidos estuvieron en este tipo de establecimientos. Ellos eran Londres 38 (calle Londres 38, conocida por la DINA como Yucatán); José Domingo Cañas, en la calle del mismo nombre Nº 1367; Ñuñoa (conocido por la DINA como Ollague); Venda Sexi (también llamado 'La discotheque'), calle Irán 3037; Villa Grimaldi (conocida por la DINA como Cuartel Terranova); Avenida José Urrieta a la altura del 8.200 en La Reina y era también la sede de la Brigada metropolitana. Su jefe era nada menos que el general Pedro Espinoza Bravo.

Corroborando esto en 1979, un grupo de mujeres chilenas rescató un documento de Juan René Muñoz Alarcón, "El Encapuchado", quien fue asesinado en Santiago el 24 de octubre de 1977. Fue un dirigente socialista que se alejó de su partido y terminó colaborando con la dictadura, pero en junio de 1977 declaró ante la Vicaría de Solidaridad de Chile, como agente de la DINA. Este testimonio está incluido en el libro *Confesiones para un genocidio* de Mauricio Lee Gardo, publicado por TAE Editorial de Montevideo, Uruguay, en 1987.

La historia referida por Muñoz Alarcón es desgarrante por su transformación de militante en cazador de gente, torturador y asesino. "He participado en la desaparición de algunas personas que estaban en la Colonia Dignidad. Hay 112 personas en este momento en la Colonia Dignidad (1977). Algunos antiguos dirigentes de la UP (Unidad Popular) –9–, en Santiago; acá en "Peñalolen" –10–, en Colina –11– está el resto. Son alrededor de 145. El resto están todos muertos, fueron dados de baja en Peldehue por el aparato ejecutor de la DINA, que lo comanda Fernando Cruzat. Tiene su cuartel en Ahumada 312, sexto piso, es una compraventa de oro. El 90 por ciento de las casas de compraventa de oro que existen en el centro de Santiago, son propiedad de la DINA. Los talleres de grabado y donde hacen llaves pertenecen a la DINA. Puedo dar algunos ejemplos: Moneda 1061, Bandera 121; otros, no vienen al caso porque estos son los más importantes. Es ahí donde se detiene a un hombre en el centro. Es ahí donde se los detiene preventivamente y de allí se los saca en ambulancias con dirección hacia Toblalba, las Condes, al campo 4, no a los Cuatro Alamos, porque toda la gente conoce los Tres Alamos o los Cuatro Alamos. Existen seis lugares de reclusión y ya nombré algunos. Y lo otro es que se usa una chapa (nombre falso que se le da al detenido). En algunos casos figuran saliendo del país: han sido llevados a la Argentina y devueltos en avión (…) otras veces cuando se niegan a colaborar le hacen una chapa a un hombre de la DINA y sale con documentación oficial de ese hombre. Queda así registrada su salida del país y posteriormente se lo ejecuta." En el terrible testimonio da cuenta de cómo la DINA mantenía comunicaciones con todo el mundo, con un 50 por ciento de su personal militar haciendo tareas exteriores.

En este caso estoy sólo recogiendo lo que hace a las temibles operaciones de la muerte. Muñoz Alarcón habla en una parte[13] de un Escuadrón de la muerte, que estaba a cargo de Rolando Larenas, oficial de artillería. "Este hombre mantiene contactos con los servicios de inteligencia brasileños, argentinos, uruguayos, quienes actúan indiscriminadamente dentro del país. El 50 por ciento de los vehículos con patente diplomática, con patente argentina, que entran por diversos pasos, ingresan como turistas, siendo ellos en realidad vehículos de la inteligencia argentina, que trabajan con los servicios nuestros. La labor de estos servicios es cazar al hombre en el exterior y traerlo para acá y aquí se termina, se intercambian prisioneros. Todo permitido y avalado por el presidente de la República (Pinochet) que es jefe directo de todo este asunto, porque el jefe de la DINA le responde directamente a él." Agrega más adelante otros nombres como el de Daniel Galeguillos, esposo de Silvia Pinto (periodista que tuvo una fuerte participación contra Allende), ambos encargados de la CIA en este país. "Quienes los dirigen a ellos son James John Blayten de la Embajada norteamericana y la secretaria chilena del embajador: Sheila Fortuno."[14]

Correspondiendo el documento a un personaje de esta naturaleza, sólo he citado lo que de alguna manera concuerda con datos tan específicos como los encontrados en casa del agente Alemparte (Arancibia Clavel), que demuestran el tipo de "operación" que existió en esos tiempos. Los pasadizos del terror parecían interminables entonces.

Notas

1. Comité de Defensa de los Derechos del Pueblo de Chile, CODEPU, Ediciones de solidaridad Médico-Internacional, de Alemania, enero de 1994, pág. 9.
2. *Ibid.*, pág. 9.
3. *Ibid.*, pág. 88.
4. *Ibid.*, pág. 89.
5. *Ibid.*, pág. 12.
6. *Ibid.*, pág. 16.
7. *La Nación*, 15 de junio de 1991.
8. Maria Eugenia Rojas, *La represión en Chile - Los hechos*, Editorial IEFALA, Santiago, 1998.
9. CODEPU, págs. 37-38.
10. *Ibid.*, pág. 38.
11. *Ibid.*, págs. 42-43.
12. *Ibid.*, pág. 92.
13. Mauricio Lee Gardo, *Confesiones para un genocidio*, Ediciones TAE, Montevideo, 1987, pág. 12.
14. *Ibid.*, pág.13.

6

LA SAGA DE LA MUERTE: BUENOS AIRES, ROMA, PARÍS

Lo que había comenzado con Prats continuaba en las calles de cualquier ciudad de la Argentina, donde la muerte, el secuestro, la amenaza, los atentados, dejaban cientos de víctimas –hasta sumar antes de la dictadura unos dos mil asesinatos– y la Operación Colombo había puesto en marcha un mecanismo que en todo caso había ya sido utilizado también entre Argentina y Paraguay.

Si el proyecto de la DINA pudo funcionar tan aceitadamente en Argentina, fue gracias al apoyo de la Triple A, como lo sostuvo en sus informes el superagente de la "inteligencia" chilena, en Buenos Aires, Enrique Arancibia Clavel, cuya historia aún queda por revisar en detalles que están ahora amparados por la impunidad.

El periodista y escritor argentino Ignacio González Janzen, en su libro *La Triple A*[1] (Alianza Anticomunista Argentina), ubica los antecedentes históricos que dieron origen a esta organización terrorista, en acontecimientos como "La Semana Trágica" y "los golpes militares de 1930, 1945, 1955 y 1966" y el surgimiento de intelectuales como Leopoldo Lugones, que dio "coherencia a la nueva derecha" en los años 20 y otros. En base a sus investigaciones y experiencias propias, este autor señala que uno de los nexos más fuertes de la Triple A es la Internacional Fascista, cuya base fuerte ubica en Madrid, en la España de Francisco Franco. Es allí donde José López Rega, el oscuro ex cabo de la Policía Federal, que tuvo poderes presidenciales durante el gobierno de María Estela Martínez de Perón (1974-1976) y a quien llamaban "el brujo", hizo sus mejores contactos para organizar las redes de la muerte en el país. Como lo señala Arancibia Clavel, en sus insólitos informes a la DINA, López Rega acudió a sectores marginales y también a grupos parapoliciales. Su reino del terror se solventó en la corrupción, la mafia y el crimen.

Pero estaba muy bien acompañado en ese cometido, aunque como observamos en los dichos del agente chileno, el grupo más cercano de López Rega era considerado lo "más bajo" de la Triple A. En Madrid, López Rega inició buenos contactos con los mercenarios y criminales de la Organización del Ejército Secreto (OAS), que fue también un pilar de la Operación Cóndor, cuando ésta extendió su brazo hacia Europa.

Allí también, y gracias a su amistad con el ex agente de la CIA y embajador de Estados Unidos, Robert Hill, hizo buena amistad con uno de los mayores asesinos centroamericanos, el coronel Máximo Zepeda, fundador y jefe del Escuadrón de la Muerte de Guatemala, la Nueva Organización Anticomunista Guatemalteca (NOA) que dejó miles de víctimas en ese país.

Las acciones de la OAS también citada en los crímenes de la DINA, fueron de alguna manera una "Operación Fénix" en Argelia con ramificaciones en Francia y Europa. La OAS surgió inmediatamente después de la independencia argelina, como una irrefrenable venganza colonial. Observando estos elementos, es asombroso cómo supuestos líderes nacionalistas de la derecha se entendieron tan radicalmente bien con los colonialistas, sus enemigos básicos, si habláramos de razón. Aún están vivas para algunas generaciones que vivieron esos momentos de la descolonización, los temibles atentados de la OAS, que aterrorizaron al mundo. Una de las misiones en que sus hombres fracasaron dos veces fueron los intentos de asesinar al general Charles de Gaulle, acusado de "entregar Argelia" al firmar la independencia de ese país después de una cruenta guerra independentista y anticolonial. Esta guerra estalló precisamente en 1954, cuando se produjo la derrota francesa en Din Bien Phu (Vietnam) y fue el Ejército de Liberación Nacional de Argelia el que llevó adelante la lucha patriótica entonces, lo que culminó con el reconocimiento por parte del presidente francés de Gaulle, de la independencia argelina el 3 de junio de 1962. La OAS reunió a los mayores torturadores de Francia, que se habían especializado antes en Vietnam, donde nacieron teorías de guerra sucia, y luego en Argelia, donde se aplicaron métodos de represión y tortura, asimilados más tarde por Estados Unidos.

Como en otra extraña novela, mientras López Rega conspiraba con los criminales de la OAS, su jefe, Juan Domingo Perón, mantenía una estrecha relación con de Gaulle. Se repite así la curiosa contradicción de su amistad con Prats, mientras la Triple A trabajaba codo a codo con la DINA para matar al general chileno, de cuyo buen nacionalismo nadie podía dudar.

Era inevitable que se trazara una red de amistades entre los ultradere-chistas de Europa y por supuesto entre los seguidores del dictador español Francisco Franco y la OAS.

A ese mundo llegó López Rega, el ex cabo de policía, quien se introdujo –muchos hablan de infiltración– en la vida del derrocado ex presidente argentino hasta convertirse en su secretario privado. Así con la esposa de Perón, "Isabel" Martínez, conformaron una pareja de temer, aunque ella era en realidad un títere en las manos del "brujo".

En la España franquista encontraron las puertas abiertas. Y en las tertulias políticas de los cafés madrileños, López Rega anudó los lazos con aquellos siniestros personajes.

Había llegado a Madrid en 1965, pero se estima –y lo señala bien González Janzen– que el secretario de Perón, cuya "supuesta lealtad" lo transformaba en una especie de "serpiente" del poder, se movía por sus propios medios en algunos círculos.

Poco a poco, y a medida que el líder y fundador del peronismo envejecía, López Rega se adueñaba de la situación y muchos políticos de su partido realizaron verdaderas proezas imaginativas, para burlar el cerco que había impuesto en la llamada "Puerta de Hierro", la quinta donde Perón pasaba su exilio.

Esta historia parece banal, pero cuando se hilvanan los hechos que sucedieron con el retorno de Perón y el arribo de López Rega, ya con una fuerte corriente de amistad y complicidad con todos los sectores ultradere-chistas, Escuadrones de la Muerte, incluyendo a los grupos fascistas de Italia y otros países, esta saga toma un sentido de horror.

Entre los contactos que López Rega trajo desde Madrid uno es clave: su amistad con el embajador estadounidense en España, Robert Hill,[2] quien fue "uno de los políticos-empresarios que durante la administración del presidente Dwigt Eisenhower, participó activamente en la invasión contra Guatemala, para derrocar al gobierno popular del presidente Jacobo Arbenz". Esto explica también las buenas relaciones de los jefes de los Escuadrones de la Muerte guatemaltecos con sus pares de la región. Con Hill tenían un contacto de primera.

Hill designó a uno de sus asistentes para mantener una relación permanente con López Rega y eran usuales los encuentros de ambos en el Bar del Hotel Ritz. "Fue allí donde fueron presentados" López Rega y Zepeda, recuerda González Janzen.

Los intereses de ambos coincidían, por distintos caminos, en la lucha contra lo que llamaban la "infiltración marxista" en el peronismo, cuando había surgido un vasto movimiento progresista y una guerrilla, Montoneros, cuyos comunicados reflejaban esta línea.

Precisamente Zepeda era uno de los más conocidos criminales de la región centroamericana. Fue en los años 60 que en Guatemala se produjeron las primeras desapariciones masivas de América Latina, cuando un grupo de disidentes fue secuestrado en ese país, entre ellos una ex reina de belleza mexicana. Secuestro y desaparición o asesinato fueron moneda corriente en la Guatemala después de la caída de Arbenz. Ese país fue clave para la CIA.

Hay que tener presente que Guatemala "fue el laboratorio de la CIA en materia de terrorismo derechista" con un saldo de miles de muertos y desaparecidos. "Un registro elemental de las bandas guatemaltecas que actuaron durante un cuarto de siglo, desde la famosa 'Mano Blanca', creada por Raúl Lorenzana (eliminado después del escándalo del secuestro del arzobispo Casariego) al 'Ojo por Ojo' de Oliverio Castañeda o engendros como 'CADEG', 'DES', 'ASA', 'RAYO', 'Los buitres justicieros', 'La Verdadera Organización Nacional Anticomunista (VONA)' y la 'Nueva Organización Anticomunista' del coronel Zepeda",[3] da cuenta del buen laboratorio que tuvieron allí los hombres de la CIA. Los escuadrones al "estilo Guatemala" fueron reproducidos en diversos países, como El Salvador, donde proliferaron en los años 70-80.

En Madrid, en esas noches de café, bebidas y amistad se podía comparar a la Argentina con Indonesia, clave como hemos visto en los antecedentes de las acciones masivas criminales, como es el golpe contra Sukarno, quien desde el punto de "vista ideologista" de los halcones estadounidenses tenía similitudes con Perón.

Es lógico suponer que la CIA y sus amigos pensaron que había que "limpiar" el entorno de Perón. El coronel Zepeda "no sólo entregó a López Rega algunos informes sobre el Plan Yakarta (recordemos que esta palabra fue usada en Chile, como una sigla de unidad de la ultraderecha en la desestabilización de Allende) mediante el cual fue virtualmente exterminada la izquierda en Indonesia (un millón de muertos), sino que lo puso al corriente de los apoyos que podría recibir de la CIA para organizar a sus fuerzas de choque y para coordinar un levantamiento de militares anticomunistas".[4]

Según los manuales que López Rega trajo, era necesario eliminar uno por uno a los dirigentes políticos sindicales, a los religiosos progresistas, a los periodistas opositores, a los cuadros medios destacados en tareas de movilización, agitación y propaganda, e indiscriminadamente al activismo, para aterrorizar al conjunto. "En Argentina no vamos a necesitar un millón de muertos como en Indonesia porque con diez mil se resuelve el problema", le dijo López Rega al coronel Jorge Osinde, en una reunión en la que se discutía la creación de una fuerza de choque como la que recomendó Zepeda.

Pero la tarea de la CIA no concluyó entonces sino que en 1973 la agencia propuso que el "amigo americano" de López Rega, el embajador Robert Hill, fuera trasladado a Buenos Aires. Así los republicanos de Nixon enviaron a la Argentina a un hombre que estaba al día en los entramados de las redes criminales, como las de Guatemala, de Chile y de la CIA. A través de López Rega y otros amigos tenía las puertas abiertas para las "operaciones" en Argentina.

López Rega, de acuerdo con lo que surgió en los juicios por los crímenes de Cóndor, había coincidido nada menos que con el grupo fascista italiano de Stéfano Delle Chiaie, cuyos integrantes al fracasar un golpe derechista en 1970 en Italia, huyeron a Madrid. Como señala González Janzen la Logia Propaganda Due, que aparecerá tan ligada a la historia de la dictadura argentina, había participado en el golpe, así que los "buenos muchachos" convergieron en Madrid.

En los documentos que analizamos en este libro, durante el año 73, Delle Chiaie coincidía con los que serían las figuras claves de la Operación Cóndor y en el 74 ya se planeaban los atentados en forma conjunta después que se creó la DINA y la policía política del régimen de Pinochet estableció un centro de actividades en Madrid.

"Está probado que Delle Chiaie y Giuseppe Calzona visitaban las oficinas de López Rega en Madrid", señala González Janzen y otros autores que investigaron el mismo tema.

"En 1973 cuando López Rega y sus hombres regresaron a la Argentina los acompañaban algunos invitados especiales: cinco terroristas europeos: tres de la OAS, subordinados a Jean Pierre Cherid, y dos italianos del grupo de Mario Vanoli."[5] Llegaron a Buenos Aires una semana antes de la masacre de Ezeiza, un episodio clave para entender el huracán que se abatiría sobre la Argentina. También llegaron invitados los sectores más reaccionarios del carlismo español.

La historia de la Triple A mereció importantes investigaciones, pero en este caso mencionamos especialmente su vinculación con la llamada Internacional Fascista y con las operaciones criminales como Colombo y Cóndor. Asimismo su coordinación con y desde la CIA. Esto explica también después la presencia de hombres de la Triple A en la guerra centroamericana, cubriendo el "ala sucia" de las acciones estadounidenses.

De esta manera en el entramado del crimen "globalizado" la Triple A, como lo admite Arancibia Clavel (cap. 5) entra en fusión con la criminal DINA chilena, y ese fusible, también armado con el aparato de inteligencia de Stroessner, a su vez creado por militares estadounidenses (como surge de los archivos de Paraguay), sería la base ideal de la Operación Cóndor.

Tras el retorno definitivo de Perón a la Argentina, el 20 de junio de

1973, se produce la "Masacre de Ezeiza", primera acción de envergadura que tramó Lopéz Rega, a la sombra del líder del peronismo, para imponer el proyecto de terror y "aniquilar a la tendencia más progresista" agrupada en esos momentos alrededor del presidente electo, Héctor Cámpora. Unas 15 personas murieron y 600 resultaron heridas en Ezeiza, cuando millones de argentinos, a cuyo frente iban los sectores jóvenes y en general la llamada izquierda peronista, fueron atacados a mansalva en los alrededores del palco donde se iba a realizar el gran acto del retorno. Las imágenes de entonces son aterrorizadoras. El periodista Horacio Verbitsky describió los entramados de esta historia trágica en su libro *Ezeiza*.[6]

Los periodistas que como González Janzen investigaron sobre la Triple A, coinciden en que el accionar de esta organización se desarrolla por lo menos en dos fases, la primera, desde el regreso de Perón en 1973 hasta el día de su muerte el 1º de julio de 1974, período en que comienzan los asesinatos de militantes del peronismo más progresista o de izquierda: obreros, periodistas, abogados, médicos, delegados sindicales y estudiantiles. En la primera fase nadie se adjudicaba estas acciones terroristas. El atentado contra el abogado Hipólito Solari Yrigoyen en noviembre de 1973 y las "condenas a muerte" del sacerdote Carlos Mujica y del entonces secretario del Movimiento peronista, Juan Manuel Abal Medina (quien sobrevivió a dos atentados), entre otras amenazas, fueron indicios de los comienzos operativos. Recordamos algunos nombres de los asesinados en1973

– Oscar Alberto Molina, obrero peronista, asesinado el 30 de julio, por una ráfaga de ametralladora en la ciudad de San Fransisco (Pcia. de Córdoba), cuando se realizaba un paro y movilización en demanda de mejoras salariales en la empresa Tampieri, donde trabajaba.

– Juan Carlos Bache, obrero ceramista, asesinado el día 21 de agosto, en el marco de un reclamo por la devolución del local del sindicato al que pertenecía, en Villa Adelina (Pcia. de Buenos Aires).

– José Roque Damiano, dirigente de la "Juventud Trabajadora Peronista" (JTP), cuyo cadáver, con signos de torturas, apareció el 24 de septiembre debajo de un puente en la ciudad de Córdoba.

– Enrique Grimberg, dirigente del "Ateneo Evita de la Juventud Peronista", el 25 de septiembre, asesinado al salir de su domicilio.

– José Domingo Colombo, director del diario *El Norte* de la ciudad de San Nicolás (Pcia. de Buenos Aires), asesinado en los últimos días de septiembre.

– Juan Avila, obrero de la construcción, asesinado el 4 de octubre en la sede de la CGT regional Córdoba.

– Nemesio Luis Aquino, dirigente villero, asesinado el 11 de octubre.

– Constantino Razzetti, médico y militante de la "Resistencia Peronista", asesinado el 13 de octubre en la ciudad de Rosario (Pcia. de Santa Fe).

– Pablo Marcelo Fredes, dirigente de la JTP y activista de la Unión Tranviarios Automotor (UTA), fue secuestrado y fusilado.

– Isaac Mosqueda, miembro del Consejo de la Juventud Peronista de Quilmes (Pcia. de Buenos Aires), y en su domicilio fueron asesinados Omar Arce de 13 años, Juan Piray de 18 años y Francisco Aristegui de 17 años. Esta acción sembró el terror en el barrio.

– Antonio Deleroni y su esposa, Nélida Arana, abogados de la CGT de los Argentinos y del Peronismo de Base, el 27 de noviembre, fueron asesinados en una estación de tren de la localidad de San Miguel (Pcia. de Buenos Aires).

Ya en 1974 y antes de la muerte de Perón se registraron otros crímenes, como los de Ricardo Silca, Raúl Tettamanti, Héctor Antelo, del Partido Revolucionario de los Trabajadores (PRT). El 6 de febrero de 1974 los medios de prensa fueron conmovidos por el secuestro y asesinato del reportero gráfico Julio César Fumarola. Estaba tomando auge una ofensiva contra el periodismo. En ese tiempo también Roberto Reyna, periodista de Córdoba, fue secuestrado y los periódicos, radios y otros medios comenzaron a transitar por el calvario de las amenazas, atentados, allanamientos y persecuciones. Ya entonces también muchos profesores universitarios, así como artistas y figuras públicas amenazados debieron elegir el camino del exilio.[7]

López Rega, instalado como ministro de Bienestar Social, a partir del gobierno peronista, pudo tejer la red del crimen con absoluta impunidad. Esto también lo cita Arancibia Clavel, cuando sostiene la "facilidad" conque se movían los agentes de la DINA con la Triple A, que además tenía en sus estructuras a grupos de inteligencia militar y policial.

Muerto Perón, e instalado como el poder detrás del trono en el débil gobierno de Isabel Perón, López Rega y su grupo no tuvo ninguna contención, a lo que se añade que la presidenta podía ordenar a los organismos de seguridad y era comandante en Jefe de las Fuerzas Armadas.

"Entre julio y septiembre de 1974 se produjeron 220 atentados de la Triple A –casi tres por día–, 60 asesinatos –uno cada 19 horas– y 44 víctimas resultaron heridas de gravedad. También 20 secuestros: uno cada dos días."[8]

El 31 de julio fue un día trágico: el asesinato del abogado y diputado Rodolfo Ortega Peña, una de las figuras más destacadas del peronismo progresista y defensor de presos políticos y Derechos Humanos, produjo una virtual onda de terror. Su entierro se convirtió en una manifestación de protesta contra la ola criminal. Desde allí en adelante los asesinatos se sucedieron sin tregua. Ortega Peña dirigía con Eduardo Luis Duhalde la revista peronista *Militancia*. Había denunciado las dictaduras y la acción de Estados Unidos en la Argentina y en la región.

Argentina comenzaba a ser el espejo de Chile y Paraguay. Globalizada la muerte con estos crímenes que se sumaban al del general Prats, se había iniciado el descenso al salvajismo.

Otras figuras del peronismo y de la izquierda fueron el blanco de los escuadrones de la muerte de la Triple A.: el 11 de septiembre de 1974 fue secuestrado y fusilado Alfredo Curuchet, abogado defensor de presos políticos. Juan José Varas, ex subsecretario de Hacienda del gobierno peronista de Córdoba, fue detenido cuando estaba en un avión de Austral en el Aeroparque de Buenos Aires, listo para despegar, y su cadáver apareció en las afueras de Buenos Aires.

Ese mismo 16 de septiembre fue secuestrado y fusilado el ex vicegobernador peronista de Córdoba, Atilio López. Era también una figura clave en el sindicalismo más combativo. El 20 de septiembre fue asesinado Julio Troxler, otro militante de dos décadas de lucha y resistencia peronista, quien había sido subjefe de la policía de Buenos Aires. Entre una lista de dos mil muertos en el período de 1973 a 1976, cuando la dictadura tomó en sus manos esta tarea siniestra, figuran también, el catedrático y abogado Silvio Frondizi, hermano del ex presidente Arturo Fondizi, quien dirigía una agrupación de izquierda y quien fue brutalmente torturado antes de su muerte.

Asimismo en Córdoba fue asesinado Luis Eduardo Santillán, dirigente de prestigio y a quien se sindica como "la primera víctima del comisario Héctor García Rey", quien aparece en varios de los crímenes y en sesiones de interrogatorios dentro del Operativo Cóndor.

Estos hechos demuestran que López Rega había cumplido muy bien la misión encomendada. El peronismo fue "limpiado" en esta primera etapa de una buena parte de su dirigencia más progresista, lo que continuaría la dictadura militar de 1976. De esta manera Washington podía considerar también como una "pacificación" en el sur, esta "limpieza" en uno de los partidos políticos más numerosos de América Latina y cuya inclinación a la izquierda veía como un peligro potencial para sus planes. Los hombres de la Triple A confluyeron en los grupos comandos y de tareas de la dictadura que heredó también las listas donde se marcaban nombres de activistas sindicales, universitarios y otros, desde la época del lopezreguismo, destacando, como en Chile, una fuerte actividad civil en torno a las sociedades criminales de entonces. Al referirse a la estructura de la Triple A, González Janzen cita al comisario Alberto Villar, "oficial especializado en contrainsurgencia dentro del modelo Interampol, promovido por Estados Unidos.

Oficiales policiales que lo acompañaron: Luis Margaride, Héctor García Rey (El Chacal), Juan Ramón Morales, Rodolfo Eduardo Almirón Cena, Esteban Pidal, Elio Rossi, y otros. Entre otros jefes de la Triple A se cita a Jorge Osinde, Julio Yessi, Jorge Conti (en Prensa). Entre altos oficiales que tenían relaciones con López Rega figuran el general Guillermo Suárez Mason y el contralmirante Emilio Massera, pero es extenso el listado.

En las calles de Roma

La misma ronda de la muerte como en París y en Buenos Aires llegaría hasta Roma. La DINA y sus colaboradores estaban dispuestos a mostrar su poder, que parecía infinito. Aún falta investigar quiénes fueron los hombres y las organizaciones (en los estados o fuera de ellos) que acompañaron en Europa el vuelo del Cóndor.

En Roma vivía otro de los exiliados chilenos que la dictadura odiaba especialmente. Bernardo Leighton dirigía el ala de izquierda de la Democracia Cristiana y desde el primer momento del golpe militar repudió a la dictadura de Pinochet. Con su esposa, Anita Fresno, Leighton salió al exilio en febrero de 1974. Aunque había sido opositor de la Unidad Popular, lo fue dentro de una actitud de honestidad que lo llevó a denunciar al gobierno de Pinochet. "Condenamos enérgicamente el derrocamiento del presidente constitucional Salvador Allende (...) Nos inclinamos respetuosamente ante su vida ofrendada en defensa del poder constitucional" –dijo entonces– y calificó de "fascista e ilegítima" a la dictadura. Los organismos de Derechos Humanos de Chile recuerdan que Leighton interpuso su nombre y también su fuerte prestigio tratando de salvar vidas. Pero los hombres de la dictadura estaban ya en la puerta de su casa cuando salió al exilio.

En octubre de 1974, el gobierno de Pinochet le prohibió el regreso a Chile. Se radicó en Roma con su esposa, instalándose en un edificio de departamentos, Aurelia (45) en San Pedro, cerca del Vaticano.

El 6 de octubre de 1975, cuando regresaba a su casa con Anita y se disponía a abrir la puerta, alguien gritó su nombre detrás de él. Oyó claramente "Bernardo" y volvió la cabeza. Un certero disparo le destrozó el rostro. Se escuchó otra detonación. Anita se desplomó con el cuello atravesado por un balazo, pero alcanzó a ver al asesino, que luego describiría como "rubio, alto, sin chaqueta".

El portero de la casa donde vivían, Gian Franco Sabatini, y algunos vecinos los socorrieron. El estupor estaba en todos ellos. El matrimonio Leighton gozaba de gran simpatía no sólo a nivel político sino entre sus vecinos italianos.

Ambos esposos estuvieron muy graves y quedaron con secuelas, Anita con una invalidez permanente. Los asesinos no lograron su objetivo esta vez. Una serie de reportajes y crónicas de los periódicos italianos ayudaron a reconstruir aquel momento. Más tarde lo harían las propias víctimas. Se sabía ya en los primeros días que un automóvil blanco en marcha esperaba al asesino. De inmediato el atentado fue comparado con el crimen de Prats y su esposa, que había sucedido un año atrás en Buenos Aires. Y también al de Trabal.

Como lo analizó entonces el periódico *Il Messaggero*, "los emigrados chilenos (muchos de los cuales vivían en el mismo edificio donde estaban los Leighton) no dudaron que se trataba de un crimen político cuyo inspirador era la policía secreta de Chile (DINA), que dependía de Pinochet. La actividad política de Leighton en Roma confirmaba esta hipótesis".[9]

A su vez, en otro artículo, la revista italiana *Panorama* señaló que "Bernardo Leighton, quien se encuentra en Italia desde hace año y medio, se arriesgó a plantearse el mismo objetivo que perseguía Carlos Prats, quien fue eliminado por los asesinos del dictador en 1974 en Buenos Aires, en el mismo momento en que se preparaba para viajar a Europa con el fin de organizar a los emigrados en un movimiento único. Sacando del medio a Leighton, Pinochet intentaba obstaculizar la unificación de las fuerzas de oposición. La oposición organizada podía convertirse en una alternativa válida al régimen fascista".[10]

Precisamente en Roma, un grupo de cristianos de izquierda y representantes de partidos de la Unidad Popular crearon la revista *Chile-América*, donde colaboraba Leighton, lo que "(...) enfurecía a Washington y a Santiago por su gran prestigio dentro de la democracia cristiana (...)" señala Mahskin en su libro.[11]

¿Cuál fue la actitud del gobierno de Pinochet? Acusó nuevamente a "los marxistas" y "lamentó los hechos". Pero Leighton, cuando pudo declarar, atribuyó el atentado a una acción elaborada en la Embajada de Chile en Madrid, bajo la dirección del hombre que había creado un Centro especial para estas actividades, el coronel Pedro Eving. Era el mismo que había "dado la cara" por la dictadura cuando el crimen de Prats y al que encontraremos, una y otra vez, en esta historia e incluso en la Operación Colombo.

Según la revista *Panorama* y la revista española *Cambio 16*, en Madrid estaba precisamente el mayor centro europeo de las operaciones secretas de la DINA. *Panorama* decía: "(...) la ingenua cobertura (el cargo de agregado militar) ayuda a Eving a enmascarar su objetivo, que es el de convertir a Madrid en base de las represiones contra emigrados políticos en los países europeos –Italia, Francia, Alemania, Suecia, Inglaterra–". Según señalaba la revista, los exiliados chilenos en España habían conocido los planes contra Leighton pero éste no había podido tomar ninguna medida.[12]

Es éste también un caso testigo de Cóndor. A fines de 1975 el llamado grupo "Cero" que pertenecía al "Movimiento Nacionalista Cubano", de los anticastristas de Miami, se adjudicó el atentado. En todos los casos estos grupos cubanos colaboraron activamente con la ronda de la muerte, como surgió después en las investigaciones y en los testimonios. "Cero" acusó a Leighton de "marxistizante".

El grupo cubano se integraría luego al Centro de Organizaciones Revolucionarias Unidas (CORU) que dirigió Orlando Bosch, y que colaboró en primera fila con el Operativo Cóndor, interviniendo en el asesinato de Letelier en Washington, en el atentado contra el avión de Cubana sobre la isla de Barbados –que costó 73 vidas–, y en varios otros crímenes.

En 1980, el diario *Sunday News Journal* de Estados Unidos confirmó que la acción criminal en Roma la habían realizado los contrarrevolucionarios cubanos y mencionó a Virgilio Paz, otro de los nombres conocidos en la ronda de la muerte. La fuente citada fue nada menos que el FBI. Nuevos datos surgieron para los investigadores italianos que comenzaron a seguir la red internacional que vinculaba a los servicios de seguridad del Cono Sur con los neofascistas de Italia, que por ese entonces, tenían una fuerte y trágica presencia. En el atentado contra los Leighton participaron miembros de Avanguardia Nazionale, organización paramilitar neofascista dirigida por Stéfano Delle Chiaie. Esta organización fue contratada por Townley.[13]

En este caso fue también el crimen de Letelier en Washington lo que aportó más pruebas al atentado contra Leighton. El juicio en Roma, ya mencionado antes, dejó al descubierto una cara de esa red, pero aún falta mucho tiempo para poner al desnudo lo que hubo detrás de Cóndor.

El 19 de mayo de 1995 Michael Townley fue trasladado a Roma para declarar en el juicio sobre Leighton, por el que había sido condenado a 15 años de prisión, aunque está "protegido" en Estados Unidos. El proceso estuvo dirigido desde un primer momento contra el ex director de la DINA general Manuel Contreras, contra el famoso coronel Iturriaga Newman, y contra el ya mencionado jefe de Operaciones Exteriores de la DINA (disuelta por presiones en 1978), Pedro Espinoza. Otro imputado es Giulio Crescenzi, de los neofascistas italianos, quien fue sindicado como el hombre que entregó el arma a los ejecutores. De acuerdo con los datos reunidos en el juicio, el neofascista italiano Delle Chiaie se había instalado en casa de Townley, en Santiago, que como se verá más adelante fue una casa del horror. Como autores materiales del atentado contra Leighton fueron procesados además Pierluigi Concutelli y Stéfano Delle Chiaie, pero ambos resultaron absueltos en 1989 por la Cámara de Apelaciones de Roma. También Vinscenso Vinciguerra figura en aquella lista de autores-ejecutores implicados. Nuevas pruebas aparecieron contra ellos, pero no los pueden juzgar nuevamente porque no pueden ser procesados en el mismo caso.[14]

En marzo de 1987 Delle Chiaie había sido detenido en Caracas, Venezuela, y desde allí fue extraditado a Italia, donde se lo buscaba por colocar una bomba que explotó en la Piazza Fontana de Milán y dejó muchas víctimas en diciembre de 1969. Después de este atentado huyó a España, donde fue amparado por la policía secreta de Francisco Franco y trabó amistad con José López Rega, quien prácticamente no se despegaba del entonces ex presidente argentino Juan Domingo Perón, después de haber sido derrocado por un golpe militar en septiembre de 1955.[15]

De allí surgió la conexión de Delle Chiaie con la Triple A, y ya durante la dictadura era una figura clave de operaciones clandestinas. Para entonces había establecido fuertes contactos con la DINA de Chile y especialmente con Arancibia Clavel. No negó ninguna de sus vinculaciones cuando fue a declarar ante los jueces de su país. "Durante los juicios por el atentado de Milán, un militante fascista italiano acusó a Delle Chiaie de haber integrado la Oficina de Asuntos Reservados del Ministerio del Interior italiano y de haber organizado con sectores de derecha extrema, las bandas terroristas que intentaban crear un clima para un golpe militar de tinte neofascista."[16] Liberado en Catanzaro en 1989 dentro de un escándalo político –se dice que negoció su libertad a cambio de entregar información sobre las redes terroristas en América Latina–, finalmente volvió a ser procesado por el caso Leighton y también se supone que ofreció suficientes informaciones como para ser considerado nuevamente un "colaborador" y escapar a la mano de la justicia.

Si vamos siguiendo cronológicamente los vuelos del Cóndor, vemos cómo se va tejiendo esa red de araña criminal que aún tiene restos, vestigios y posibilidades de renacer en el mundo. Washington tiene la potestad de esa resurrección o de terminar para siempre con estas organizaciones criminales, si realmente abre y desclasifica archivos y produce una acción de transparencia y depuración en organismos como la CIA, el FBI y otros filtrados por la mafia y el crimen político. Pero el ideologismo del poder estadounidense necesita tener preparados en la sombra estos robots del crimen que actúan con impunidad y protección.

La justicia italiana condenó al general Contreras y a Pedro Espinoza a pagar un millón de dólares en compensación al matrimonio Leighton. Ambos militares están en una cárcel de lujo en Chile. Pero es interesante ver la reacción de Contreras.

En las redes del Cóndor: un general de oscura historia

Mientras en centros clandestinos de Chile, Argentina, Uruguay, en cárceles y mazmorras y campos de concentración de Paraguay, miles de disidentes políticos eran sometidos a temibles tormentos, desaparecidos, arrojados al mar, y los países del Cono Sur se convertían en una cárcel para sus poblaciones, el Cóndor seguía con su vuelo propio.

El arribo de la dictadura argentina en marzo de 1976 fue "el broche de oro" para la alianza de los criminales.

En el término de dos meses, el Cóndor atrapó a más víctimas conocidas. El ensañamiento y la impunidad con que se movían fue su mayor fuerza y su mayor debilidad. Siempre dejaron rastros y, al tocar a figuras claves, se desató la inquietud periodística y se multiplicaron las denuncias en el mundo. La CIA había creado a *Frankenstein* y cuando éste quiso actuar por su propia cuenta –como lo ha hecho a través de toda su historia, convalidando el origen mafioso de su metodología– le causó algunas molestias, y algunos brazos del monstruo fueron inmovilizados o cortados. Pero el monstruo nunca fue destruido.

Habían transcurrido unos 45 días desde que se instaló la dictadura militar en Argentina cuando el 11 de mayo de 1976, otro asesinato, en París, causó conmoción. El diplomático y general boliviano Joaquín Zenteno Anaya, quien llevaba una larga historia de enfrentamientos con Banzer, en ese escenario de intrigas en que se convirtieron los cuarteles bolivianos después de Torres, fue asesinado a balazos cerca de la sede de la Embajada de su país, en la Avenida Kennedy, frente al río Sena. Sospechando de una posible infidelidad, Banzer lo había enviado como diplomático. Antes había sacado de su camino al general Andrés Selich, asesinado a golpes. Zenteno Anaya conocía que Selich fue secuestrado por sus propios colaboradores del Ministerio del Interior, según el relato de Yola Gisbert.[17] Ni a Selich ni a Zenteno les había temblado la mano a la hora de reprimir. Banzer, sin embargo, los quería lejos. A Selich lo envió como embajador a Paraguay en 1972. En 1973 cuando había viajado a Bolivia, fue matado a golpes, en una sede oficial, hecho que en un primer momento se quiso atribuir a una "caída por una escalera". Murió por traumatismos múltiples y estallido del hígado. Pero Zenteno sabía de qué se trataba la muerte de su ex camarada. Por eso su viaje a París como diplomático fue casi una huida. El 11 de mayo, ya sabía que lo estaban siguiendo, cuando cerca del mediodía salió de la Embajada de Bolivia. Antes le había comentado telefónicamente a su esposa que se le había presentado un nuevo agregado militar, José Antonio Arce Murillo, y que venía con el cargo de ministro y consejero de la Embajada. Pero había varios puntos oscuros. Su nombramiento sólo tenía la firma de Banzer y databa desde enero.[18]

Así como en el caso de Trabal una supuesta brigada internacional de izquierda se atribuyó el crimen, en este caso la sigla inventada fue una inexistente "Brigada Internacional Che Guevara", que supuestamente vengaba el asesinato del guerrillero en Bolivia. "Pasamos a la acción directa contra los verdugos (...)", era parte del mensaje telefónico. Al investigar este asesinato, como antes había sucedido con el de Trabal, y después de interrogar a unos dos mil latinoamericanos residentes en Francia, se llegó a la conclusión de que no existía en ningún registro la brigada Che Guevara. Periódicos en Bolivia y en otros lugares publicaron entonces titulares que oscilaban entre "Terror mata en París embajador boliviano" (Journal de Brasil), hasta Presencia de Bolivia que sostenía "(...) comando izquierdista asesinó en París al general Zenteno (...)".[19]

Esto sirvió a Banzer, que reunido con el dictador de Uruguay Juan María Bordaberry acordaron "la lucha abierta contra el comunismo".[20]

En Madrid ya estaba operando el centro de la DINA chilena, como se evidenció en el caso Leighton, y en base a otras investigaciones las señales llevaron al mismo punto. René Backman, periodista de Le Nouvelle Observateur[21] sostuvo que el crimen lo había realizado un comando de tres personas, pero con el previo seguimiento. Y los datos confluían hacia un nido de mercenarios en Iscar, cerca de Valladolid, España, donde se mencionaba a la temible Organización del Ejército Secreto (OAS) de Francia, paramilitares que sembraron el terror y asesinaron a miles de argelinos y a aquellos que apoyaron la independencia de ese país árabe al norte de Africa. Y por supuesto todos los caminos conducían otra vez a los grupos fascistas italianos de Delle Chiaie. Asimismo se conoció que a las oficinas de Madrid, donde se habrían centrado las operaciones, llegó en abril de 1976 un diplomático boliviano de apellido Saavedra que, como cita el periodista Martín Sivak en su investigación, no sería otro que Agustín Saavedra Weis, primo de Banzer y ex embajador de Bolivia en Argentina (1989-1992).[22]

Varios otros crímenes conmovieron entonces París. Miembros de la OAS mantuvieron estrechas relaciones con los criminales regionales de Cóndor, como han determinado numerosas investigaciones. Estaban todos entre "amigos".

La saga de la muerte

Sólo siete días después, la muerte se trasladó otra vez a Sudamérica. El 18 de mayo fueron secuestrados en el centro de Buenos Aires los ex

parlamentarios uruguayos Zelmar Michelini (ex senador) y Héctor Gutiérrez Ruiz (quien había sido presidente de la Cámara de Diputados de
Uruguay), ambos exiliados en Argentina. En Uruguay entonces había siete
mil presos políticos (con una población cercana a los tres millones de
habitantes). Unos días antes el almirante Cesar Guzetti, por Argentina, y
Juan Carlos Blanco, en representación de Uruguay, habían firmado un
convenio de Cooperación.[23] No era el primer síntoma. Ya había habido
fuertes conexiones, además ayudadas por el trabajo de la DINA y la Triple A. Tres días después, el 22 de mayo, la Policía Federal dio a conocer
un informe difundido por la agencia nacional TELAM donde se decía que
"anoche, 21 de mayo, a las 24 horas y dos minutos en la esquina de dos
calles, Perito Moreno y Dellepiane, se encontró abandonada una pick-up
marca Torino de color rojo. Dentro de ella se hallaba el cuerpo de una
persona del sexo masculino. Al revisar el baúl, se encontraron tres
cadáveres más. Uno de mujer y dos de hombres. Realizados los procedimientos del caso, se logró establecer la identidad de tres de ellos: Zelmar
Michelini, Héctor Gutiérrez Ruiz y Rosario del Carmen Barredo de Schoe-
der. Los nombres de los asesinados coincidían con aquellos que se
mencionaban en volantes encontrados dentro del coche. En aquellos
volantes, una de las agrupaciones subversivas se responsabilizaba por la
acción".

El cuarto cadáver identificado después era el de William Withelaw
Blanco, esposo de Carmen. Se estableció que todos habían sido previamente torturados. La perversión, como se verá más adelante, no
reconocía límites. La policía sostuvo que habían sido asesinados por el
Ejército Revolucionario del Pueblo (ERP).

El sistema de la Operación Colombo de la DINA comenzó a ser
utilizado tratando de atribuir el crimen a la izquierda –y en este caso a una
organización armada que mantenía una guerrilla activa en Argentina–, y
contó entonces con apoyos de periódicos de derecha y conservadores.
Periodistas uruguayos en el exterior comenzaron a denunciar la falsedad
de esta información. El aprendizaje de los esquemas de la desinformación
utilizados por la DINA y sus socios en la Operación Colombo, sólo podían
crear confusión en círculos interesados. Hay que recordar también que esta
guerra psicológica no era tampoco una invención de la DINA. Los manuales
estadounidenses sobre este tema decían lo suficiente como para inspirar a
los criminales. Lo mismo sucedió en Estados Unidos, cuando el asesinato
del presidente John Kennedy en Dallas, Texas, en 1963. El intento de
acusar a Fidel Castro, a Cuba, a la Unión Soviética, cuando todos los dedos
señalaban a los halcones republicanos, a las empresas controladas por la
mafia y a la mafia misma, era todo un diseño de estas operaciones

psicológicas, que se aplicaron en el Cono Sur, con la misma sordidez, pero también con elementos más burdos, menos sofisticados.

Los elegidos eran el "prototipo" del "enemigo" no sólo para los dictadores de su país, sino para los Estados Unidos, que veían crecer movimientos tercermundistas activos y extensos. Michelini fue senador del Frente Amplio (FA) hasta el golpe en su país. Separado del Partido Colorado (tradicional) lideró una corriente importante. Escribía en distintas revistas y muchos le habían aconsejado salir de Buenos Aires. Estaba en el exilio con su esposa y una numerosa familia (diez hijos). Conjuntamente con Gutiérrez Ruiz mantenían una permanente denuncia sobre las graves violaciones de los Derechos Humanos en Uruguay. A veces les era casi imposible creer que finalmente una dictadura se había apoderado del gobierno en su país y roto todas las tradiciones. Tenían infinidad de amigos no sólo en Argentina, sino en todo el mundo. Gutiérrez Ruiz era un parlamentario del Partido Nacional (Blanco) y estaba en plena actividad para unificar esfuerzos y exigir elecciones generales. Lo acompañaban en el exilio su esposa y cinco hijos. Ya para entonces los secuestros eran una forma cotidiana de represión. La dictadura argentina había levantado vuelo con el Cóndor. Como veremos más adelante en la documentación, los nexos mantenidos en las sombras durante la temible Operación Colombo se habían solidificado e institucionalizado.

Era la madrugada del 18 de mayo, los tan tristemente recordados automóviles Ford Falcon, usados comúnmente en los secuestros, aparecieron por una calle transitada (Posadas) en un barrio de clase media alta en el norte de la ciudad, donde vivía Gutiérrez Ruiz con su familia. Eran tres automóviles que transportaban a unas 15 personas fuertemente armadas. No era necesario disimulo alguno y, aunque en el lugar estaban varias embajadas, el grupo se identificó con los custodios de algunas sedes diplomáticas.

En el piso cuarto de Posadas 1011 vivía Gutiérrez Ruiz con su familia. Sin ninguna orden en mano procedieron a allanar la casa, después de amenazar con derribar la puerta. La escena es inolvidable para Matilde Larreta de Gutiérrez Ruiz, amenazada junto con sus hijos. Al ex presidente del parlamento, le ataron las manos, mientras que el grupo se dedicó a robar todo lo que tenía valor. Extendieron una sábana y ahí se llevaron el "botín de guerra".

Pero esa ronda de muerte no culminó allí. Los mismos secuestradores se dirigieron hasta pleno centro de Buenos Aires, una zona siempre concurrida, a sólo una cuadra de un edificio muy custodiado, la sede de la central telefónica de la Argentina. En una esquina de las calles Sarmiento y Maipú, donde estaba el Hotel Liberty, vivía Michelini. Tenían los asaltantes zona liberada. Venían a buscar a su segunda presa. Tocaron a la puerta del cuarto que ocupaba el político uruguayo, con dos de sus hijos, le vendaron los ojos, le ataron las manos y también robaron todo, hasta los relojes de los jóvenes. Fue todavía más simple que el secuestro de Gutiérrez Ruiz, donde custodios de la casa del agregado militar brasileño les pidieron identificación. Y la tenían. En ambos casos acusaron a los secuestrados delante de sus familias de ser "marxistas".

Durante 72 horas, según se conoció después, ambos y el matrimonio uruguayo Withelaw, fueron sometidos a terribles torturas. Cuando los encontraron a los cuatro en un automóvil, Michelini y Withelaw tenían, además, certeros disparos en la nuca. Carmen y Gutiérrez Ruiz, entre los ojos.

Por prevención, los familiares de las víctimas no habían tocado ningún objeto en el lugar de los secuestros. Habían preservado todo, pensando, aun en el momento del dolor, que era importante conservar las huellas de los secuestradores. Fue un esfuerzo inútil. Nadie se presentó a recoger pruebas. Aunque los secuestradores fueron vistos por una cantidad de personas, nadie los interrogó.

El espanto se extendía, tocaba todas las puertas, encogía los cuerpos. Esto sucedía cada hora, cada minuto, en los barrios, en la cacería humana en que se transformaron esos días del lobo.

El objetivo de la Operación Cóndor era bien definido y la guerra psicológica también. Se acusaba a la izquierda (ERP) de los cuatro crímenes de los políticos uruguayos en Buenos Aires. Pero esta maniobra no podía sostenerse: eran políticos que trabajaban para alianzas progresistas y de izquierda contra las dictaduras. No pudieron ser convertidos, por obra y gracia de la llamada "guerra psicológica", en víctimas de sus propios compañeros. Como en los casos Prats y Leighton, la guerra psicológica fracasó.

En México el periodista Carlos Quijano, que había dirigido el semanario *Marcha* de Uruguay, uno de los más importantes que se recuerde en la región, desde su exilio, denunció los hechos. Ya hablaba entonces de un "pacto entre los órganos represivos de distintos países" cuando aún no se nombraba abiertamente la Operación Cóndor, que estaba en pleno auge.

Notas

1. Ignacio González Janzen, *La Triple A*, Editorial Contrapunto, 1986, Buenos Aires, págs. 21-22-23-53-55.
2. *Ibid*., págs. 96-97.
3. *Ibid*., pág. 98.
4. *Ibid*., pág. 99.

5. *Ibid.*, págs. 100-101.

6. Horacio Verbitsky, *Ezeiza*, Editorial Contrapunto, Buenos Aires, 1985.

7. Listas reconstruidas en diversos medios periodísticos y citas en el libro de González Janzen.

8. González Janzen, *op. cit.*, pág. 127.

9. Valentín Mahskin, *Operación Cóndor, su rastro sangriento*, Editorial Cartago, Buenos Aires, 1985, pág. 41.

10. *Ibid.*, pág. 42.

11. *Ibid.*, pág. 43.

12. *Ibid.*, pág. 44.

13. Taylor Branch y Eugene M. Propper, *Labyrinth*, Viking Edition, Nueva York, 1982, págs. 305-309.

14. *Clarín*, 19 de mayo de 1995, pág. 24.

15. Investigación Derechos Humanos. Movimiento por la Paz, la Soberanía y la Libertad entre los pueblos, Buenos Aires, Argentina, pág. 20.

16. Jorge L. Ubertalli, *Noticias*, Asunción, Paraguay, febrero 1996, pág. 38.

17. Martín Sivak, *El asesinato de Juan José Torres*, Editorial Serpaj, Buenos Aires, 1997, pág. 132.

18. *Ibid.*, pág. 141.

19. *Ibid.*, pág. 143.

20. *Ibid.*, pág.143.

21. *Ibid.*, pág.145. Cita una nota de *Le Nouvelle Observateur*, reproducida en el periódico *La Opinión* de Buenos Aires, 11 de junio de 1976.

22. *Ibid.*

23. Horacio Verbitsky, *Rodolfo Walsh y la prensa clandestina*, Ediciones de La Urraca, Buenos Aires, 1985, pág. 18.

7

TIEMPO DE MORIR

El 2 de junio de 1976 los criminales coordinados del Cono Sur celebraban una nueva acción. El cadáver del general Juan José Torres, ex presidente de Bolivia, fue encontrado ese día con tres disparos en la nuca debajo de un puente en San Andrés de Giles, al noroeste de Buenos Aires. Lo conocí en 1975 cuando lo entrevisté para una revista. El general era un hombre afable y modesto, sensible, de baja estatura y mirada directa. El 1º de junio Torres, exiliado en Argentina y perseguido por la dictadura de Hugo Banzer, salió de su casa. Vivía en el centro de Buenos Aires, en la calle Paraguay con su esposa Emma Obleas de Torres y su hijo menor Juan Carlos que tenía entonces 14 años. Su hija Emma trabajaba en Naciones Unidas en Nueva York y sus dos hijos mayores (Jorge y Juan José) estudiaban en la República Democrática Alemana (RDA). Torres conocía muy bien Buenos Aires. Había estado exiliado antes en los años 40 y 50. Como en el caso Prats, sabía que lo seguían constantemente. Estaba amenazado y además "el coronel Raúl Tejerina, agregado militar de la Embajada de Bolivia en Buenos Aires también lo había amenazado de muerte". De acuerdo con el itinerario que se había fijado, iba a cortarse el cabello en una peluquería situada en las calles Larrea y Mansilla, muy cerca de su casa y pensaba ir a visitar a su amigo el general Juan Enrique Guglialmeli, un militar argentino progresista y como decía Torres, "patriota".

Pero nunca volvió. Nunca llegó a ningún lugar. Solamente a encontrarse con aquellos que lo secuestraron y lo fusilaron por la espalda. Casi de inmediato su esposa denunció su desaparición el 1º de junio en la noche. El 2 de junio en México, donde residían varios bolivianos exiliados, apareció un pronunciamiento de conocidos intelectuales, entre ellos el colombiano

Gabriel García Márquez, exigiendo a la junta militar argentina que se adoptaran las medidas para salvar la vida del militar.[1]

El cuerpo de Torres fue encontrado por un campesino bajo un puente a unos 16 km de la ciudad de San Andrés de Giles. Tenía los ojos vendados y los tres disparos en la nuca. En el interior de la chaqueta, que aún vestía,[2] había una etiqueta que demostraba que había sido confeccionada en La Paz, Bolivia.

En el marco de esa "guerra sucia" Torres era, como Prats, o Leighton un "peligro" para los planes de la Seguridad Nacional de Estados Unidos. La historia de Bolivia –donde florecieron las culturas y la resistencia indígenas–, decana en golpes de Estado, tuvo períodos muy peculiares, pero es un país esencialmente castigado por las guerras de intereses extranjeros. Precisamente las necesidades del imperio británico por el salitre en Antofagasta, llevó a la temible guerra del Pacífico (1879-1873), en las que intervinieron Chile, Perú y Bolivia. La predominancia del ejército prusiano de Chile, que actuó sin piedad, hizo perder a Bolivia sus costas oceánicas. Entre 1932 y 1935 los intereses petroleros extranjeros llevaron otra vez a la brutal guerra del Chaco entre Paraguay y Bolivia. La frustración y comprensión de la injusticia dieron el impulso a las izquierdas campesinas y sindicales, acompañando al Movimiento Nacionalista Revolucionario (MNR) y después de varios levantamientos y de que fuera desconocida una victoria electoral, ese movimiento llegó al poder en 1952. El MNR encabezó una insurrección histórica. que derrotó al ejército e impuso en el gobierno al presidente electo, Víctor Paz Estensoro. Hubo un cambio intenso con la nacionalización de las minas, la reforma agraria y otros. Se reestructuró el ejército. Aunque después, las presiones de Estados Unidos y las peleas internas hicieron fracasar el proyecto, el '52' nunca se perdió definitivamente. La efervescencia política revolucionaria regresó en los años 70, también como influjo de la revolución peruana que llevó al poder el 4 de octubre de 1968, al general Juan Velasco Alvarado, cuyos planteos de profundas reformas, nacionalizaciones –petróleo, minería, reforma agraria, cooperativas–, conformaron un proceso revolucionario, una ventana abierta para aquel Perú asfixiado.

En 1970 existía una movilización de todos los sectores en Bolivia, como si la sombra del revolucionario Ernesto "Che" Guevara, asesinado en 1967 en La Higuera, un pueblito desconocido y pobre, cuando intentaba una revolución latinoamericana, se hubiera levantado agitando todo a su paso. Dentro del Ejército había crecido un movimiento de militares que creían que había llegado el momento de cambiar la grave situación de abandono y miseria de las mayorías y la tutela estadounidense. Esto llevó a varios sectores militares a apoyar el gobierno de Alfredo Ovando Candia, quien tenía como ministro de Minas y Petróleos a Marcelo Quiroga Santa Cruz (asesinado por la dictadura de García Meza, o llamada de "los narcodólares" y monitoreada por asesores argentinos), quien nacionalizó la Gulf Oil Company (17-10-69), entre otras medidas. Para apoyar esto, el general Torres ocupó las instalaciones de esa empresa. Era un trago fuerte para Estados Unidos, que veía ya un "peligro" militar en estos nacionalistas inclinados hacia la izquierda. "Al poco tiempo comenzaron las presiones de la derecha. El 10 de julio de 1970, Torres fue alejado de su cargo de comandante en jefe cuando ya Quiroga Santa Cruz había sido obligado a dejar el Ministerio de Minas y Petróleos. En octubre de ese año, el levantamiento militar de derecha del general Rogelio Miranda llevó al presidente de la república, Ovando Candia, a conformar una junta militar que duró un día." De inmediato, y como siempre en la historia de Bolivia, se declaró una huelga general; después, entre el 3 y el 7 de octubre, Ovando se refugió en la Embajada Argentina, Miranda también fue destituido, y hasta hubo un día en que Bolivia tuvo seis presidentes.[3] Los mineros avanzaron junto con obreros y campesinos armados. Estas fuerzas unieron sus coincidencias con el general Torres, que el 7 de octubre tomó el poder.

Junto a Ovando, Torres había demostrado su posición en favor de un cambio social –lo que le costó su cargo– y tenía ya un legajo especial en las oficinas de la CIA. Cuando asumió finalmente estaba acompañado por un Comando Político conformado por estudiantes, trabajadores y campesinos. El mismo explicó a sus tropas que no era un golpe de Estado común sino que estaba apoyado en la sociedad civil, y cuando descendió desde El Alto, iba acompañado por miles de obreros y campesinos, ante los que se comprometió a constituir un "gobierno verazmente boliviano y popular".[4]

Como otros gobernantes militares progresistas de la región, y similar al general Jacobo Arbenz en Guatemala –derrocado por una siniestra invasión dirigida por Estados Unidos en 1954–, tomó decisiones muy claras contra el capital extranjero, poniendo un alto a la intervención que esto conllevaba en un país que luchaba por su independencia desde su nacimiento. La nacionalización de las minas de cinc en manos norteamericanas y del monopolio "International Minning Procesing Corporation", además de medidas que decretaban el derecho absoluto de Bolivia sobre la metalurgia (sector clave para la economía), el nombramiento de trabajadores de la Central Obrera Boliviana (COB) en el gabinete, así como su denuncia sobre el endeudamiento financiero, entre otros, fueron un hito en la escasa vida democrática boliviana. En tanto, Washington conspiraba. Eran muy peligroso para sus compañías tres gobiernos en el sur de la región, dos con militares populares al frente (Perú y Bolivia) y otro con un presidente socialista elegido por mayoría. Periódicos estadounidenses como el

Evening Sun de Washington, advertían entonces sobre este eje.[5] Torres, en pocos días, tomó medidas profundas rescindiendo contratos lesivos para su país, exigiendo la retirada del Centro de Transmisiones Estratégicas de Estados Unidos, ubicada en El Alto, expulsando al Cuerpo de Paz, un aparato de inteligencia estadounidense, que tuvo una dramática actuación en los años 70. La respuesta de Estados Unidos a Torres fue el bloqueo económico "que incluyó las suspensiones de los préstamos del BID y del Banco Mundial".

En un libro escrito luego por el ex ministro del Interior del gobierno de Torres, Jorge Gallardo Lozada,[6] relata que el embajador de Estados Unidos en Bolivia, Ernest Siracusa, funcionario de alto cargo de la CIA, intentó influenciar a Torres ofreciéndole créditos y otras ventajas si abandonaba su política. Pero él lo rechazó. "El embajador yanqui, un gran especialista en golpes de Estado, comenzó entonces la preparación del derrocamiento violento del gobierno", escribió Gallardo Lozada. El mismo Siracusa había participado en la invasión a Guatemala (1954) y cuando estuvo en un cargo diplomático en Perú, Velasco Alvarado pidió que saliera del país, al comprobarse sus actividades de desestabilización y su trabajo en la CIA. Entre 1969 y 1973, fue embajador en Bolivia. La conspiración se puso en marcha.

Tal como sucedía en el Chile de Allende, la conspiración no tuvo límites. También actuó en este caso una derecha reaccionaria, siempre beneficiada y dueña del poder o testaferro del poder extranjero. Como en Chile hubo sectores de ultraizquierda que tampoco comprendieron el momento, y debilidades en el propio poder. Ambos elementos se conjugaron para favorecer la conspiración. La Asamblea popular de Bolivia fue comparada de inmediato con el soviet. El gobierno de Torres dispuso la liberación del intelectual francés Regis Debray, quien había sido apresado cuando mantenía contactos clandestinos con el Che. Se presume que esto llevó a los militares bolivianos y sus asesores de la CIA hasta el camino del guerrillero. La liberación de Debray fue aprovechada por el general Hugo Banzer, que conspiraba y había intentado por lo menos dos golpes. En agosto de 1971 se produjo finalmente el golpe y Hugo Banzer llegó al poder. En Argentina, donde estaba exiliado, había planeado todo, con tiempo y ayuda suficientes. "El ministro del Interior Gallardo conoció estos planes" y supo que "Banzer y otros militares golpistas recibieron asesoramiento, in situ, de dos altos inspectores de la CIA: el jefe de la Misión Militar de Estados Unidos en Buenos Aires y un jefe del Pentágono que viajó desde Washington a pedido de los golpistas".[7] Precisamente estas denuncias le costaron a Gallardo ser secuestrado en Chile el 27 de octubre de 1973.[8]

"Fue un golpe multinacional. El agregado militar norteamericano

Robert Lundin ayudó con instalaciones de radio para la asonada y el *Washington Star* informó que la Embajada norteamericana había dado instrucciones a sus ciudadanos para no salir a las calles entre el 18 y el 22 de agosto."[9] Como colaboradores de Banzer se cita al gobierno del general Agustín Lanusse de Argentina, quien aportó alrededor de 20 millones de dólares y también a la colonia alemana en Bolivia, donde existen refugios nazis.

Torres fue al exilio en Chile, donde luego intentaron matarlo y después a Buenos Aires. En 1975 la dictadura de Banzer se endureció. Los arrestos, las torturas, fueron parte de la escena cotidiana del país y en 1978 se había configurado una dictadura perfecta que se coordinaba también en la ronda del crimen. Las historias de Torres, Prats y otras de las víctimas de Cóndor son básicas para mostrar cómo se jugaba ese juego de la muerte y cómo, en realidad, la región estaba metida en esa historia de espejos malditos. Así es que cuando aquel día de mayo de 1976, el cadáver de Torres apareció cerca de Buenos Aires, nadie dudó. Los parlamentarios de Venezuela, en un comunicado, denunciaron que "en el Cono Sur se maneja una internacional de represión unificada, se la maneja implacablemente sin respetar los más elementales derechos del hombre".[10] La esposa de Torres, Emma Oblea, tampoco dudó: "La mano criminal que mató al general Torres en Buenos Aires tiene la cabeza en Santiago y el cuerpo en Montevideo, en San Salvador, en Asunción (...)".[11]

El paralelismo entre las víctimas de Cóndor evidencia que fue una Operación con una coordinación central en Washington. La CIA, el FBI tenían instalados en el poder en el Cono Sur a sus "amigos" y "alumnos". Así, como Prats, el general Torres y las otras víctimas tenían muchos seguidores en sus países y contactos internacionales de alto nivel. Eran "un mal ejemplo" en esa conjugación de mafia y "guerra fría".

Los criminales

Una cuidadosa investigación realizada en Argentina por el periodista Martín Sivak, logró reconstruir parte del entramado criminal que planeó y ejecutó el crimen de Torres. Algunos de los nombres ya son familiares. Pero el grupo "Bolivia" tenía como inspiradores al propio Banzer y en el lugar número uno al agregado militar boliviano en Buenos Aires, Raúl Tijerina Barrientos –amigo íntimo de Banzer–, quien había amenazado de muerte a Torres. Un empleado del Ministerio del Interior de Bolivia consultado por Sivak y que había accedido a numerosa información, dio detalles de los mecanismos de Cóndor: "El Cóndor tenía tres niveles: el agregado militar, la participación de algunos diplomáticos y el contacto por télex" (como Arancibia Clavel). El agente Cóndor era el agregado Tijerina. Los sobres lacrados con informes los preparaba el coronel Rafael Loayza de Inteligencia. Otro "cóndor" que surge en la investigación es el agente de Inteligencia boliviano Carlos Mena Burgos. "Durante su cautiverio en los campos de concentración bolivianos, el dirigente de derechos humanos Roberto Calasich supo que pocos días antes del asesinato de Torres, Mena interrogó en Argentina a un ciudadano peruano de nombre Arancia o Arancilia y después lo trasladó a Bolivia junto a otro prisionero chileno."[12]

Otro miembro de Cóndor, en su sección boliviana, citado por Sivak, es Dany Cuentas (condenado por su participación en el golpe de García Meza y con vínculos con el narcotráfico).[13]

Tijerina contaba con el apoyo del cónsul boliviano en La Plata, Eduardo Banzer Ojopi, primo del dictador, quien estaba precisamente en uno de los lugares de mayor influencia de Torres, la Universidad de La Plata. Los nombres ya son conocidos en otros crímenes anteriores. En la pista argentina también se menciona a los grupos paramilitares, y en especial a la banda de Aníbal Gordon, un grupo de delincuentes comunes que trabajaron con la Triple A y a los que se les atribuyen unos 300 asesinatos. Durante la dictadura militar trabajaron en varios campos de concentración. La investigación de Sivak demuestra la participación de esta banda en el asesinato de los políticos uruguayos. Uno de sus integrantes, Eduardo Ruffo, quien viajaba a Bolivia, se apropió de la hija de la argentina Graciela Rutila Artés, secuestrada en ese país y trasladada a la Argentina, donde fue ingresada en Automotores Orletti, un centro clandestino que fue clave en la Operación Cóndor, como veremos más adelante.

También la historia de Carla es uno de los casos más conmovedores de esta trágica operación de la muerte. Otro de los implicados es Raúl Guglielminetti, quien se hacía llamar "mayor Guastavino". Ellos dependían de otro de los Cóndores más activos, el general Guillermo Suárez Mason, a cargo del Primer Cuerpo del Ejército, cuando también era jefe de inteligencia el coronel Roberto Roualdes. El crimen de Torres se cometió bajo esta jurisdicción.

El escritor argentino Rodolfo Walsh, quien fue amigo del general Torres y que hoy integra la trágica lista de miles y miles de desaparecidos de la dictadura argentina, llevaba, al momento de ser herido y detenido en pleno auge de la represión, en Buenos Aires, donde resistía en la clandestinidad, copias de su carta dirigida a los dictadores. Es como un canto del cisne, una de sus obras literarias, periodística y política, pequeña por su extensión, inmensa por su contenido. "En el párrafo 25, Walsh menciona el 'secuestro y muerte del general Juan José Torres, Zelmar Michelini y Héctor Gutiérrez Ruiz' y de decenas de asilados y denunciaba la 'segura participación en esos crímenes del departamento de Asuntos Extranjeros de la Policía Federal, conducidos por los oficiales becados por la CIA a través de la AID (Agencia Internacional para el Desarrollo), como los comisarios Juan Gattei y Antonio Gettor, sometidos ellos mismos a la autoridad de Míster Gardner Hataway, Station Chief (jefe de estación) de la CIA en Argentina".[14]

Operación Andrea

En julio de 1976 el cadáver del diplomático español Carmelo Soria, funcionario de Naciones Unidas, integrante de la Comisión Económica Para América Latina (CEPAL), apareció en el canal El Carmen, en Santiago de Chile, donde residía. Años después, el inefable Michael Townley –para salvarse– no dudó en contar la historia alienante de este crimen.[15] Bajo juramento declaró que Soria fue conducido en julio de 1976 a su casa por miembros de la Brigada Mulchen de la DINA y que fue bárbaramente torturado.

"Un testigo excepcional de la Justicia chilena, un plomero y albañil que instaló el laboratorio donde se fabricaba gas Sarín, declaró que escuchó al director de la DINA, Manuel Contreras (quien era habitué de aquella casa del horror) referirse al tormento y fallecimiento del diplomático español y lo decía dando a entender que él había participado", señala Julio Algañaraz en una nota del periódico *Clarín*.

Añade que en una entrevista con el diario *La Epoca*, el plomero –al que se identifica como MM por razones de seguridad– relató minuciosamente que escuchó conversaciones de Contreras con otras personas, entre las que estaba Townley. El jefe de la DINA manifestaba su "sorpresa" porque el "fulano" (Soria) que habían traído, había resistido muy poco el tormento y había fallecido.

Al día siguiente el plomero escuchó que se había encontrado un cadáver en el Canal de El Carmen y "supe que era el detenido del que hablaba Contreras". Efectivamente era Carmelo Soria. En las investigaciones posteriores se determinó que Soria fue secuestrado por la DINA y "no se descarta que le haya sido aplicado el mortal gas Sarín".[16] Según Townley la llamada "Brigada Mulchén", un batallón paramilitar chileno, también intervino en el asesinato de dos personas utilizando gas Sarín y dio los nombres de los jefes de ésta: coroneles Guillermo Salinas, Pedro Belmar, Jaime Lepe y el teniente coronel Patricio Quilhot. "Esta brigada especializada en 'eliminaciones' es la que aplicó, según declaró Townley, el gas Sarín a dos personas y, posiblemente, al diplomático español Carmelo Soria."[17] Finalmente declaró que Soria fue trasladado a su casa por agentes de esta Brigada de la DINA y que fue "bárbaramente torturado".

El coronel Pablo Belmar, activo en el Estado Mayor chileno, fue "uno de los observadores militares designados por Chile en el conflicto fronterizo entre Perú y Ecuador (1995), lo que causó enorme revuelo en ese país, porque ya entonces estaba siendo enjuiciado por el crimen de Soria.

Townley declaró también que el general Augusto Pinochet en persona había ordenado en 1975 la creación de un laboratorio especial para fabricar el gas neurotóxico Sarín, y para planificar la elaboración de dos productos altamente letales (Soman y Tabun) y otras armas de guerra química".[18] El plan se denominaba "Operación Andrea" y en Semana Santa de 1976, el gas Sarín fue probado en animales. Según testificó Mariana Callejas, la esposa de Townley, también agente de la DINA, en cuya casa se hacían estas "pruebas", primero fue probado en perros y asnos "y luego en personas".

Townley declaró que Renato León, un funcionario público, que interfería en los planes de la DINA, fue una de las víctimas del experimento y resultó ser un agente de la misma policía secreta que robaba automóviles por su cuenta, pero cuando fue detenido involucró a sus jefes de la DINA. Estos ordenaron torturarlo y luego asesinarlo. La causa aparente de la muerte de ambos fue un infarto. Exactamente lo que logra Sarín.

El hombre clave de este proyecto fue Eugenio Berríos, un ingeniero químico, biólogo, adscripto a la DINA, que trabajó en casa de Townley y quien terminó asesinado por los suyos en Uruguay, en un episodio que demostrará que los mecanismos del Cóndor no se han desactivado (véase cap. 16). Berríos había salido de Chile para no testificar contra sus jefes. ¿Qué sucedió en el camino, en su paso por Argentina hasta llegar a Uruguay, donde al parecer permaneció prisionero, se escapó y fue secuestrado el mismo día por militares de ese país en 1992? En 1996 apareció asesinado en una playa al norte de Montevideo. Según relató Townley los objetivos de la "operación Andrea eran estratégicos".

"El general Pinochet estaba muy emocionado por tener en su poder este veneno. El gas sólo mataría a personas. Los tanques y las armas quedarían en buenas condiciones" declaró Mariana Callejas, la esposa de Townley cuando su testimonio fue utilizado en una película británica titulada El asesino.[19] En el mismo filme documental se explica que los experimentos nazi fascinaban a la DINA. Según se relata allí, Berríos había prometido en 1978, cuando amenazó con declarar una guerra entre Chile y Argentina por problemas fronterizos, que podía "acabar con Buenos Aires en un par de horas".

La casa del horror donde vivió Townley y su familia, estaba ubicada en 4925, en la localidad Lo Curro en colinas que rodean a Santiago. Se la compró la DINA y allí se instaló luego el laboratorio de donde salía –como lo confesó Townley– el gas Sarín en frascos de perfume Chanel Nº 5.

Estas declaraciones las realizó Townley al fiscal norteamericano Eric B. Marcy, cuando también admitió que viajó por Europa y Estados Unidos para comprar la materia prima, que serviría para fabricar el temible gas Sarín. Pero uno de sus testimonios más sorprendentes fue que también admitió que llevó a Estados Unidos elementos para fabricar bombas y "un frasco de perfume Chanel Nº 5" –que le había entregado su esposa, con gas Sarín por si "era necesario utilizarlo, sin que las aparentes muertes naturales llamaran la atención". El plan de asesinar a Orlando Letelier utilizando este gas mortal fracasó y Townley decidió por el más expedito: la bomba bajo el automóvil del político chileno. La Justicia de Estados Unidos no ha respondido ante reclamos de muchos países –entre ellos la Argentina– sobre este asesino múltiple, cuya testificación, para acogerse a la protección y cambio de identidad, en el caso del crimen de Orlando Letelier en Washington lo salvó de una condena ¡de diez años de prisión! Para que se tenga una dimensión de esta situación, algunos crímenes menores que los cometidos por Townley merecen la pena de muerte en Estados Unidos. Pero Townley era un hombre clave de la CIA.[20]

Notas

1. Valentín Mahskin, *Operación Cóndor, su rastro sangriento*, Editorial Catargo, Buenos Aires, 1985, págs. 95-96.
2. *Ibid.*, pág. 96.
3. Martín Sivak, *El asesinato del general Torres*, Ediciones Serpaj, Buenos Aires, pág. 154.
4. *Ibid.*, pág. 71.
5. *Ibid.*, pág. 44.
6. Mahskin, *op. cit.*, págs. 94-95-96.
7. Jorge Gallardo, *De Torres a Banzer:diez meses de emergencia en Bolivia*, Editorial Periferia, Buenos Aires, 1972, pág. 269.
8. Mahskin, *op. cit.*, pág. 51.
9. Gallardo, *op. cit.*
10. Gladys Mellinger de Sannemann, *Paraguay en el Operativo Cóndor*, RP Ediciones, Asunción,1989.
11. Mahskin, *op. cit.*, pág. 32.
12. Sivak, *op. cit.*, "Entrevista con Calasich, en Bolivia", pág 101.
13. *Ibid.*, pág 101.
14. Horacio Verbitsky, *Roldofo Walsh y la prensa clandestina*, Ediciones de La Urraca, Buenos Aires, 1985, pág. 124.
15. *Clarín*, Julio Carlos Algañaraz, 26 de mayo de 1995.
16. *Ibid.* Se remite a un informe del mismo diario *La Epoca*.
17. *Ibid.*
18. *Ibid.*
19. *Ibid.*
20. Mahskin, *op. cit.*, pág. 69.

8

LETELIER. EL CÓNDOR EN WASHINGTON Y EN BARBADOS

Orlando Letelier vivía en Washington y tenía un gran prestigio en la comunidad intelectual en Estados Unidos y Europa y esto le significaba la caracterización de "peligroso" para la dictadura y para los "cruzados" estadounidenses. Su elección como un "blanco", un "objetivo" de los Cóndores, no fue al azar. Diplomático, economista, escritor de libros sobre política y economía, dirigente del Partido Socialista de Chile, ministro clave del gobierno de Allende. Reconocido como un economista importante, había trabajado en la industria del cobre, donde tuvo acceso a documentos que evidenciaban el saqueo de las compañías extranjeras en perjuicio de Chile, en cuyo interior proliferaban la pobreza y las relaciones casi feudales. En 1958 participó activamente acompañando a Salvador Allende, candidato a la presidencia por el Frente de Acción Popular de Izquierda (una unión entre los Partidos Comunista y Socialista). Aunque fue derrotado, Allende adquirió mucho prestigio, lo que lo llevaría al triunfo en 1970. Pero ese juego electoral mostró el rostro crudo de una derecha y un conservadorismo que tenía raíces fuertes. Letelier fue despedido de su trabajo en el Departamento de la Industria del cobre.

Pero además fue impedido de ocupar ningún otro cargo o función en todo el país. Emigró a Venezuela y luego a Estados Unidos, donde trabajó con el Banco Interamericano de Desarrollo (BID). Ya triunfante en 1970, Allende lo nombra como embajador de Chile en Estados Unidos.[1]

En el mismo gobierno fue además canciller, ministro de Interior y ministro de la Defensa en el momento del golpe. El día del golpe militar, su propia guardia lo arrestó y estuvo detenido en varios lugares, entre ellos el campo de concentración de la isla Dawson, pero también pasó por los horrores de los sótanos de la Fuerza Aérea chilena. En el campo de concentración de Ritoque estuvo preso con Luis Corvalán del Partido Comunista de Chile.

La campaña internacional en favor de este hombre tan conocido obligó al gobierno de Pinochet a liberarlo el 10 de septiembre de 1974. Salió al exilio en Venezuela y nuevamente fue a Washington, una ciudad que conocía muy bien y donde trabajó en un centro de estudios de Política, cuya central estaba en Amsterdam, Holanda. "Fábrica de ideas de los izquierdistas" le llamó *The New York Times Magazine*, en esos momentos.[2]

Las actividades de Letelier eran vigiladas por la CIA, empeñada en su "guerra fría" y también seguidas puntillosamente por la dictadura de Pinochet. Como Prats o Leighton, Letelier era un objetivo muy preciso de la dictadura chilena. Y doblemente peligroso, ya que su estancia en Washington multiplicaba su efectividad contra Pinochet.

Cuando en marzo de 1976, el político expuso ante un grupo de representantes del Congreso estadounidense la situación de Chile, le adjudicaron la decisión de los representantes de cortar la ayuda militar a la Junta. A instancias de Letelier, cuya amistad con el senador demócrata, Edward Kennedy, o con George Mc Gowen, era vista como "altamente peligrosa" por la CIA y por Pinochet, otros congresistas habían comenzado una investigación sobre el papel de la Agencia estadounidense en la trágica historia del golpe chileno.

A Letelier se le atribuyó una huelga de portuarios en Holanda, cuando en ese mismo año 76 se negaron a cargar productos para la Junta chilena. Era una de las figuras más respetadas en el Movimiento de No Alineados y se extendía su influencia. Pinochet le atribuía ser responsable de la retención de una serie de préstamos a la dictadura y varias naciones habían roto sus relaciones diplomáticas con los militares chilenos. La ONU demandaba por los crímenes cometidos, como surge de los sucesos de la llamada Operación Colombo, que fue la respuesta perversa a ese reclamo. La Junta había ya mostrado su mano fuerte en los casos Prats, Leihgton, entre otros, y también sabía que contaba con el amparo de la ultraderecha estadounidense y especialmente con la CIA. La conjunción de situaciones era perfecta para el crimen. El luego presidente de Estados Unidos, George Bush, conectado con los sectores más duros de la ultraderecha estadounidense y de las mafias, protector e inspirador de grupos como el Comando de Organizaciones Revolucionarias Unidas (CORU), de los emigrados cubanos de Miami, estaba al frente de la CIA. Era el mejor marco que la Junta chilena podría encontrar para su plan. El triángulo se hizo a través de Paraguay. Había varias manos en el crimen.

El 20 de septiembre de 1976, el matrimonio de Michael y Ronny Moffit, una joven de 25 años compañera de trabajo y ayudante de Letelier en el Instituto, fue a cenar a la casa del político chileno, con la esposa de éste, Isabel Morel y sus cuatro hijos. Vivían en Bethesda, un barrio tranquilo de Washington. Sólo unos días antes, el 10 de septiembre, Pinochet le había quitado la ciudadanía a Letelier mediante el decreto 588 de la Junta militar. Al culminar la cena, Letelier le entregó las llaves de su coche a los Moffit para que fueran a su casa sin problemas, con el acuerdo de que al día siguiente lo recogerían para ir a su trabajo.

No imaginaban que durante esa cena amable, afuera, en la calle, los asesinos trabajaban en su plan. Como en el caso de Prats, en Buenos Aires, dos años antes, los asesinos colocaron la bomba bajo el automóvil, para accionarla con control remoto. Los Moffit viajaron esa noche sentados sobre el aparato infernal. Sin embargo, los criminales tenían un objetivo muy claro. Alrededor de las 9 de la mañana del 21 de septiembre, en el automóvil Chevrolet celeste de Letelier, los Moffit se acercaron a la casa de sus amigos chilenos en Bethesda. Bajaron, "se sentaron un rato en la cocina con Isabel, esperando a que su marido terminara una conversación telefónica; después salieron junto a él a la calle", como describe Valentín Mahskin en su reconstrucción de los hechos. Letelier se puso al volante, Ronny junto a él y Michael en el asiento de atrás.

No se habían percatado de que un automóvil los seguía en su camino hacia la avenida Massachusetts, que corta Washington en diagonal. "Alrededor de las 9 y 30 ambos coches salieron a Sheridan Circle, una plaza circular en la Avenida Massachusetts. Pasaron al lado de la casa N° 2336 cuando el contarrevolucionario cubano, José Dionisio Suárez, apretó el botón que manejaba el control remoto. Entonces se produjo la terrible explosión que arrojó el automóvil sobre otros. El estampido fue terrible. Es imposible describir ese momento. Sólo fue un fulgor, un resplandor terrible, se sentía un olor feo y fuerte", dijo Michael Moffit sobreviviente del atentado, cuando lo entrevisté en Managua, Nicaragua en 1980.[3]

Este hombre nunca pudo reponerse de aquella tragedia. Vio a su esposa, aún con el rostro de asombro y de terror, ya agonizando; a Letelier con ambas piernas cortadas. "Sangre y hierros retorcidos, olor extraño y olor a muerte", describió Michael.

A Isabel Morel le avisaron en su casa que debía ir al hospital. Cuando llegó, pudo ver los cadáveres de su esposo y de Ronny. "Lo que más me conmovió fue que, por lo visto, Orlando alcanzó a comprender lo que sucedía. Su semblante mostraba sorpresa como si dijera 'ellos lo hicieron, pese a todo, lo hicieron (...)' ", dijo Isabel, según relató Moffit.

La primera reacción del director de la CIA fue dejar deslizar que se trataba de un "ajuste de cuentas entre izquierdistas". Era el prototipo de la acción de la Operación Colombo, pero las investigaciones, que demoraron dos años, desde 1976 a 1978, hasta llegar a la Corte estadounidense, comenzaban a demostrar la trama secreta de la muerte. La investigación periodística llevaba hacia la propia oficina de Bush y sus allegados y desmentía a Kissinger.

Fue este crimen el que dio la pista más concreta sobre la Operación Cóndor.

Tratando de conocer la identidad del jefe de estación de la CIA en México, el periodista Manuel Buendía, uno de los columnistas más importantes de ese país, asesinado en un atentado similar al de Leighton en 1984 en el Distrito Federal, llegó hasta George Bush. "Si bien estuvo un corto tiempo al frente de la Central Intelligence Agency, ese tiempo le bastó para ordenar y apoyar algunos de los crímenes más importantes de la CIA, perpetrados en México y otros países. Lawrence Sternfield (el hombre de la CIA en México) era precisamente uno de estos implacables colaboradores."[4]

Escribió Buendía: "Si Richard Allen representa la corrupción junto a Ronald Reagan, el futuro vicepresidente Bush encarna la capacidad para la intriga y la acción violenta, hasta los extremos de la matanza (...) el expediente de George Bush como director de la CIA, no deja lugar a dudas. Un jefe tiene que pagar su cuota a la historia, y como dijo William Colby, antecesor de Bush en el servicio estadounidense de espionaje: quien una vez fue miembro de la CIA en realidad nunca dejará de serlo". Bush estuvo al frente de la CIA entre el 30 de enero de 1976 y el 20 de enero de 1977. Fue el año donde la ronda de la muerte no tuvo descanso, no sólo en Washington, sino en Argentina y otros países.

En el recuento de los hechos violentos, Buendía citó que en febrero de 1976 Bush reclutó a mercenarios para luchar en Angola en el Frente Nacional de Liberación contra el Movimiento Popular de Liberación de izquierda en ese país. La CIA había destinado unos 20 millones para esto. "El señor Bush tendrá mucho tiempo para recordar lo que hicieron esos feroces soldados de fortuna, contratados por él o por órdenes de él en Angola", escribió Buendía.

En abril de 1976, ordenó a su agente Sternfiled que organizara una reunión para unificar a los grupos de exiliados cubanos dispuestos a combatir contra su país. En San José de Costa Rica se constituyó bajo la dirección de la CIA, el Comando de Organizaciones Revolucionarias Unificados (CORU), cuyo coordinador general, Orlando Bosch, estuvo detenido luego por la voladura de un avión cubano en Barbados.

El 23 de julio de 1976, un comando del CORU intentó secuestrar a un cónsul cubano en Mérida (entre sus integrantes figuran Oreste Ruiz y

Gaspar Eugenio Jiménez). Fallaron en el secuestro pero asesinaron a un colaborador del consulado, Artagnan Biass. También la policía mexicana alertada frustró el intento de dinamitar la Embajada cubana en México.

El 8 de agosto de 1976, el cadáver del mafioso John Roselli fue encontrado en un tonel flotando en la Bahía de Miami. Según la prensa estadounidense fue asesinado porque en 1961 había sido contratado junto con Siam Giancana para asesinar a Fidel Castro y había fracasado, en uno de los tantos intentos que hoy se reconocen, ideados por la CIA.

En septiembre fue el crimen de Letelier con dirección del agente Michael Townley, el chileno Armando Fernández Lario y los cubanos amparados por Bush. Y también la voladura del avión de la empresa cubana de aviación sobre Barbados, que dejó 73 víctimas.[5]

De esta manera se llega a la conjunción de todos los elementos que indican los caminos y los autores intelectuales y materiales de la Operación Cóndor.

Chile, Paraguay y Estados Unidos. El Cóndor

El asesinato de Letelier produjo un escándalo tal que abrió las puertas a todo tipo de investigación. Fue en estas circunstancias que, apremiado por las informaciones de prensa, el agente especial del FBI, Robert Scherrer, envió su informe a la Cámara de Representantes, desde Argentina, prácticamente en la semana del crimen. Allí describía a la Operación Cóndor, en un cable clasificado que fue mencionado por distintos periodistas, entre ellos, Jack Anderson.

No había ningún detalle desconocido para Estados Unidos. La reconstrucción basada en los informes de entonces y ahora, señalan que ante el "peligro" que significaba Letelier para la Junta y para Washington se determinó confiar el crimen a los Cóndores que ya habían actuado en varios lugares. El asesinato de Letelier reproduce el de Prats en Buenos Aires. Para esto la CIA buscó que no quedaran sus huellas. La fórmula fue que se "tentara" a la DINA chilena, apresurada por eliminar a Letelier. De esta forma Micahel Townley, el agente de la CIA en la DINA, debía entrar desde afuera acompañado por un militar chileno, para que quedara el sello de la DINA y asegurar el atentado con los "expertos cubanos" del CORU.

Lo que se dice, una jugada magistral.

Pero las huellas estaban ya en el aire. Sólo un tiempo después, cuando los periodistas y escritores Saúl Landau y John Dinges reconstruyeron el crimen en su libro *Asesinato en el barrio de las Embajadas,* señalaban que Bush y el entonces secretario de estado Henry Kissinger frenaban las investigaciones. Tenían cómo hacerlo y las razones para hacerlo.

Valentín Mashkin, a quien hemos citado en este libro en varios capítulos como una de las fuentes esenciales y una de las investigaciones más serias de aquellos años, recupera un cable de la agencia soviética TASS, fechado el 10 de octubre de 1976. "La investigación de las circunstancias del asesinato del 21 de septiembre en Washington del destacado líder del gobierno chileno Orlando Letelier, desconcertó a los organismos de investigación norteamericanos. Sobre el particular, según la prensa, es sintomática la reunión secreta que tuvo lugar la semana pasada, entre George Bush, el director de la CIA, y miembros del Ministerio de Justicia. Pese a no haber trascendido detalles sobre aquella reunión, el diario *Washington Post*, basándose en personas cercanas a la investigación, escribe que: 'es posible que las huellas hayan descubierto la información exacta que la CIA quiso mantener en secreto so pretexto de intereses de seguridad nacional' ".[6]

En el otoño de 1977 el mismo periódico señalaba: "No se ve con claridad si la investigación conducirá a remover el caso judicial o todo se limitará a la mera comunicación de un informe interno que presentará a la Casa Blanca y al Departamento de Estado. Se supone que en el informe se dirá cómo fue el asesinato y por qué es imposible castigar a los asesinos".

La prensa más seria de Estados Unidos planteó sus reservas ante la actitud tomada por la CIA, los organismos de investigación y la Justicia. Había además una víctima estadounidense, Moffit, y un familiar afectado, su esposo, que no se permitía descanso, como la familia de Letelier. Mahskin cita también que la revista *Interviú* de España, señaló que uno de los funcionarios del Ministerio de Justicia de Estados Unidos, en respuesta a las insistentes preguntas periodísticas respondió ofuscado: "¿Qué quieren ustedes, un nuevo Watergate?" (en referencia a la investigación periodística del periódico *Washington Post* que derivó en el alejamiento del presidente republicano Richard Nixon).

Washington Post señalaba entonces que "si se dan los nombres de los agentes de la DINA, mezclados en el asesinato de Letelier y Moffit, y si se los detiene, ellos a su vez pueden dar los nombres de los agentes norteamericanos y aquellos que también pueden comunicar los nombres de los funcionarios de mayor rango en Estados Unidos".[7]

La presión mundial no cesó. Todos comparaban la serie de asesinatos y ya el nombre de Cóndor estaba en todas partes. El 20 de febrero de 1978 aparecieron comunicados en la prensa estadounidense informando que la justicia de ese país solicitaba a Chile que se interrogara a los oficiales chilenos William Ross y Romeralio Jara, como sospechosos del crimen de Letelier. Eran, nada menos, que los nombres falsos de Townley y el militar chileno Armando Fernández Lario.

El 8 de abril de 1978 el FBI trasladó a Estados Unidos y detuvo a

Townley, cuyas pruebas llevaron hasta Fernández Lario y los cubanos Virgilio Paz, José Dionisio Suárez, Alvin Ross y los hermanos Novo. Según expuso Townley –quien se acogió a los beneficios de testigo protegido y con esto salvó a la CIA también–, los autores más cercanos como Fernández Lario y la agente de la DINA, Liliana Welker, dependían del general Manuel Contreras y Pedro Espinoza, ambos de la DINA.[8] Cóndor ya era una realidad.

Y también la CIA había logrado, una vez más, sacarse medianamente de encima el problema. Bush y Kissinger quedaban expuestos, pero la prueba viviente, Townley, estaba en sus manos.

Townley firmó su propio acuerdo con Washington, que le permitía tener nueva identidad y sólo ir a declarar en los países que él eligiera. Por otra parte se firmó un acuerdo secreto con Chile, que fue conocido más tarde. Los firmantes fueron el vicesecretario del Ministerio del Interior de Chile, E. Montero, y el fiscal del Distrito de Columbia (EE.UU.), E. Silbert.

El 7 de abril de 1978 se acordó, entre otros puntos, que "toda información obtenida en el caso Letelier, y referente a las acciones de chilenos en Estados Unidos puede ser utilizada para la investigación de estas acciones y la posterior acusación de los ciudadanos indicados en la violación de las leyes estadounidenses. Ambas partes se comprometieron a no utilizar esta información para otros fines y comunicarla solamente al gobierno de Chile, con el fin de que sea utilizada por los investigadores chilenos para una posible redacción de las conclusiones del fiscal".[9] Chile se comprometía a transmitir cualquier información sobre el caso Letelier (era, sin duda alguna, una broma siniestra).

En 1979 el sociólogo Claudio Orrego y la periodista Florencia Varas, ambos chilenos, publicaron el libro *El caso Letelier*, donde figuraban muchos de los elementos del juicio en el que Townley declaró.[10]

Paraguay en el entramado del crimen

¿Cómo intervino Paraguay en este caso tan temiblemente simbólico de la Operación Cóndor?

Se comprobó que Townley y Fernández Lario ingresaron a Estados Unidos con pasaportes falsos, visados correctamente por la Embajada norteamericana en Asunción, Paraguay. En 1976, Conrado Pappalardo, un funcionario cercano al dictador Stroessner, presionó abiertamente al embajador de Estados Unidos, George Landau, para que otorgara las visas a estos dos supuestos paraguayos. Previamente, el entonces vicedirector de la CIA, visitó Paraguay, a principios de 1976, para reunirse con Pappalardo y otros altos oficiales.[11]

Sólo pocas semanas después, Pappalardo le diría al embajador

Landau que Walters había aprobado los esfuerzos para lograr pasaportes falsos destinados a agentes de la DINA chilena. Según Pappalardo, Stroessner había recibido directamente de Pinochet este pedido: se trataba de que dos agentes de inteligencia chilenos viajaran a Washington con pasaportes paraguayos. "Stroessner en persona había autorizado la emisión de los pasaportes. Ahora sólo se necesitaba que el embajador ordenara los sellados."[12]

Como el embajador Landau mostraba serias dudas, Pappalardo lo convenció con el argumento de que los dos agentes debían presentarse ante Walters y que éste había dado su aprobación. Más aún, le dijo que éste "conocía paso a paso las gestiones que se realizaban para obtener la visa".[13]

Landau intentó ponerse en contacto con Walters pero no pudo. Le dijeron que estaba de vacaciones. Finalmente entregó las visas, pero foto-copió los pasaportes completos. Además envió un informe con los detalles del caso al Departamento de Estado. Landau dijo que creyó que se trataba de un caso referido a un agente norteamericano detenido como espía.

El 4 de agosto de 1976 el embajador recibió un telegrama de Walters donde le decía que ignoraba el asunto, que no esperaba a los agentes y que "haría bien en ponerse en contacto con el Departamento de Estado, para cubrirse personalmente en el extraño incidente".[14]

El diplomático estaba aterrorizado. Pero unos días después llegó Walters a Asunción a entrevistarse con Stroessner. El caso, visto desde afuera, es obvio. Se presionó a Landau, pero a la vez, Walters se cubrió, y luego cuando Landau pidió que le devolvieran los pasaportes, Pappalardo los retuvo (por indicación de Walters) hasta el 29 de octubre, fecha en que ya habían matado a Letelier.[15]

Los pasaportes fueron usados por Townley y Fernández Larios, y con esto la CIA también se cubría: los asesinos entraron desde afuera. Otro dato importante es que el embajador Landau fue muy claro en avisar a Bush, en la CIA, que la inteligencia militar chilena estaba envuelta en una acción sospechosa en Estados Unidos. El cable figura en los documentos del juicio, que llevó adelante el fiscal Eugene Propper.[16]

En Chile, según declaró Townley, el entonces teniente coronel, Pedro Espinoza le había adelantado que para cumplir la misión (de matar a Letelier) viajarían con pasaportes paraguayos auténticos, pero con nom-bres falsos, que éstos les serían entregados por la inteligencia paraguaya. También le comunicó que iban a participar "emigrados cubanos".[17] Esto no se podría haber realizado sin una previa comunicación con la CIA de Bush que controlaba muy bien a los cubanos, como veremos más adelante.

La "conexión con Paraguay" no se detuvo en esto. Y durante el juicio se interrogó también al general Benito Guanes Serrano, que como testifi-caron los Archivos del Horror, había ya tenido sus primeras reuniones de "cooperación" institucional con su par Manuel Contreras, en 1975. Guanes debió reconocer que en 1976 Contreras le había enviado un cable cifrado pidiéndole los pasaportes. Y ya entonces se había dirigido a él con el nombre de Cóndor Uno a Cóndor Tres (también los archivos registran un envío de esta naturaleza). Todavía falta saber si el Dos era Hugo Banzer de Bolivia o quién de los varios que colaboraron activamente con Cóndor en Argentina.

Así en agosto de 1976 ya estaban alojados en un hotel de Washington "como una pareja de ricos sudamericanos" Fernández Lario y la agente Liliana Walker. El 8 de septiembre llegó el cerebro del crimen, Townley. Llevaba –como hemos visto– gas Sarín en un frasco de perfume Chanel Nº 5 y también detonadores. Fernández Lario había cumplido con su papel de vigilar y conocer todos los movimientos de Letelier y los itinerarios comunes. Según su propio relato Townley se citó con el terrorista del Movimiento Nacional Cubano (que integraba el CORU) Virgilio Paz, y luego con Guillermo Novo, otro de los participantes de este grupo. Se añadieron al comando Ignacio Novo, hermano de Guillermo, y también Suárez y Ross, conocidos de los Cóndores.

Recordando aquellos episodios Townley citó otros frustrados atentados, como los que se trazaron contra el socialista Carlos Altamirano y el comunista Volodia Teitelboim, que residían en México en 1975, donde también participarían los grupos cubanos.

Precisamente por el acuerdo secreto antes mencionado, Townley no pudo declarar más sobre este tema. Y esto fue también una prueba de cómo la CIA cubría sus flancos. Townley colocó la bomba, acompañado por Paz, mientras Letelier su familia y los Moffit cenaban tranquilamente en su casa. Suárez sería el encargado de detonarla.

La CIA cuidó hasta el detalle que Townley no estuviera ese día en Washington porque en este caso no podría negar que era uno de sus hombres. El agente fue a Miami, estuvo con sus padres y fue Ignacio Novo quien le avisó sobre la "efectividad" del atentado.

Esta saga de los crímenes no sólo involucraba a víctimas conocidas públicamente. Lo mismo sucedía con cientos de prisioneros, intercambiados y asesinados.

La ruta del Caribe. Barbados: 73 muertes

El crimen de Letelier, a pesar de haber creado en su momento una fuerte reacción mundial, estaba en plena investigación, cuando al parecer "encantados" con los resultados de su acción y contando con el respaldo de Bush, el CORU actuó, sólo unos días después de aquel asesinato. Fue otra bomba, pero esta vez colocada en un avión de la compañía Cubana, que viajaba desde Guyana a Cuba, con escalas en Trinidad y Tobago, Barbados,

Jamaica. Era el vuelo Nº CU-455, y en él regresaban a La Habana jóvenes deportistas cubanos que habían intervenido con éxito en juegos centroamericanos. Otro grupo, también de jóvenes de Guyana, viajaba para estudiar en la Universidad de Cuba. Entre otros pasajeros, iba también una delegación cultural de la República Democrática Popular de Corea.

El atentado se preparó desde Caracas, Venezuela, donde se había constituido un comité del CORU. En septiembre de 1976, el mismo mes del crimen de Letelier, Orlando Bosch llegó a la capital venezolana para reunirse con sus subordinados. Uno de ellos, al que luego volveremos a encontrar en la saga de la muerte en Centroamérica, era Luis Posadas Carriles. Bosch tenía antecedentes como el hombre que comandaba la mayoría de los atentados contra Cuba, país en la mira de Estados Unidos desde la revolución en 1959. Instalado en Miami desde 1960, Bosch dirigió numerosos atentados contra Cuba e incluso, fue encarcelado por el manejo discrecional de armas, explosivos y otros. En ese período de 1976 un amigo cercano estaba en la CIA, y desde Washington se le proveían contactos, como los que tuvo con algunos miembros de la DISIP, Policía secreta de Venezuela.

En 1968 permaneció más tiempo detenido porque su acción trascendió los amplios límites que le dejaban sus amigos y cómplices norteamericanos y mandó ametrallar un barco cerca de las costas de Miami. Entre diciembre de 1974 y 75 Bosch vivió en el Chile de Pinochet. Era el tiempo de la muerte y ya funcionaba el Cóndor. El crimen estaba en las calles de Santiago "institucionalizado" por la dictadura y en Buenos Aires, la Triple A en dos años asesinaría a dos mil personas (74 y marzo del 76). Aún falta escribir mucho sobre la historia de estos "compinches" del crimen en el sur.

Como eran expertos terroristas, los cubanos del CORU, que entonces actuaban bajo distintas siglas hasta que Bush los unificó, fueron sindicados como participantes en todos los atentados como el de Prats, Leighton y el de Letelier.

Así, Posadas Carriles, un ex policía secreto de la dictadura de Batista y luego mercenario, que actuó en varias acciones terroristas contra Cuba, estaba a cargo de aquella operación nueva: el atentado de Barbados.

Para ello contrataron a dos venezolanos: el fotógrafo Hernán Ricardo y Fredy Lugo, un amigo de éste, que por 25 mil dólares aceptaron llevar la bomba. La periodista venezolana Alicia Herrera logró más tarde ganar la confianza de ambos, cuando estaban en la cárcel y así reconstruyó parte de la historia.[18] Herrera escribió el libro *Nosotros pusimos la bomba... ¿y qué?*, publicado en La Habana. Tanto Lugo como Ricardo tenían vinculaciones con la CIA en Venezuela, como confesaron a Alicia.

En la noche del 5 de octubre Bosch y Posadas Carriles se reunieron

con el "grupo operativo", y los asesinos contratados volaron en la medianoche desde Caracas a Puerto España, capital de Trinidad y Tobago. Se
alojaron en un hotel de esta capital. Y ya a las 8 de la mañana del 6 de
octubre estaban en el aeropuerto esperando tomar el vuelo de Cubana de
Aviación. Algunos detalles mostraron que ambos no estaban tan preparados como sus jefes. En el aeropuerto se les ofreció otros vuelos, ya que
Cubana venía con retraso. No aceptaron. Tomaron su boleto de Cubana y
abordaron alrededor de las 11 de ese día. Se sentaron en asientos traseros.
Ricardo y Lugo bajaron en Barbados. Pero también y como señalaron las
investigaciones posteriores del gobierno de Cuba, tomaron un taxi y fueron
a la Embajada de Estados Unidos en Bridgetown, la capital de Barbados.

Cuando el avión levantó nuevamente vuelo a las 12 y 15, llevaba 73
pasajeros a bordo. Sólo ocho minutos después hubo una explosión. El
capitán de la nave, Wilfredo Pérez, solicitó permiso para aterrizar, pero en
ese momento otra bomba explotó a bordo. Era la que había colocado
Hernán Ricardo –para asegurar el trabajo– en el toilette del avión. Ya no
hubo aterrizaje, el avión se desplomó sobre el mar. La mayoría de los
viajeros había muerto por asfixia. Ricardo y Lugo fueron directamente
desde la Embajada de Estados Unidos al Hotel Holiday Inn. Absolutamente
descontrolados, como si estuvieran en una trampa, los dos asesinos dejaban
huellas por todas partes. Fueron otra vez a la Embajada norteamericana,
desde donde se trasladaron al hotel y comenzaron a hacer llamadas a
Caracas. Ni Bosch ni Posadas Carriles respondían. Así que Ricardo llamó
a su novia, le dio el número de ambos con el encargo de trasmitir que "el
ómnibus lleno de perros explotó en el aire". El otro error clave fue que Lugo
pensaba que nadie lo entendía en español. El chofer del taxi en Barbados,
Erick Johnson, sí entendía. Así es que cuando dejó a los dos hombres en el
hotel corrió a una seccional policial y denunció la conversación que había
escuchado. A partir de allí se movió la policía de Barbados y comenzó la
vigilancia del Hotel donde Lugo y Ricardo esperaban poder salir para
Trinidad lo más rápidamente que pudieran. No tenían ningún vuelo directo
desde Barbados a Caracas. La policía rastreó y escuchó las llamadas de
ambos. Ya no había escape. Se habían comunicado con Bosch en Caracas.

Fueron arrestados, confesaron el crimen e involucraron a Bosch y a
Posadas Carriles. Ya los policías de Barbados y de Trinidad Tobago habían
recibido amenazas por su investigación. Ambos detenidos fueron enviados
a Venezuela, donde compartieron un tiempo muy corto de cárcel con Bosch
y Posadas Carriles. Allí fue donde Alicia Hererra, periodista de varios
medios, logró la confesión de Bosch sobre el crimen, contado como una
hazaña.

En 1978 un fiscal militar de Venezuela ordenó que se condenara a

Bosch a 25 años de cárcel y a los otros tres implicados a 22 y 26 años, sentencias, que por presiones ocultas, eran diferidas una y otra vez. Finalmente el Tribunal Supremo Militar de Venezuela falló por la "inocencia" de los responsables, ante "la falta de pruebas", en septiembre de 1980, escándalo que hasta hoy sobrevive en Venezuela.

Todos los análisis indican que la presión de Washington sobre las autoridades venezolanas y también algún dinero pagado por debajo, surtieron efecto. En ese ínterin el nombre de Cóndor había aparecido en varios periódicos vinculado con este crimen, entre ellos en el *Miami Herald*. El 22 de noviembre de 1976 la prensa venezolana reprodujo una amenaza de una organización Cóndor a la compañía de aviación venezolana.

Cuando Alicia Herrera estaba realizando reportajes en Managua, Nicaragua, se enteró del papel que cumplía el asesino de Barbados, Posadas Carriles, en la guerra centroamericana bajo sus antiguos jefes de la CIA (véase cap. 15: Las garras del Cóndor).

Notas

1. Valentín Mahskin, *Operación Cóndor, su rastro sangriento*, Editorial Catargo, Buenos Aires, 1985, pág. 41.
2. *Ibid.*, págs. 40-41-42.
3. Entrevista para la Agencia Nueva Nicaragua (ANN), de Managua.
4. Manuel Buendía, *La CIA en México*, Ediciones Océano, México, sexta edición, 1984, págs. 42-43-44.
5. Mahskin, *op. cit.*, pág. 43.
6. *Ibid.*, págs. 54-55.
7. *Ibid.*, pág. 55.
8. Informe de la Comisión de Derechos Humanos. Movimiento por la Paz, la Solidaridad y la Soberanía entre los Pueblos, MOPASSOL, Buenos Aires, 1993.
9. Mahskin, *op. cit.*, págs. 67 a 70.
10. Florencia Varas y Claudio Orrego, *El Caso Letelier*, Santiago de Chile, 1979, págs. 123-125.
11. Taylor Branch y Eugene Propper, *Labyrinth*, Viking Edition, Nueva York, 1982, págs. 6 y 7.
12. *Ibid.*, págs.1-2-10-13.
13. Rogelio García Lupo, *Paraguay de Stroessner,* Ediciones B, Serie Reporter, Buenos Aires, 1989, pág. 151.
14. *Ibid.*, pág 152.
15. *Ibid.*, pág.152.
16. Mahskin, *op. cit.*, pág. 62.
17. *Ibid.*, pág. 63.
18. Entrevista de la autora con Alicia Hererra, en Managua, Nicaragua, 1980-81.

9

LA NOVELA DEL HORROR. MARTÍN ALMADA

Mientras la muerte rondaba en la región, Paraguay y Argentina ya habían dado pasos largos en esa coordinación criminal. Una de las víctimas de los años 74 fue precisamente Martín Almada, quien en 1992 descubrió los archivos. Su historia refleja la alienación de las dictaduras y los ideologismos, en una verdadera novela del horror.

"Me llamo Martín Almada. Nací en Paraguay y soy maestro, pedagogo, abogado. La noche del 26 de noviembre de 1974, un grupo de policías, todos ellos torturadores, llegaron hasta el edificio del Instituto Juan Bautista Alberdi, donde trabajábamos con mi esposa. 'En nombre del jefe de investigaciones tenemos instrucciones de proceder a la revisión del edificio', dijo un oficial vestido de civil. Mucho después supe los nombres de algunos de ellos: Alberto Buenaventura Cantero, Nicolás Lucilo Benítez (Cururú Piré, 'piel de sapo' en lengua guaraní), Cayetano Alberto Báez Raymundi y Desiderio Flecha, chofer de investigaciones, que también prestaba servicio en la Embajada de Estados Unidos en Asunción. Ese día comenzaría la tragedia de nuestra vida.

"Yo había llegado recientemente de La Plata, capital de la provincia de Buenos Aires, Argentina, donde culminé mi doctorado en Educación y había presentado una tesis: 'Paraguay: educación y dependencia'. Estaba basada en la Reforma Educativa de Panamá de 1971, cuando gobernaba allí el general Omar Torrijos.

"Creo que ése fue mi gran pecado. Cuando me detuvieron estaban conmigo mi esposa, secretaria del Instituto –yo era el director–, una profesora y un sobrino mío. No sabía en esos momentos que iba a comenzar mi calvario. Quiero rescatar que mientras los enviados de Stroessner revisaban todo el edificio, llegó un capitán retirado del ejército, Cecilio Giménez, quien fue muy solidario conmigo y mi familia."

El hombre delgado y relativamente bajo, que está ante mí, no puede evitar que sus ojos enrojezcan mientras habla. Estamos rodeados de plantas y flores en el patio de su casa en Asunción. Durante esos días me había acompañado y facilitado la revisión de los entonces desordenados papeles del Archivo del Horror. Martín Almada prefiere estar en la penumbra. Sus ojos rehuyen las luces fuertes, que aún son un suplicio para él.

Aquella noche de noviembre de 1974 fue arrancado de su casa y escuela especial, y llevado supuestamente para una entrevista con el Jefe de Investigaciones, el temible Pastor Milcíades Coronel.

"Era alto, gordo, de tez muy pálida. Estaba sentado en su escritorio y había unas 20 personas con él. Me di cuenta de que algunos eran paraguayos y otros no. Estaban como esperándome. Yo no entendía nada. Pertenecía al partido Colorado (oficial) en una línea crítica. Los que estaban allí eran lo que llamábamos 'peces gordos', entre ellos, el jefe de Policía de la capital, general Francisco Fretes Dávila, el general Benito Guanes Serrano, jefe de la inteligencia del ejército y otros. Mucho tiempo después pude analizar que yo estaba metido en la Operación Cóndor, que ya funcionaba, aunque quizás sin ese nombre, entre los servicios del Cono Sur. También con el tiempo y mirando las fotografías de los grandes represores argentinos reconocí al comisario Héctor García Rey (hombre clave de la Triple A y de Cóndor).

"Parecía que estaba viviendo una película y aunque sentía temor, no imaginaba lo que iba a venir después. Un mozo vestido en forma impecable les servía bebidas a los que estaban allí. Todo eso lo veo, como si fuera hoy. Entonces Pastor Coronel comenzó a interrogarme sobre mis supuestas relaciones con un Partido Obrero Revolucionario Argentino (PORA) y con el Ejército Revolucionario del Pueblo (ERP), guerrilla también de Argentina. Quería obligarme a decirle cosas que yo no sabía. Aquel interrogatorio me producía cada vez mayor confusión. ¿Qué tenía yo que ver en todo eso?, me preguntaba. y no tenía respuesta, sólo el terror de verme allí. Me interrogaban sobre mi relación con Leandro Velázquez, quien había estudiado en la Universidad de Asunción conmigo. Cuando estaba haciendo mi doctorado de Educación en La Plata, una vez vino a saludarme. Eso era todo. Pero lo más extraño para mí fue que me interrogaban sobre un supuesto 'complot subversivo' contra el presidente Stroessner y sobre mi militancia en un movimiento armado, en donde nunca había militado yo.

"Después comenzaron las amenazas, de que si colaboraba y delataba el supuesto plan, del que yo no sabía nada, me lo reconocerían, si no lo hacía iba a 'cantar a las buena o iba a cantar a las malas'. Como no tenía nada que decir, Pastor Coronel ordenó que me llevaran a torturar. Me llevaron hasta la sala de tortura los oficiales Julián Ruiz Paredes y Francisco Ramírez (tatá o fuego). Este fue el que comenzó la tortura, el que me preparó para el 'trabajo'. ¿Si tenía miedo? Sí, lo tenía, una sucesión de sentimientos encontrados, de hecho esa confusión que era todo, pero donde ya adivinaba que iba a ser terrible para mí, aunque no sabía cuánto.

"Me dejaron desnudo, me ataron los pies y las manos con cables eléctricos. Ellos vestían pantalones cortos negros, como si se prepararan para algo como un juego. Camilo Almada Morel, al que llamaban 'Sapriza', ere el único que recuerdo que estaba bien vestido y con anteojos oscuros. Por un momento pensé que en otros países los torturadores se encapucha- ban o encapuchaban a la víctima, quizás para que no los reconocieran o para no ver la mirada del torturado.

"Después vi que incluso la locura, la perversidad llegaba a tan alto grado que los torturadores se dividían el 'trabajo'. Sapriza, el que pateaba y golpeaba duro; Ramírez, el que lo hundía a uno en una pileta con aguas fétidas, con excrementos y orina; Nicolás Lucilo Benítez, el que manejaba con gran destreza, como decían, el látigo. El comisario Obdulio Argüello, me golpeaba la cabeza. Otro, que después supe se llamaba Agustín Belotto, me sujetaba en la pileta y ponía su pierna sobre el pecho para que yo no pudiera asomarme. Mucho tiempo después, en la nebulosa entre la vida y la muerte, recordaba a un sargento, Ramón Tadeo Gómez, que era compadre de Pastor Coronel y cuya tarea era alentar a los torturadores. Recordaba que el teléfono sonaba muy seguido. Era extraño, es extraño que en esos momentos, en medio de los gritos de los torturadores, de mis propios gritos, que no sé ya de dónde salían porque no me quedaban fuerzas, escuchara el teléfono. Era seguro que preguntaban si ya había cantado. Y entonces se reanudaba todo. Latigazos, con un látigo con bolitas metálicas en los extremos, que me había arrancado la piel de casi todo el cuerpo. Todos me gritaban a la vez, pero Sapriza gritaba más: 'hablá, hijo de puta, criminal, bandido'. Había otros torturadores que llegaban a reemplazarlos. Sapriza me pateaba las piernas. Me zambulleron varias veces en la pileta, me golpearon tanto que sangraba y perdí el sentido.

"Amanecí sujeto a una silla con las manos esposadas y con los brazos hacia atrás. Una luz potente de unos 500 kws me enfocaba directo a los ojos. No sé cuánto tiempo pasó y vinieron a buscarme porque Pastor Coronel quería hablar conmigo, con eso que quedaba de mí. Es increíble contarlo ahora, porque parece tan irreal que aquel torturador quería saber si Cuba, la Unión Soviética, o el general Torrijos de Panamá me habían encargado esta tesis y si me habían pagado. No podía creerlo. Era un tesis sobre educación, una idea. Como no pude decir nada ordenó otra sesión de torturas. Esta vez fueron golpes tras golpes y electricidad en los testículos. Me desvanecí.

"Cuando desperté esta vez estaba atado a una cama, de esas de dos pisos que tiene la tropa policial, atadas mis manos a la cama de arriba. Estaba tan enfermo, con vómitos y diarreas por el agua fétida que había tragado en la pileta. Pero allí estaba con otras víctimas: Roberto Ramírez Blanco, el doctor Roberto Grau Vera, José Olmedo Montania (ex primer secretario de la Embajada de Paraguay en Argentina y Brasil). Escuchábamos los alaridos de otros torturados y eso también era una tortura infinita. Nos encogíamos como si esos cuerpos fueran los nuestros. Estoy contando esto, porque no sólo me sucedió a mí. Esto le pasaba a todos los que caían en las manos del régimen. Estoy contándolo así porque es un testimonio que debe conocerse, porque siento que la gente debe saber sobre este horror para que no suceda nunca más.

"En aquel cuarto sucio todo eran gemidos, todos estábamos iguales. Esa noche me llevaron otra vez; el mismo personaje, Lorenzo Fortunato Laspina. Me pararon delante de una anciana. Nunca la había visto. Después supe que aquella señora cuya cara reflejaba el martirio era Gilberta Verdún, viuda de Talavera, cuyo esposo fue asesinado en forma terrible en 1961, cuando se realizaban las llamadas 'operaciones antisubversivas'. La habían detenido antes, liberado y estaba otra vez en prisión. Como yo no la conocía, decidieron torturarla a ella delante mío. Entre sus torturadores había uno que decía ser médico psiquiatra. Era chileno y supuestamente se llamaba Héctor Teisa.

"Nunca olvidaré la fuerza y resistencia de la señora Talavera. Nunca habló. Ni tampoco puedo olvidar que trajeron a otro hombre, muy fuerte, arrastrando lo traían. Lo comparé con Jesucristo. Era su viva imagen el profesor Julián Cubas. Cuando lo torturaban respondía con gritos rebeldes 'traidores, fascistas, agentes de la CIA'.

"Ellos me dieron tanta fuerza que yo ahí mismo decidí que no iba a inventar nada para salvarme, porque era inocente. Y de eso no me iban a sacar. Cuando me llevaron a torturar comenzaron a preguntarme por una supuesta 'cárcel del pueblo' que yo estaría construyendo en nuestra Escuela, el Instituto Juan Bautista Alberdi. Habíamos conseguido un crédito del Banco Estatal para hacer unos talleres anexos, destinados a las labores artesanales que eran parte de nuestro proyecto educativo. Después entendí, atando hilos, que yo fui uno de los tantos que les servían para probar ante los argentinos, chilenos y otros torturadores que estaban allí, que existía una 'subversión' regional. También conocí que alguien había enviado desde La Plata mi tesis, que sigo insistiendo era sólo una tesis de educación que he mostrado en todo el mundo, como ejemplo de hasta dónde llega la locura criminal de una dictadura. Y eso había sido sólo el argumento para detenerme. Después ya inventaron todo lo demás para robarme. Se llevaron todo de nuestra escuela, destruyeron todo.

"En esos días volví a perder el conocimiento tantas veces que muchos creyeron que había muerto, más de una vez. Pero además el sufrimiento era escuchar a los otros, y a los que gemían a mi alrededor. Ellos querían hacer aparecer como que había un gran complot internacional, para mostrarle a Stroessner la necesidad de un pacto con los otros. Fue siniestro y perverso.

"Sabía que había varios de mis compañeros de infortunio que estaban graves, como la señora Talavera y también Olmedo Montania. Otro hombre joven, Bernardo Rojas, fue tan torturado que parecía imposible que un hombre pudiera resistir tanto. Le atribuían vinculaciones con un supuesto Movimiento Paraguayo de Liberación.

"Quiero agregar que en aquella tumba, la pequeña solidaridad, las palabras intercambiadas eran como un bálsamo y nunca sabíamos cuántos días pasaban. El tiempo se iba de nosotros. Sacábamos cuentas de cuántos torturaban por día, unas diez personas, y por las noches más de 50. La noche era la hora del horror y casi siempre la música de fondo para apagar los gritos era brasileña. Hubo tantos detenidos en esos días, que siempre tengo en mi cabeza una ronda de rostros, cuando no puedo dormir.

"Aprendí de los delirios de una dictadura. Una noche por ejemplo, se ordenó buscar a todos los que tuvieran apellido terminado en 'eiro'. Y así detuvieron a Carlos Bareiro y otras gentes. Hubo órdenes tan alienantes como buscar a todo joven con barba o que usara camisas rojas. Y así hacían redadas y mucha gente de esa murió también en aquellas catacumbas.

"Sufrían también mucho los que no estaban presos por vinculaciones políticas. Prostitutas que no les habían entregado sus ganancias a los policías. Algunas pobres mujeres que eran personal doméstico y que querían o dejar su trabajo, o no eran los suficientemente serviles. Allí conocí cómo las acusaban de ladronas, aquellos poderosos, que tenían vínculos con el poder, sin pruebas. Imaginen ese martirio. ¿Cuántos fueron asesinados así? Por cualquier dato, aun dado en momentos de desesperación en que para detener la tortura alguien decía ser amigo de otro, sin vínculo político alguno, eran traídos desde todo Paraguay los inocentes, las familias.

"Recuerdo los casos del abogado Fernando Robles, del fotógrafo Sebastián Romero, del estudiante Arnaldo Llorenz, del maestro Roberto Martínez Cantero. Fueron terriblemente torturados todos ellos, por una denuncia al parecer también falsa. Desde su escritorio, todo el tiempo Pastor Coronel seguía aquellos interrogatorios, cuando no intervenía personalmente en ellos.

"Otra vez me mandó él mismo a sesiones de tortura cuando yo ya deambulaba entre la vida y la muerte y me desvanecía continuamente. Querían saber quién había organizado una conferencia sobre educación, escúcheme bien, educación en Córdoba, Argentina, dato que seguramente les trajo el comisario García Rey.

"Ahí caí en un pozo ya que mi cuerpo no soportaba más. Estaba al borde de la muerte según me dijeron. Vino un médico policial. Al poco tiempo regresó el calvario. Ya entonces me vinculaban con el MOPOCO, el Movimiento Popular Colorado surgido en 1957, como una disidencia a la traición de Stroessner.

"Allí me preguntaban sobre el doctor Agustín Goiburú, Alejandro Stumps, Florentín Peña, González Casabianca y tantos otros. No podía decir nada de nada y entonces llevaron tan lejos la tortura, que pasaba casi todo el tiempo desvanecido.

"Un día mientras me torturaban sentí que alguien discutía y pedía que me dejaran en paz: 'es inocente' decía una voz que reconocí. Era el capitán Cecilio Giménez de San Lorenzo, quien entró y me desató los pies y las manos. Ese hombre lloró al verme. En esos días tuve muchas convulsiones.

"Quiero relatar algo y es que la perversidad era tanta que todos los instrumentos de tortura tenían algún nombre: 'democracia' les llamaban a todas las cachiporras con que nos golpeaban. Asimismo elegían un tipo de tortura según la víctima: 'derechos humanos tipo Carter' (James, ex presidente de Estados Unidos) era el sumergimiento en una pileta normal, para algunos delitos menores, pero especialmente para forzarles a pagar dinero, porque muchísimos de los torturados eran chantajeados por una u otra razón, cuando se trataba de delitos comunes, o simplemente por resultarles sospechosos. También le llamaban 'derechos humanos tipo John Foster Dulles', al sumergir en piletas con excrementos a la víctima. Los torturadores consumían drogas para animarse y las acusaciones eran desde comunistas o en mi caso que como educador producía 'subversivos mentales'.

"Recuerdo una vez en que sacaron a un joven tan golpeado, que su rostro y su cuerpo eran una masa deforme. Lo habían dado por muerto y estaba allí tendido en espera de una camioneta policial donde se llevaban a los que mataban en la tortura a enterrar nadie sabe dónde. Mirándolo estábamos cuando vimos que movía un dedo. Unos detenidos le practicaron respiración boca a boca. Si no hubiera sido así, lo hubieran enterrado vivo. Ellos los envolvían en una lona o sábana y los llevaban directamente a las fosas."

El 20 de diciembre de 1974, cuando faltaba poco para que Almada cumpliera su primer "mes de calvario", como lo llama dolorosamente, uno de los detenidos, Noel Báez, estaba leyendo un periódico que le pasó a otro, Bernardo Rojas. "De repente Rojas me dice: '¿Conocés a Celestina Pérez de Almada?'. Le dije que sí, que era mi esposa. Todos quedaron en silencio. Mi esposa había muerto el 5 de diciembre de un ataque cardíaco. No lo podía creer. Entonces me desesperé y por eso también me castigaron. Luego averigüé y reconstruí por qué murió mi esposa. Llamaban a la casa, donde ella estaba aterrorizada, y le hacían escuchar las cassettes con mis gritos en la tortura, y las de otros. Incluso un día le enviaron una uña ensangrentada en una gasa para decirle que me habían arrancado las uñas. Mi esposa comenzó a estar mal y ese día no soportó más y su débil cuerpo se quebró. Yo estaba destruido. Aquello era algo que nunca, ni siquiera en los relatos horrorosos, había podido imaginar".

Desde allí Almada fue llevado con otros presos a la Comisaría Primera, asiento de Interpol de Paraguay donde había unos 43 detenidos. "De esos días recuerdo que fui conociendo más horrores. Entre las historias que iba escuchando, la de Corazón Benítez, un campesino del partido Colorado, me dio la dimensión de que estábamos en una inmensa cárcel olvidada. Benítez había sido denunciado por un intrigante que se quería quedar con sus tierras. En su casa pobre tenía un antiguo fusil mausser del año 32, como tiene mucha gente en el monte. Viejo y oxidado fusil de la guerra del Chaco que sirvió para justificar no sólo la prisión sino las terribles torturas por las que pasó este hombre.

"En algunas zonas de Paraguay el horror había quedado para siempre después del paso del general Patricios Colman, que asesorado por norteamericanos, arrasó aldeas enteras en busca de una guerrilla, muy pequeña, que surgió desde Argentina en 1959-60 en un intento desesperado por frenar a aquella dictadura feroz."[1]

Entre los casos que recuerda también Martín Almada, en su libro *Paraguay: la cárcel olvidada*[2] se encuentra uno que está específicamente vinculado a la Operación Cóndor. "Un compañero, que luego de ser torturado en el Departamento de Investigaciones fue llevado al Hospital Policial Rigoberto Caballero, nos comentó sobre María Rosa Aguirre, paraguaya, esposa de un dirigente Tupamaros de Uruguay, que fue muerto al parecer en las afueras de Montevideo. María Rosa fue detenida y torturada en Uruguay y luego entregada a la policía paraguaya dentro de la Operación Cóndor. Tenía unos 20 años y estaba embarazada de ocho meses. La habían torturado terriblemente en un lugar de la calle Chile y había perdido la razón. Dio a luz una niña, sin ninguna atención médica, el 31 de diciembre de 1975 y murió. La niña fue entregada a una institución religiosa."

Ahora Almada decidió buscarla. En esa búsqueda reconstruyó algo de la historia de los últimos días de María Rosa, quien, ya con la razón perdida, era obligada a lavar el cuerpo de los prisioneros que morían en el policlínico. ¿Dónde estará la hija de María Rosa Aguirre? Esta es otra pregunta que la Comisión de Derechos Humanos del Paraguay intenta responder.

"Me considero víctima de la Operación Cóndor, si bien se dice que se institucionalizó en 1976, algunos datos refieren que todo comenzó en aquellos tiempos de la amistad de Pinochet y Stroessner. De hecho los documentos encontrados muestran que se enviaban ya mensajes y cartas en los años 74 y 75. Quiero recordar que el 3 de mayo de 1976 fui llevado con otros prisioneros a la llamada Comisaría tercera, muy bien conocida por los hombres de la CIA en Paraguay. Allí por primera vez tomé contacto con dirigentes comunistas que estaban presos. Como una ironía, la dictadura me puso en contacto con aquellos hombres, en los que observé una gran dignidad. Estaban allí los presos más antiguos de América. Ananías y Antonio Maidana, Alfredo Alcorta, Julio Rojas, Virglio Bareiro, Severo Acosta Aranda, Dimas Priscilliano, Felipe Vera Báez, Ignacio Chamorro y Antoliano Cardozo. Llevaban más de 20 años de prisión, la mayor parte de ellos. Aunque los Maidana habían sido liberados, Stroessner nunca los quiso dejar salir. Le llamé a este lugar el Sepulcro de los vivos. Yo debo confesar que tenía una idea totalmente falsa de los comunistas. Se hablaba tanto en Paraguay, que como a mucha gente, creaba confusiones y temores sin lógica. Ellos me demostraron una gran dignidad, serenidad, un gran rigor moral. Eran muy respetuosos cuando nosotros escuchábamos la radio católica. Fue para mí una gran enseñanza. Aprendí mucho con ellos y fundamentalmente a respetarlos. Antonio Maidana fue después víctima del Cóndor, cuando, ya liberado, fue secuestrado en Buenos Aires, Argentina y desapareció."

El 7 de setiembre de 1976, Almada y otros prisioneros fueron trasladados nuevamente. "Eramos unas 30 personas y no sabíamos si nos llevaban a la muerte o a alguna otra mazmorra. Pero nos sorprendimos cuando estábamos saliendo de Asunción. Era un día de otoño. Después de dos horas de viaje llegamos hasta un lugar que no conocíamos. Nos hicieron descender y vimos varios vehículos militares. Entramos entonces en una especie de fortaleza militar. Era el campo de concentración de Emboscada. Caminamos un tiempo entre muertos-vivos, pero vi algo que me estremeció. Había allí muchos niños. Pensé que mi cabeza me estaba jugando una mala pasada, que estaba soñando que era un campo de concentración de la Segunda Guerra Mundial. Había grupos que, como nosotros, acababan de descender de los camiones. Eramos unas 400 personas. Después nos ordenaron ocupar las celdas. 25 de nosotros fuimos tendidos amontonados en el piso, en un lugar que era al parecer nuestro dormitorio. Por un campesino de la zona que estaba detenido supimos que este lugar se llamaba Emboscada. Era una antigua aldea fundada en la época del doctor Gaspar Rodríguez de Francia en el siglo pasado, para contener los ataques de los indios guaycurúes. La construcción de la fortaleza se había iniciado durante el gobierno de Carlos A. López y se concluyó durante la guerra de 1932 a 1935. Durante estos últimos años Minas-Cué sirvió de alojamiento a los prisioneros de guerra bolivianos. Al término de esta guerra, el inhóspito local fue destinado a penal de menores. Ahora, en 1976 estaba yo entrando como desde un túnel del tiempo en esta otra historia de Emboscada. En los años 70 fue convertida por Stroessner en campo de concentración. Pero su propia historia como lugar de tantos sufrimientos, parecía pegarse al cuerpo de uno.

"En este campo de concentración conocimos, con la doctora Sannemann, muchos casos de prisioneros extranjeros y de los intercambios de Cóndor.

"¿Podía yo olvidar todo lo que pasé hasta que en 1977 la solidaridad internacional me arrancó, después de nuevos cambios y nuevos tormentos en distintos lugares de detención? Hice una huelga de hambre decidido a morir. Estuve considerado prácticamente muerto. Incluso me sacaron en una loneta, pero los compañeros gritaban que estaba vivo y así lograron salvarme. Mucho de esto todavía lo voy reconstruyendo lentamente, cuando alguien me pregunta vuelvo hacia atrás y algunos recuerdos surgen otra vez. En 1977 la solidaridad internacional me rescató.

"Fui dejado en libertad, pero cada día debía presentarme ante mis torturadores. Decidí asilarme y lo hice por medio de la Embajada de Panamá, con mis hijos. Estaba destruido física y moralmente. En Panamá todo fue solidaridad. Tengo escritos los nombres de aquellas personas que me ayudaron. El general Torrijos me hizo declarar huésped de honor, tratando de que se me borrara algo del horror vivido. Luego tomé otros rumbos, pero Panamá fue para mí el reencuentro con la vida. ¿Puedo y debo olvidar lo que viví, lo que vi? Siempre supe que no quería morir sin encontrar algo de justicia. En los Archivos de Paraguay encontré mis documentos, los datos falsos sobre mi persona y mi detención, mi propia fotografía, mis gritos grabados, los recuerdos, el destino de muchos que habían pasado a mi lado, de otros que vi torturar, de los desaparecidos.

"Sé que no debo olvidar porque esta historia debe tener un final. No es por mí. Esta historia mía es repetida y en otros casos mucho más terrible. Por ese mundo alienante pasaron miles de paraguayos y extranjeros. Yo exijo justicia. no la pido. Y también exijo que Estados Unidos asuma su responsabilidad en esto, porque allí en los archivos está muy claro todo. Por su propia democracia deben hacerlo."[3]

Notas

1. Entrevista de la autora con Martín Almada, Asunción, febrero de 1993.

2. Martín Almada, *Paraguay: la cárcel olvidada, el país exiliado*, Ediciones Ñandutí Vive, Intercontinental Editora, octava edición, Asunción, 1993, pág. 54.

3. *Ibid.* 1.

10

LOS CAMINOS DEL CÓNDOR

La médica Gladys Mellinger de Sannemann residía en Candelaria, Misiones, Argentina, como exiliada de Paraguay. Aunque pertenecía al Partido Colorado, en un sector disidente interno, su experiencia profesional en el Hospital Rigoberto Caballero de Asunción terminaría llevándola a denunciar violaciones a los derechos humanos, de las que fue testigo. La ruptura definitiva de Sannemann se produjo cuando se negó a firmar un certificado de defunción falso en el caso de un obrero muerto por torturas. Sus denuncias ante diferentes autoridades fueron avaladas por varios jóvenes, la mayoría profesionales del Partido Colorado, quienes finalmente fueron expulsados del mismo bajo los cargos de "traidores partidarios", "desertores", "subversivos", "terroristas", "comunistas", lo que significó una orden de persecución.

Sannemann salió al exilio con su esposo, Rodolfo Jorge Sannemann (Rudy), quien ya había estado en prisión anteriormente. Se establecieron en Candelaria, una población situada a 40 km de Posadas, la Capital de Misiones. Allí vivía esperando alguna oportunidad de regreso, cuando el 24 de marzo de 1976, en momentos en que estaba atendiendo a varios pacientes en su consultorio (y casa), llegaron "fuerzas combinadas" del Ejército, la Gendarmería y la Policía Federal. Sin mediar órdenes, allanaron el lugar, entre gritos de pacientes aterrorizados.[1] La sorpresa mayor –como relata Sannemann– fue que al frente del operativo iba Juan Carlos Ríos, a quien hasta ese instante, "tenía por visitador médico". Nadie había avisado a la policía provincial. Para justificar el operativo y ante el asombro y la incredulidad de todos sus vecinos y pacientes, los jefes de las "fuerzas combinadas" acusaron a la médica de "traficar con drogas" y de haber "asesinado a un paciente".

Sannemann fue detenida, pero los vecinos impidieron que se llevaran a sus hijos Ruth de 13 y Martín de 14 años. Allí comenzó el gran viaje de Sannemann. La llevaron a Posadas, a una unidad regional de la policía, donde la mantuvieron esposada y engrillada, en una celda pequeña y húmeda, iluminada todo el tiempo por luces potentes. En las horas y días siguientes fueron llegando nuevas detenidas. La cacería de la dictadura argentina había comenzado. Y también la ronda de los tormentos.

Unos días después, su esposo, Rudy Sannemann, fue también detenido en Candelaria. "Rudy nunca quiso relatar sus negros días, sus pesadillas en las prisiones de Posadas y finalmente en la Policía Federal de Buenos Aires adonde fue trasladado. Desde allí y por exigencias de la Embajada alemana, Rudy salió desterrado hacia Alemania, después de 10 meses de cautiverio sin razón alguna. Tiene lesiones de fracturas óseas y disminución auditiva por los golpes."

La salud de Gladys se deterioraba por hemorragias constantes. El 28 de julio de 1976 la sacaron del lugar, encapuchada y esposada, y se la llevaron en una camioneta policial, escoltada por otros automóviles, en lo que describe como "un operativo aterrador".[2]

A poco andar, vio que habían llegado al puerto de Posadas, Misiones. "Un escalofrío recorrió mi cuerpo. El río, desde tiempos inmemoriales, esconde el secreto de miles de desaparecidos en uno u otro margen." La esperaba una lancha de la Prefectura Naval Argentina con varios uniformados a bordo. Un militar le leyó una orden de expulsión. "Y así, a oscuras, a medianoche, como en una operación de criminales, crucé el río que divide a ambos países y regresé a Paraguay, mi país de origen."[3]

En el otro lado la esperaba el inspector policial Rigoberto Fernández, quien le recomendó que "no creara problemas". Sannemann tenía entonces 48 años. La subieron a un automóvil escoltado por otros. "Entre penumbras, como una pesadilla, vi desfilar ante mí, campiñas, poblaciones y cercanías grisáceas, que en la oscuridad cobraban formas fantasmagóricas."[4]

Se quedó adormecida hasta que despertó nada menos que en las dependencias de la Policía de Investigaciones de Asunción. El primer interrogatorio fue el 29 de julio de 1976, unas pocas horas después de su llegada. "El régimen de Stroessner me dio la 'bienvenida' en esa sesión, después de 17 años de ausencia forzosa del país. Las preguntas iban y venían y giraban en torno al Movimiento Popular Colorado (MOPOCO) y sobre mis andanzas desde el año 1959 hasta esos días."[5]

Pero de su paso por Investigaciones, la doctora Sannemann se llevó los nombres de varios detenidos-desaparecidos que el régimen de Stroessner siempre negó tener. Entre ellos –unos 400 presos hacinados en el primer piso– escuchó los nombres de: Rodolfo y Benjamín Ramírez Villalba, hermanos, de Carlos José Mancuello y su esposa, una joven argentina que había tenido un niño en prisión, Gladys Esther Ríos (cuya historia veremos más adelante), de Amílcar Oviedo Duarte. "Se los llamaba 'los intocables' porque estaban siempre incomunicados y estaban, esos jóvenes, con el torso desnudo (…) se los veía con la piel color cetrino, delgados y con visibles cicatrices a raíz de las bestiales torturas sufridas." Registró que en la celda contigua a la suya estaban el argentino Amílcar Santucho (quien también compartió días con Almada) y Alberto Alegre Portillo, "ambos terriblemente torturados, quienes permanecían totalmente aislados, y les pasaban algo de comida sucia por debajo de las puertas de sus celdas".[6]

El 21 de septiembre de 1976 fue trasladada al campo de Concentración de Emboscada, que para ella se asemejaba a una "fortaleza de avanzada contra enemigos invisibles, levantada a pasos del desembarcadero de Arecutacuá, sobre el Río Paraguay y a pocos kilómetros de la población de Emboscada".

Era jefe del lugar el coronel Félix Grau, especialista en represiones campesinas. Cuando ella llegó había unos de 370 prisioneros políticos: "270 varones, 79 mujeres, 14 adolescentes de ambos sexos y 18 niños, casi todos lactantes y algunos nacidos en cautiverio".[7]

Los relatos de Sannemann sobre aquel campo de concentración en una zona tropical, escritos en un lenguaje propio y a la vez despojado, que les da su gran dimensión de tragedia, deberían figurar en la historia del horror latinoamericano. Uno de ellos está referido a 29 detenidos de una sola familia en el lugar: "tres generaciones juntas formaban parte de la población del campo de Emboscada (…) los 29 habían sido detenidos en abril de 1976 en el Departamento de Investigaciones de la Policía de la Capital. Pasaron a Emboscada en septiembre de 1976. La familia estaba formada alrededor de doña Ascensión Maidana de López de 73 años, cuyos cuatro hijos mayores –Adolfo, Policarpo, Elicto y Francisco López– desaparecieron durante la represión policial (…) el vocablo 'desaparecido' en Paraguay era sinónimo de asesinato. En prisión estaban su nuera y sus nietos, uno de los cuales nació allí mismo. Toda la familia, salvo el abuelito de 80 años, quien había sido abandonado, ciego, entre las ruinas de lo que fue la vivienda familiar, para no cargar los represores con él".[8] Pacientemente la médica trazó los planos de Emboscada y fue anotando la lista de prisioneros, como podía hacerlo. Allí están en su libro esos casi 400 nombres que ella no quiere borrar de su memoria.

El 19 de marzo de 1977, los jefes de Emboscada le ordenaron

prepararse para salir. La llevaron otra vez a Investigaciones de Asunción donde se registró su "libertad", pero continuó detenida aunque ella ya sabía que tanto Alemania como la Iglesia Católica habían realizado una campaña sin descanso para sacarla de allí. Otra trampa debió sortear. La policía de Paraguay le dijo que iba a salir desde la Embajada alemana en Asunción y le pidió la dirección de sus hijos para ir a buscarlos. Así que al poco tiempo su hija Ruth María estaba encerrada con ella en una celda. Pero finalmente las llevaron en un avión de las Fuerzas Armadas argentinas hacia Buenos Aires. "Yo cruzaba así nuevamente la frontera paraguayo-argentina en un operativo bajo el signo de la Operación Cóndor."[9]

En Buenos Aires fueron "alojadas" nada menos que en la Escuela de Mecánica de la Armada (ESMA), desde donde finalmente las rescataron diplomáticos de la Embajada alemana que las llevaron hasta el aeropuerto, y desde allí a su largo exilio. "Mi historia al fin puede ser contada, porque sobreviví, pero miles no pueden decirlo. Por esa razón yo no puedo ni debo olvidar. Hablo por los que no están. Por eso también no me detengo en mis sufrimientos. Comparados con lo que pasaron otros, ésta es una historia más."

Cuando se descubrieron los archivos, Sannemann pudo demostrar que todo lo denunciado ante los organismos internacionales, estaba confirmado allí en esos partes de guardia, entradas y salidas, en los documentos fríos de los funcionarios del régimen de Stroessner.

Brasil en escena

En su libro *Paraguay en el Operativo Cóndor,* publicado en 1989, en el capítulo primero[10] la doctora Sannemann da cuenta del secuestro, en Buenos Aires, de los exiliados brasileños mayor Cerveira (Joaquín Pérez) y Edmur Pericles, quienes "fueron transportados para centros de tortura en la Argentina o fuera de ella. Edmur desapareció al igual que otros exiliados brasileños como João Batista Rita, Pedro Lachechia, los hermanos Carvalho, Onofre Pinto, Van e Helga. El mayor Cerveira, gracias a las denuncias internacionales, fue localizado con vida en una prisión de Río de Janeiro, después de ser brutalmente torturado, según *Nosso Tempo*".[11]

Un informe sobre Derechos Humanos, el Movimiento por la Paz, la Soberanía y la Solidaridad entre los Pueblos (MOPASSOL),[12] revela que el mayor Joaquín Cerveira, del Frente de Liberación Nacional (FLN) y João Batista Rita fueron secuestrados en Argentina a fines de 1973, al parecer por comandos brasileños, apoyados por fuerzas de seguridad locales. En enero de 1974, la esposa de Batista Rita se enteró de su muerte, mediante un mensaje anónimo. Otros brasileños desaparecidos en Argentina, antes y durante la dictadura, que cita el informe son: Sydney Marques Dos Santos, Francisco Tenorio Cerqueira, Luis Do Lago Farías, Jorge Alberto Basso, (secuestrado un mes antes del golpe, al parecer con intervención de la Triple A), Walter Nelson Fleury, Sergio Fernández Tula, Roberto R. Rodríguez, María Regina Marconde Pintos (también secuestrada en abril de 1976), Vitor Carlos Ramos (quien podría haber sido secuestrado en la zona fronteriza).

El 1º de diciembre de 1974, durante la presidencia del general Ernesto Geisel, las fuerzas brasileñas secuestraron, por solicitud de Paraguay, a Rodolfo Mongelós, Aníbal Abate, Alejandro Stumpfs y César Cabral, "y gracias a la presión internacional y brasileña no fueron enviados a su país de origen".[13]

Sannemann relata, que cuando el general Stroessner viajaba a la zona fronteriza de Foz de Iguazú, todos los paraguayos exiliados en la frontera eran detenidos y concentrados obligatoriamente en "la quinta del Batallón de Fronteras", ubicada a seis kilómetros, más o menos, del Puente de la Amistad, camino a Itaipú (Brasil).[14]

El posterior descubrimiento de archivos policiales en Brasil, permitió entrecruzar informaciones que ratificaron también las denuncias de Sannemann. El 17 de enero de 1992 el semanario paraguayo *La Opinión* publicó la información de que César Chiner, Presidente de la Comisión de Derechos Humanos de Porto Alegre, Curitiba, denunció que en un edificio del centro administrativo de esa ciudad, había importantes documentos archivados. El gobernador de ese estado de Brasil, Alen Collares, incautó 45 cajas con unas 62 mil fichas de políticos nacionales y extranjeros, y varias comisiones parlamentarias lacraron esos sobres para protegerlos y luego los documentos fueron exhibidos en Brasil. Estos archivos permitieron determinar la suerte de más de un centenar de desaparecidos en ese país y allí figuraban precisamente los nombres de Stumpfs, Mongelós Cabral y otros citados por Sannemann en párrafos anteriores.

En Brasil, 152 personas desaparecieron durante la dictadura. Ese país fue uno de los modelos de los centros de tortura y sus métodos temibles produjeron miles de víctimas.

Una comisión investigadora del estado de Río Grande Do Sul, presidida por el diputado Antonio Marangón, estudió los archivos de la Policía Política Brasileña, del tan temido Departamento de Orden Político y Social (DOPS), cuyos primeros indicios habían surgido en septiembre de 1991, más de un año antes del descubrimiento de los Archivos de Paraguay.[15]

"El contenido de estos documentos obligó a la instalación de una Comisión Investigadora, en junio de 1992, cuando se comprobó que el espionaje político seguía vigente aún después de la disolución del DOPS".[16]

Entre la documentación de esta Comisión se encuentran Informes confidenciales del DOPS, de marzo de 1978, con órdenes para localizar y detener a unos 25 uruguayos, a pedido de la dictadura de Uruguay. Existe un sello al pie de la solicitud que indica "el destinatario es responsable por la mantención del secreto" y advierte que "en caso de localizar a los investigados se pide el máximo secreto".[17]

En la lista figuran: Rubén Alberto Collins, Fracisco Laurezo, Hilda Diez Mena, Luis Eduardo Andreolo, Juan José Montaño, Gonzalo Fernández Gómez, Dante Bregonzi, Angel Acevedo Durán, Adelina Braselli, Pablo Barroso Mura, Luz Diez Olazábal, Gabriel Kertesz, Harley Lacuesta, Víctor Walter Muñoz, Alberto Washington Perdomo, Luis Alberto Poggi, César Daniel Castro, Rafael Pin Zavaleta, Hernán Feliciano Presnoy y Luis Diego Sobrino Berardi.[18]

El periodista uruguayo Samuel Blixen, quien investigó este tema, sostiene que existía un informe sobre la vigilancia de una reunión mantenida en Porto Alegre por el político uruguayo Wilson Ferrerira Aldunate, en febrero de 1983, donde se había citado con un grupo de militantes de su partido. Dos agentes uruguayos y brasileños, fueron los encargados de instalar micrófonos en la habitación 1203 en el sexto piso del City Hotel en esa ciudad brasileña. Las copias de los informes fueron entregadas al embajador uruguayo en Brasil, Alfredo Platas.[19]

En este mismo sentido, un documento confidencial enviado por la Embajada de Brasil en Paraguay, informa a la policía de Stroessner sobre una reunión de exiliados paraguayos en Resistencia, la capital del Chaco, provincia argentina, fronteriza con Paraguay. Entre los nombres citados figura precisamente el del médico Agustín Goiburú, quien como veremos se transformó en unos de los casos más emblemáticos de la Operación Cóndor.[20]

De las relaciones de Brasil con Paraguay hay suficientes documentos, entre ellos la citación enviada por el general Alejandro Frestes Dávila, jefe de ESMAGENFA, dirigida al general Francisco Britez, para informarle sobre una reunión que iba a transcurrir entre el 3 y 7 de mayo de 1976, en la que participarían en la IV Conferencia Bilateral de Inteligencia entre los ejércitos de Brasil y Paraguay. El sumario estaba referido a "Actividades subversivas internas y su conexión con el exterior", desde el mes de noviembre de 1974 a la fecha. El documento está fechado el 27 de abril de 1976 y lleva el membrete del Comando en Jefe de las Fuerzas Armadas de Paraguay.[21]

Otro documento confidencial de la Embajada de Brasil en Paraguay contenía un informe detallado de exiliados políticos en Resistencia, donde aparecen detalles de cada uno de los nombrados, entre ellos, el doctor Goiburú, Liborio Ramón Alderete, Alipio Morínigo, Ignacio Benigno Fernández, Ignacio Barrios Samaniego y Julio Vargas.[22]

El 7 de julio de 1976 en una nota enviada por Fretes Dávalos a Pastor Coronel, jefe de Investigaciones de la Policía de Stroessner, se le hacía llegar una invitación para asistir a una conferencia del general brasileño João de Oliveira Figueiredo, quien iba a hablar ante sus amigos paraguayos sobre "los principios fundamentales en los que se basa un servicio nacional de inteligencia".[23]

En uno de los informes enviados desde Brasil a Paraguay aparece una lista de paraguayos y su ubicación en distintas ciudades brasileñas. Allí figura Remigio Giménez –quien residía en São Paulo, citado en el primer libro de Sannemann sobre la Operación Cóndor como secuestrado en Brasil y entregado a Paraguay en 1978–, Aníbal Abatte y Rodolfo Mongelós (residentes en Foz de Iguazú), y que también son mencionados por la médica como secuestrados por la fuerzas militares brasileñas.[24]

Existen varias solicitudes de colaboración para la detención de disidentes brasileños, como el caso de Noemí Díaz Martínez, antropóloga de 25 años, que realizaba estudios en una reservación indígena a 300 km de Itaipú, en Paraguay, o la detención de Sidney Gonçalves Lina, en Asunción. Asimismo en un despacho cablegráfico del Ministerio del Interior (Sección claves y cifrados), firmado por el Dr. Moisés de Oliveira, jefe de la Policía Federal (Guaira-Brasil), se solicita al Departamento de Investigaciones Paraguayos que envíe una nota oficial para entregarle al prisionero José Carlos María Ríos (...) que "se encuentra detenido en Río de Janeiro". El documento está fechado el 23 de octubre de 1979.[25]

Pero uno de los casos que tuvo más difusión pública fue el secuestro de los ciudadanos uruguayos Lilian Celiberti, Universindo Rodríguez y sus dos hijos, de 9 y 3 años, el 12 de noviembre de 1978 en la terminal de ómnibus de Porto Alegre, Brasil. En dicha operación participaron un grupo de Contrainformación de la dictadura uruguaya y miembros del DOPS, los que tuvieron a su cargo la responsabilidad de secuestrarlos y entregarlos a sus colegas de Uruguay. Al frente del llamado *Operativo Zapatos Viejos* estaba el capitán brasileño Eduardo Ferro y por Uruguay Glauco Yanonne. El Estado Mayor del Tercer Cuerpo del Ejército de Brasil había dado su autorización, pero esta operación fue denunciada por varios medios de comunicación y el general João Figueiredo, dijo, para justificarse, que la familia había "abandonado voluntariamente" Porto Alegre y viajado hacia Uruguay, donde estuvieron detenidos cinco años.

El 23 de noviembre de 1993, algunos testigos, como Adelio Díaz, cobrador del autobús, quien presenció el secuestro, testimonió lo que había visto 15 años atrás, y también Edgar Juquer, delegado de la Policía Federal, quien investigó el caso, confirmó que habían participado los agentes del DOPS, pero que guardó silencio con la condición de que los uruguayos respetaran la vida de los dos niños. Si en aquellos días no hubiera salido el informe del secuestro de inmediato, el matrimonio y sus hijos hubieran encontrado un trágico final.[26]

Sobre este caso, Mauricio Lee Gardo publicó en su libro, *Confesiones para un genocidio*,[27] el testimonio de Hugo García, un militar de Inteligencia de Uruguay, quien participó en el secuestro de Celiberti y Rodríguez.

"Desde un primer momento yo hablé de esto. Estando yo en Uruguay alerté de esto. Voy a contar a grandes rasgos el caso: es que Lilian Celiberti y Universindo Rodríguez fueron secuestrados en Porto Alegre; esto salió de una operación que la 'Compañía' (de contrainformaciones) inició en Montevideo contra el Partido por la Victoria del Pueblo. Unos miembros de ese partido hablaron en la tortura y dijeron que sus contactos los tenían en Brasil y que a través de Porto Alegre en Brasil, venía el periódico clandestino para ser distribuido en Uruguay, y que los contactos eran Lilian Celiberti y Universindo Rodríguez. La 'compañía' (el grupo especial donde García recibió adoctrinamiento anticomunista y otros temas de inteligencia, de acuerdo con su relato) planificó ir a Brasil a secuestrarlos. Primero lo plantearon sin el consentimiento de los militares brasileños, pero luego vieron que podía ser peligroso, se podía crear un conflicto y optaron por tomar contacto con los brasileños y con el DOPS; formalizaron un acuerdo e inmediatamente el DOPS dijo que ellos le prestaban el apoyo para la operación. Esta operación se llevó a cabo. Se secuestró a Lilian y Universindo y a los niños, pero algo les falló a mis jefes: llegaron unos periodistas en el momento en que estaban en el secuestro y claro, los periodistas fueron inmediatamente a denunciar el caso de que había ocurrido un secuestro allí. Mientras tanto, Universindo, Lilian y los niños eran trasladados a Uruguay. Como esto había sido denunciado, a los militares no les quedó otra posibilidad que entregarles los niños a los abuelos. La policía declaró que Lilian y Universindo habían sido apresados en territorio uruguayo intentando entrar en el país, portando armamento, documentos falsos y propaganda subversiva. Todo esto es mentira. El armamento era de la misma 'compañía', los documentos falsos se los preparó la 'compañía'. Yo les saqué las fotos, les saqué las huellas dactilares a ellos. Luego del secuestro se trasladaron al Uruguay un grupo de periodistas y abogados brasileños. Nosotros tuvimos la misión de vigilarlos en el hotel y nos dieron el salón Rojo de la Casa de Gobierno (...) yo ya en esa época andaba muy resentido (...) entonces debido a todo esto llamé al hotel y hablé con el abogado Omar Ferri y le dije: yo soy una

128 ──────────────────────────── LOS AÑOS DEL LOBO

persona que sabe que ustedes están siendo vigilados en este momento, ustedes vienen por el secuestro de Lilian y Universindo en Porto Alegre. Yo soy la persona que participó en el secuestro, les pido que ustedes tengan cuidado. En Montevideo no hay mucha seguridad, de pronto a ustedes los atropellan con un auto."

García se reunió mucho después con el doctor Ferri en Brasil y relató que presenció las torturas a las que fueron sometidos Lilian y Universindo y testimonió también que los niños Rodríguez estuvieron en casa de un oficial del Ejército de Montevideo, cuyo nombre dijo no recordar. "Estuvieron unos días allí. Yo estuve en esa casa en el centro de Montevideo. A los niños se les trató bien, desde el punto de vista de que eran prisioneros." Reconoció la existencia de varios centros clandestinos en Montevideo como los locales de la llamada "Compañía" o el Servicio de Informaciones de Defensa: "Ellos tienen unos sótanos donde se usan refinados métodos de tortura y tienen detenidos clandestinos, y el FUNSA, Fusileros Navales, tiene una cárcel donde todos son detenidos clandestinos".

Pero García habló también de la presencia de Estados Unidos en Uruguay:

"En el comando General del Ejército había una misión americana estable, que, creo, James Carter, cuando terminó con la ayuda militar en Uruguay, retiró esa misión, pero en realidad siguieron trabajando desde la misma Embajada de Estados Unidos, o sea, lo único que hicieron es cambiar de cuartel. Ellos tienen una constante presencia en el ámbito de las Fuerzas Armadas, además la Escuela de Inteligencia. Una vez cuando yo estaba en el curso fue un norteamericano, incluso hablaba español, resaltando la imagen de la Escuela de Inteligencia, como una escuela muy avanzada en América Latina. También puedo señalar que de la Compañía de Contrainformación salió una operación llamada triple 013, que consistía en vigilar a todos los funcionarios de la Embajada soviética, incluso al jardinero que era uruguayo y a un funcionario de Relaciones Exteriores que al parecer era contacto de la Embajada soviética (...) aquí aparecía un americano en especial que yo no conocía (...) esa operación era financiada con muchos dólares porque los que participaban en la operación andaban con puros dólares en los bolsillos".

También reconoció que en las clases de interrogatorios y torturas se utilizaban seres humanos y llevaban para el aprendizaje a "estudiantes" para ver "si podían soportar" lo que veían. Además dijo que se torturó a militares uruguayos que no participaban en la dictadura y que él mismo grabó algunos interrogatorios.

Argentinos desaparecen en Brasil

En esta cronología del horror, un documento que vimos en los primeros días de la revisión de los archivos, que desapareció después, era un informe dirigido a Pastor Coronel desde Brasil (sin firma) donde mencionaba como un dato del "buen trabajo de los brasileños", la desaparición de varios argentinos en dicho país. 1974: el estudiante Enrique Ruggia. En 1978, el periodista Norberto Habegger, que había sido apresado en el Aeropuerto Internacional del Galeão, en Río de Janeiro, cuando ya estaba en funciones el Cóndor. Mencionaba como "detenidos en operación conjunta" a Lorenzo Viñas, estudiante, de 24 años y Jorge Adur, sacerdote, de 48 años, "tomados" en Uruguayana, la frontera de Río Grande Do Sul con Argentina.

El informe databa de 1981. Pero otros datos de Derechos Humanos confirman que además fueron entregados en el aeropuerto del Galeao en 1980, Horacio Domingo Campiglia, de 30 años, y Mónica Susana Pinus Bisntock, y más tarde Gregorio Bregstein. Varios de ellos estaban en tránsito y algunos desde México, lo que hizo sospechar a los exiliados argentinos en ese país, que había una infiltración, por medio de la cual se avisó a Argentina sobre estos viajes y los servicios de seguridad o los "Cóndores" habrían realizado el operativo conjunto de los secuestros. Todos están desaparecidos y sólo en 1996, Brasil reconoció las "muertes" de Ruggia (aparentemente fusilado en el estado de Paraná) y de Adur. En los años 1969, el Departamento de Orden Político y Social (DOPS) se había reforzado por órdenes de la Marina y Aeronáutica. Esto se ampliaría con una más fuerte coordinación en el Departamento de Operaciones Internas (DOIS). De todos ellos aparecen informes en los Archivos de Paraguay.

Fronteras del miedo

Como puede verse, el intercambio de personas era casi cotidiano. El 2 de diciembre de 1976, al mediodía, un automóvil, relativamente nuevo llegó a la frontera argentino-paraguaya. De acuerdo con un informe hallado en los Archivos y firmado por un jefe militar paraguayo de la zona, "llegó a esta jefatura el 'S2 de RI 29 de Monte', Formosa (Argentina)", quien llevaba en la valijera de su coche al ciudadano paraguayo Domingo Rolón Centurión. El informe sostenía que "el mencionado ciudadano fue detenido el 17 oct 76 en Puerto Pilcomayo" Argentina, al intentar "ingresar a ese país con un certificado de radicación falso". Se menciona la "Acción tomada" en este caso: "A) comunicar al jefe del ESMAGENFA. B) Hacer entrega del ciudadano al Departamento de Investigaciones de la Policía de la Capital. C) Acompañar las investigaciones realizadas por este Departamento".[28]

Destacaba la nota que el detenido "confesó pertenecer a la Organización Político-Militar (OPM)", el nombre inventado por el temible Pastor Milcíades Coronel, quien mediante este argumento desapareció a cientos de campesinos, y torturó a otros miles, todos ellos de las Ligas Agrarias Cristianas de Paraguay.

Tratando de seguir el hilo de algunos casos, durante la investigación volvimos a encontrar a Centurión Rolón como prisionero en el campo de concentración de Emboscada, donde fue atendido varias veces por la doctora Gladys Sannemann, debido a las torturas. Centurión Rolón fue ubicado por periodistas del diario *ABC Color* de Asunción en 1992, cuando se supo que había sido entregado por los militares argentinos. "Me trajeron a Investigaciones, en donde estuve preso y me torturaron durante un año y pude ver y conocer a todos los torturadores que estaban allí."[29] Fue un caso típico de Cóndor, una víctima más del terror.

Gladys Esther Ríos, la joven argentina que Sannemann y Almada describen y que fue llevada también a Emboscada, era la esposa de Carlos Mancuello, estudiante de ingeniería, detenido en Asunción, y quien fue asesinado después de inenarrables torturas junto con Amílcar Oviedo en la madrugada del 22 de diciembre de 1976, en las oficinas de Pastor Coronel. En los archivos apareció el nombre de Ríos[30] como entregada, con su hijo, a las autoridades argentinas en la zona fronteriza de Puerto Falcón. La recibió el inspector Marcos Acosta, el 12 de noviembre de 1977. La investigación que realizamos sobre este caso nos llevó a buscar más datos entre los detenidos en el campo de concentración de Emboscada y algunas informaciones determinaron que Ríos y su hijo sobrevivieron y viven en algún lugar del norte argentino. También ésta es otra historia que permitieron reconstruir los Archivos.

Los secuestros de Juan José Penayo y Cástulo Vera Báez (paraguayos) simbolizan las características de la Operación Cóndor. Penayo era un dirigente comunista que ya había estado detenido en la Dirección Nacional de Asuntos Técnicos y en la Comisaría Tercera de Asunción, donde algunos hombres de la CIA lo habrían interrogado, según denunció en su momento. En los Archivos de Paraguay aparecieron varios informes sobre Penayo y Vera Báez con todos sus datos.[31]

En 1976 Juan José Penayo fue detenido por fuerzas de seguridad argentinas en Puerto Iguazú, y a partir de ese momento desapareció. Sin embargo, fue visto por otros detenidos en el Departamento de Investigaciones de Asunción junto con Vera Baéz. Aunque la policía paraguaya negó su detención, en uno de los libros de "entradas y salidas de detenidos" encontrados en los archivos, se constata que el 28 de febrero de 1977 Penayo entró en Investigaciones, pero no existe salida. Precisamente, entre los documentos desenterrados cuando se descubrieron los archivos, se encontraba la cédula de identidad de Juan José Penayo expedida en Buenos Aires, Argentina, en 1972.[32]

Los archivos permitieron así cerrar esta dramática historia, ya que en un largo informe del Departamento de Investigaciones de Pastor Coronel, fechado en Asunción el 2 de febrero de 1977, se reconoció que ambos desaparecidos fueron entregados por las autoridades de Puerto Iguazú, Argentina.[33]

Uno de los documentos más importantes y que muestra el grado de colaboración entre las fuerzas represivas, es el siniestro informe de los torturadores Camilo Almada Sapriza y el subcomisario Lucilo N. Benítez. El documento tiene el membrete de la policía de la capital, Departamento de Investigaciones, y está fechado en Asunción el 6 de noviembre de 1978. El informe enviado a Pastor Coronel resalta la "favorable acogida de parte de las autoridades argentinas, en especial la del señor comandante, de los señores jefes y oficiales del Departamento de Inteligencia Militar N° 601 y elementos del SIDE (Servicio de Inteligencia del Estado de Argentina), quienes nos facilitaron para que personalmente realizáramos el interrogatorio de los miembros de la Organización Político-Militar Primero de Mayo, detenidos en ella" (Buenos Aires).

Informan los torturadores que la llamada Organización Político-Militar "estaba en reorganización", al mando de "Nidia González Talavera e Ignacio Samaniego Villa Mayor", y mencionan varios de los nombres que, según ellos, participaban en un supuesto grupo "comuneros en Buenos Aires"; entre estos nombres figuraban la misma Talavera, Jorge Agustín Zabala y Rodolfo Bogado Tabackman.[34]

Samaniego figura en la lista de paraguayos desaparecidos en Argentina durante la dictadura y había sido secuestrado el 18 de septiembre de 1978, en Buenos Aires, donde, como hemos visto, fueron no sólo interrogados por los argentinos sino también por los mayores torturadores paraguayos que aparecen en todas las denuncias y testimonios de los detenidos en Paraguay.

Notas

1. Gladys Mellinger de Sannemann, *Paraguay en el Operativo Cóndor*, RP ediciones, Asunción, 1989, pág. 52.

2. *Ibid.*, pág. 57

3. *Ibid.*, pág.57.

4. *Ibid.*, pág. 58.

5. *Ibid.*, pág. 61.

6. *Ibid.*, pág. 60.

7. *Ibid.*, pag. 61.

8. *Ibid.*, pág. 65.

9. *Ibid.*, pág. 104.

10. *Ibid.*, pág. 30.

11. *Nosso Tempo*, Foz de Iguazú, 21 al 27 de enero de 1984, pág. 9.

12. Movimiento por la Paz, la Soberanía y la Solidaridad entre los Pueblos MOPASSOL, *Informe para América Latina*, Derechos Humanos, 1993.

13. Mellinger de Sannemann, *op. cit.*, pág. 32.

14. *Ibid.*, pág. 31.

15. MOPASSOL, Informe general. dic. 1992.

16. Samuel Blixen, *Periodismo Urgente*, selección de Premios de Trabajos Periodísticos de América Latina, 1993, Edición Prensa Latina, La Habana, 1998, págs. 80-81.

17. *Ibid.*, pág. 81.

18. *Ibid.,* págs. 81-82

19. *Ibid.*, pág. 82.

20. Investigación de la autora en los Archivos de Paraguay, Asunción, febrero de 1993. Parte de estos Archivos ya figuran en los libros ordenados en forma sistemática.

21. *Ibid.*

22. *Ibid.*

23. *Ibid.*

24. Gladys Mellinger de Sannemann, *Paraguay y la "Operación Cóndor" en los "Archivos del Terror"*, Edición de la autora, Asunción, 1994, pág. 47.

25. Archivos de Paraguay, Archivador 605, fechado octubre de 1979 .

26. Archivos de Paraguay, *ibid.* 20.

27. Mauricio Lee Gardo, *Confesiones para un genocidio*, Editorial TAE, Montevideo, Uruguay, 1987, págs. 79 a 82.

28. Informe registrado por la autora en febrero de 1993, enviado a *La Jornada* de México y que ahora se encuentra en el Archivador 246, pág. 1852.

29. *ABC Color*, 10 diciembre 1992, págs. 2-3.

30. Archivos de Paraguay. Investigación de la autora, *ibid.* 20.

31. Alfredo Boccia Paz y otros, *Es mi Informe*, Ediciones CDE, Asunción, 1994, cita Libro P63, de Archivos de Paraguay, pág. 230.

32. Archivos de Paraguay, documento desenterrado, Armario nº 3, pág. 231.

33. *Ibid.*, libro L117-118, pág. 457 y libro L97, fechado el 2 de febrero de 1977, pág. 233.

34. Informe de la autora enviado al periódico *La Jornada* de México, febrero de 1993.

11

EL CÓNDOR VUELA

Cuando se descubrieron los Archivos de Paraguay, uno de los documentos básicos encontrados fue el informe sobre una reunión realizada en 1975 para codificar la cooperación informal que ya existía. Los archivos contienen una carta del general Manuel Contreras, dirigida a su par de Paraguay, el general Benito Guanes Serrano. Lo invitaba para la "primera reunión de Inteligencia regional", que luego se transformaría, ya institucionalizada, en Cóndor. Contreras ofrecía las instalaciones de la DINA como sede "para centralizar las informaciones sobre los antecedentes de personas, organizaciones y otras actividades conectadas directa o indirectamente con la subversión".[1] Esta reunión tuvo lugar en la DINA, en Santiago de Chile y concurrieron los jefes de la Inteligencia militar de Argentina, Uruguay Brasil y Paraguay. Un mes después Contreras recibió a Guanes Serrano y al jefe de la policía paraguaya Francisco Britez. Juntos implementaron la *Operación Cóndor*, instalando un "banco de datos, un centro de información y talleres", algo así "como la Interpol de París, pero dedicada a la subversión". En realidad se trataba de sesiones para planificar los equipos multilaterales de agentes, que tenían a su cargo vigilar, detener, encarcelar y rapatriar a los oponentes de los distintos regímenes.

Otro de los documentos básicos que detalla esta forma de operar, es el que menciona una reunión secreta realizada en Asunción en 1978, adonde concurrieron militares argentinos y paraguayos. Por Paraguay asistieron Guanes Serrano y el coronel Pedro Gómez de la Fuente, jefe del Estado Mayor, y adjunto al U2 "ESMAGENFA", respectivamente. Por la Argentina el coronel Gerardo Muñoz, a quien se sindicaba como agregado militar en Washington, el general Juan Félix Porcel de Peralta del U3, el teniente coronel Norberto Luis Martínez, "Jefe Lest Icla 134" (datos de Inteligencia) y el mayor Máximo Groba, quien aparece siempre vinculado a Antonio Campos Alum, dentro de los más selectos *Cóndores*. La "Segunda Reunión Bilateral de Inteligencia" ajustó los mecanismos "de intercambio de inteligencia y de prisioneros".[2] En el informe se dice que: "Se intercambió información sobre la actividad de los enemigos (políticos de ambos países) como una primera fase". La segunda etapa correspondía a "identificación del blanco", y la tercera estaba referida a la "detención" (secuestro) y "traslado del blanco" a su país de origen. El intercambio debía hacerse "en forma directa" entre organismos de Inteligencia de ambos países, "actuando como nexo los agregados militares". El lugar donde se llevaría a cabo el traspaso de los detenidos se determinaría "en su momento".

Guanes Serrano advertía que los intercambios de prisioneros tendrían lugar directamente entre los servicios de Inteligencia y que los agregados militares en las embajadas actuarían como enlaces.[3]

> "En el transcurso de las deliberaciones se intercambió información de inteligencia referida al desarrollo de la subversión en el marco continental, el marco nacional de cada país y el marco regional con particular énfasis en el área fronteriza común (...) Se acordó continuar con el intercambio de información e inteligencia en el área de la frontera, fundamentalmente con enlace directo entre los distintos servicios y proseguir el enlace a través del agregado militar (...) y continuar con las medidas de seguridad ya establecidas para evitar cualquier tipo de entrada clandestina de personas, armas, material propagandístico. Profundizar la ofensiva contra la subversión colocando el centro de la actividad (sic) a las actividades encubiertas del PC (Partido Comunista) que realiza en todos los países. Ante aparición de ciudadanos sin documentos establecer el intercambio informativo para determinar la verdadera identidad de los mismos (...) Se acordó con relación a las actividades de las organizaciones extranjeras subversivas y –o políticas en Argentina y Paraguay que operen en la región fronteriza– lo siguiente: cada órgano actuará en forma independiente dentro de los límites del país. Según la importancia del 'blanco' se podrán efectuar consultas bilaterales, y se autorizará el trabajo conjunto en los interrogatorios. En cuanto a la remisión al país quedará a cargo de cada país según sus formas diplomáticas (...) El intercambio será personal, previa comunicación telefónica utilizando el sistema clave para facilitar el encubrimiento del tráfico."[4]

Este es sólo uno de los documentos entre una serie del mismo tipo y otros que confirman plenamente el Operativo Cóndor.[5] Asimismo muestra la similitud de este documento con el ya mencionado en el capítulo 1, enviado por el coronel Robert Scherrer (FBI) a sus jefes en Washington, especialmente en las tres fases definidas, que si bien se aplicaban ya entre los países, en este caso, tomaban una institucionalización formal.[6] Los agregados militares en las embajadas de los países involucrados, eran efectivamente el conducto a través del cual viajaban los informes de Inteligencia.[7]

También existen listados "secretos" donde figuraban los nombres de "la banda de delincuentes subversiva Montoneros"(según decía el informe) que el 11 de enero de 1978 fueron "expulsados" de Paraguay: "Félix Palmiro O'Higgins, Jorge Alberto López, Carlos Ramón López y Juan Carlos Stratman", acusados de "asalto a mano armada, robos y contrabando de vehículos". En otra lista (11 de mayo de 1978) los "expulsados" eran "Oscar Ricardo Bader e Inés Delvalle Lugones". Las expulsiones disimulaban la entrega de prisioneros. En este caso el documento descubierto demuestra que estas personas "fueron puestas a disposición del Jefe del Area 234 de Formosa, Argentina, por estar seriamente comprometidos en actividades subversivas".[8]

A finales de 1993, en la búsqueda de papeles entre aquellas toneladas difíciles de clasificar, se encontró una carta fechada en Chile en 1978. Estaba dirigida de Cóndor 1 a Cóndor 2, para que se vigilara una reunión de "argentinos y paraguayos en la provincia norteña de Salta, Argentina, límite con Bolivia". Es posible que Cóndor 2 la haya enviado, a su vez, a Cóndor 3. Aunque un funcionario militar paraguayo estimaba que Cóndor 2 era Guanes Serrano, este general, quien reconoció en 1993 la existencia de Cóndor y el intercambio de prisioneros, nunca dijo cuál era su lugar en la jefatura de la internacional de la muerte.[9]

El informe Nº 13 fechado el 14 de marzo de 1975 referido a una "Reunión de Extremistas Latinoamericanos" es también clave para demostrar cómo se intercambiaba la misma información entre distintos países. Las siglas usadas: "Agremil Arg/ Bol/CHI/ Uru/ USA/Ven", son la evidencia que se informaba a Argentina, Bolivia, Chile, Uruguay, Estados Unidos, Venezuela. La inclusión de Venezuela revela los vínculos con sectores de la Inteligencia de ese país (DISIPS). El texto señalaba que:

> "a) Entre los días 10 y 17 de marzo se reunirían extremistas latinoamericanos en la ciudad de Palpalá (Jujuy-Argentina).
>
> b) Podrían, como actos de diversión, intentar actos terroristas en los países sudamericanos. En ARGENTINA podría intentarse el secuestro de algún embajador utilizando uniformes del Ejército Argentino.
>
> Pedido: a) ¿dónde y cuándo se realiza la reunión?

b) ¿qué grupos extremistas latinoamericanos participan?

c) ¿son los mismos que integran la J:C: (supuestamente la Junta Coordinadora Revolucionaria) o es nuevo?

d) ¿qué temas fueron abordados? Las conclusiones".

Firma el pedido de informe Benito Guanes Serrano, entonces coronel D:E:M: Jefe U2. ESMAGENFA."[10]

En los Archivos existían listas muy extensas. Una de ellas contenía nombres como el del ex presidente argentino Raúl Alfonsín y en otras figuraba también el ex presidente de México, Luis Echeverría Alvarez, caracterizados como comunistas. Otro extenso listado sobre políticos latinoamericanos, como también los casos de los generales Juan Velasco Alvarado, de Perú, Omar Torrijos, de Panamá e incluso Manuel Antonio Noriega –todos calificados de comunistas, subversivos, o enemigos– dan una idea del delirio de esos tiempos. Una de las figuras del periodismo latinoamericano que figuraba con extraña insistencia era el peruano Genaro Carnero Checa, fundador de la Federación Latinoamericana de Periodistas (FELAP) en México, en los años 70. Además de vigilarlo, lo relacionaban con Corea del Norte, cuyos funcionarios diplomáticos merecían extensos y variados informes desde todos los países de la región. Los Archivos son una muestra documental para seguir el vuelo del Cóndor por distintos países.

Cómo operaba Cóndor. Argentinos y uruguayos entregados por Paraguay

Un informe dirigido a Stroessner por Pastor Coronel, jefe de la Policía Política de la dictadura paraguaya, fechado el 16 de mayo de 1977, resultó crucial para un extraordinario caso legal y para reconstruir el destino de algunos detenidos-desaparecidos.

En 1973, Gustavo Edison Inzaurralde huyó a Paraguay, después de haber sido detenido y torturado en Montevideo, Uruguay, acusado de pertenecer a una organización militante antigubernamental. El 28 de marzo de 1977 fue nuevamente detenido en Paraguay, cuando se aprestaba a partir a Suecia, donde lo esperaba su esposa embarazada de siete meses. Nunca llegó hasta allí. También fueron detenidos en esos días otros uruguayos, Nelson Santana Scotto, José Luis Nell y los argentinos Alejandro José Logoluso de Martino y Dora Marta Landi. ¿Cómo habían caído en manos de la policía paraguaya?

Un "imprudente comentario" de una gestora de documentación en la Dirección de Identificaciones de Asunción, frente a alguien que resultó ser informante de la policía, puso al descubierto una organización destinada a obtener documentación paraguaya falsa para extranjeros, que estaban huyendo y necesitaban salir de ese país.[11] En una carta enviada por Pastor Coronel a Stroessner, le comunicaba que el 28 de marzo una mujer enviada por el edecán Naval capitán Osorio, informó que habiendo descubierto que se estaban gestionando documentos para unos argentinos "peronistas fugados de su país" ella se había ofrecido a conseguirlos.[12]

Así esta informante tendió la red para cazar a un grupo de desesperados políticos que estaban huyendo de las dictaduras. La informante, según detalla la carta, citó a Nilda Samaniego –encargada de conseguir los documentos– en su casa, le proporcionó algunas partidas para ganar su confianza y le prometió más documentación a cambio de dinero. Samaniego fue detenida después de una corta vigilancia, junto a Abraham Vega y Jorge Eugenio Monti.

Ya en la jefatura y después de "intensos interrogatorios" (torturas), los detenidos confesaron que en realidad Abraham Vega era Gustavo Inzaurralde, de nacionalidad uruguaya. En el documento policial enviado a Stroessner constaba toda la historia de Inzaurralde, quien se decía, pertenecía a una organización "subversiva" y había sido expulsado de Uruguay en 1971 viajando a Chile y luego de la caída de Allende, a la Argentina "donde trabajó con organizaciones peronistas". Establecía el informe que Inzaurralde se había hospedado en una pensión donde también estaba alojado José Nell. Asimismo informaban a Stroessner sobre la detención del uruguayo Nelson Santana, de Marta Landi y Alejandro José Logoluso, ambos argentinos.

De inmediato crearon información destinada a valorizar su acción y hablaban de "un operativo de Montoneros y del Ejército Revolucionario del Pueblo (ERP)", organizaciones armadas que ya estaban desarticuladas en Argentina. El 3 de abril el comisario Inspector Alberto Cantero –uno de los más conocidos torturadores de Paraguay– pedía datos y antecedentes de los detenidos. El 4 de abril ya había diez personas detenidas en una redada en hoteles y pensiones.[13]

Existe un documento "Secreto" con base en la Dirección de Investigaciones de la Policía de Asunción, Paraguay, que contiene datos y nombres de los detenidos. Pero en este documento también figura el siguiente párrafo: "(...) Se toma contacto con la Jefatura del Departamento II de Inteligencia del Ejército, encontrándose presentes en la oportunidad personal del Servicio de Inteligencia de la República de Uruguay. El personal de Icia(U) procede a poner en conocimiento de la comunidad reunida, los antecedentes de dos de los DS8 detenidos, quienes son de antigua militancia en la BDS ROE, PR 33 y PVP, todas organizaciones de militancia en Uruguay y Argentina", lo que demuestra cómo se trasladaron a Paraguay militares de estos dos países, con lo cual estos documentos son los más completos en relación a la forma de actuar de los hombres de la Operación Cóndor.

Todos los interrogatorios a los detenidos fueron recogidos en una cantidad de páginas y en uno de ellos los torturadores concluyen que Dora Landi y su esposo José Logoluso no tendrían mayores vinculaciones con los otros. Otro de los papeles "Secretos" da cuenta de que en el segundo día de actividades (interrogatorios) "estuvo personal perteneciente a la SIDE" (Servicio de Informaciones del Estado de Argentina) y que trajeron una cantidad de información para anexar, documentaciones de las que se realizaron tres fotocopias para: COI Subzona 23; COI Area 234 y Dirección de Investigaciones Policía de Asunción, Paraguay". Pero es importante señalar que existen pedidos de informes, al parecer elaborados por "asesores", que podrían ser los argentinos, donde piden que se aclaren algunas de las respuestas en las "próximas sesiones" (de torturas, por supuesto). Esto indica que estudiaban los resultados de cada interrogatorio y cuando los detenidos eran llevados nuevamente a torturas se les pedía una información muy específica de acuerdo con los técnicos y "asesores".[14]

Una carta memorándum, dirigida por el torturador Alberto Cantero, a Pastor Coronel el 9 de abril de 1977, es una evidencia irrefutable sobre la coordinación criminal:

"Tengo el honor de dirigirme a esa superioridad con el objeto de elevar a su conocimiento el resumen de las actividades del grupo de trabajo que se constituyó en esta Dirección (de investigaciones) los días 5, 6 y 7 de los corrientes, integrado por el Sr. General Benito Guanes y el Teniente Cnel., Galo Escobar del II Dpto. del E.M.G; Tte. 1ro. Angel Spada y Sgto. Juan Carlos Camicha de la Jefatura de Aéra 234 (argentinos), José Montenegro y Alejandro Stada, del 'SIDE' de la República Argentina, y el Mayor Carlos Calcagno, del Servicio de Inteligencia del Ejército de Uruguay, con relación a los procedimientos efectuados últimamente por esa jefatura (...)."[15]

El 16 de mayo de 1977 un comunicado de la Policía de la Capital (el número 43) fechado en Asunción informaba: "Fueron expulsados del país por carecer de documentación", los cinco detenidos mencionados, "vía aeropuerto".[16] Pero uno de los primeros papeles encontrados en los Archivos, en aquel verano de 1993, fue otra carta dirigida por Cantero a Pastor Coronel el mismo 16 de mayo, donde revelaba en realidad el destino de los detenidos.

"Tengo el honor de dirigirme a esa superioridad, con el objeto de elevar a su conocimiento que en el día de la fecha, siendo las 16 y 34 horas, en un avión B1-reactor de la Armada Argentina, con matrícula 5-7-30-

0683, piloteado por el Capitán de Corbeta, José Abdala, viajaron con destino a la ciudad de Buenos Aires (R.A.) los siguientes detenidos" (y aquí están los nombres completos de Inzaurralde, Santana, Nell, Logoluso, Landi). "Las mencionadas personas fueron entregadas por conducto de esta Dirección, en presencia del Coronel D.E.M., don Benito Guanes Serrano y del Cap. de Fragata, Lázaro Sosa, al Tte. 1ro, José Montenegro y Juan Manuel Berret, ambos del SIDE (Servicio de Inteligencia del Ejército argentino (sic)."[17]

Desde aquel 16 de mayo nunca se supo más del grupo de detenidos y fueron infructuosos los días de búsqueda de las familias. Pero los documentos demostraron que la dictadura de Stroessner había mentido a la Organización de Estados Americanos (OEA) cuando negaba tener datos de este grupo. En uno de los mensajes de respuesta a la OEA se dice que Dora Marta Landi "fue puesta en libertad el día 16 de mayo de 1977, ignorándose su paradero". Lo mismo decían del resto de los detenidos-desaparecidos.

En otro documento Pastor Coronel informaba a Stroessner "la gratitud" que le habían expresado los Ejércitos argentinos y uruguayos por haber permitido que dos agentes de la SIDE y un oficial uruguayo interrogaran (es decir torturaran) a los prisioneros en Asunción.[18]

El descubrimiento de los Archivos movilizó a las familias Inzaurralde y Santana de Uruguay, que iniciaron procesos legales en Paraguay. En junio de 1993, el juez Arnulfo Arias acusó al jefe de la Inteligencia Militar Guanes Serrano y al Jefe de la Policía Técnica Antonio Campos Alum (hoy prófugo). Guanes Serrano admitió el intercambio de presos y Campos Alum atestiguó que "el intercambio de detenidos era frecuente en la región" y mencionó como buenos colaboradores a Calcagno de Uruguay y a los argentinos Montenegro y Spada.[19]

Otros casos dramáticamente simbólicos de esta Operación son los de Nercio Stumpfs, Esteban Cabrera Maiz, Sotero Franco Benegas y su esposa Lidia Esther Cabrera. Un informe de Pastor Coronel fechado el 20 de enero de 1977, daba cuenta de la detención en Misiones, Argentina, el 18 de ese mes de estos ciudadanos paraguayos en un operativo conjunto de la Gendarmería Nacional y la Policía de este país. Pero lo importante de este informe es que el subjefe de la Policia de Misiones, inspector general Elpidio Aquino, manifestaba que los detenidos iban a ser puestos a disposición de la jefatura de la Guarnición Militar, a cargo del coronel Humberto Caggiano Tedesco, con asiento en la ciudad de Posadas, quien dispondría de los "subversivos" para que fueran puestos a disposición del Poder Ejecutivo (20-1-77).[20] Se reconocía la detención de los paraguayos en Argentina[21] y mediante la indicación de que iban a estar a dispoción del Ejecutivo argentino el gobierno paraguayo podía pedir la entrega de los detenidos. Simplemente se trataba de una cuestión formal dentro de la Operación Cóndor.

El 22 de enero, sólo dos días después de esas comunicaciones, los detenidos figuraban en los libros de entrada de la Dirección de Investigaciones de Paraguay (del año 1977). En 1992, Lidia Esther dio su testimonio a periodistas paraguayos y relató que los secuestradores fueron: "el jefe de la Gendarmería Argentina, Alférez Almirón y el gendarme Yomi. Nos mantuvieron durante cuatro días y medio entre Puerto Iguazú, El Dorado, Posadas, en distintas dependencias de gendarmería. Todos fuimos torturados, los cuatro". Los prisioneros fueron entregados y el traslado se hizo clandestinamente. "Ibamos ocultos en el vehículo, completamente cerrado, soportando hasta 50 grados de calor adentro. Nos entregaron al delegado del gobierno de Encarnación (Paraguay). Tras recuperarnos, pues llegamos medio muertos, fuimos llevados tres horas después a Investigaciones en Asunción."

Para aligerar la tarea de sus colegas paraguayos, la Policía argentina, tuvo "la gentileza" de remitir un resumen de los interrogatorios practicados a estos presos durante su detención en Misiones.

El entramado del Cóndor tenía una vieja historia entre policías y militares de Paraguay y Argentina. La documentación de los Archivos de la dictadura permitió conocer cuáles eran los principales organismos de seguridad que en Paraguay manejaban "estos asuntos". Las decisiones eran coordinadas por el Segundo Departamento de Inteligencia del Estado Mayor General de las Fuerzas Armadas, ESMAGENFA, y en la época en que acontecieron los hechos más importantes ligados a Cóndor, eran responsables de la Inteligencia militar Alejandro Fretes Dávalos, jefe del Estado Mayor de las Fuerzas Armadas, el general Benito Guanes Serrano, jefe del Departamento de Inteligencia del Ejército, el general Guillermo Clebsch, era subjefe del Estado Mayor, y Antonio Campos Alum fue clave en la Policía Técnica. Los contactos institucionalizados, sin embargo, ya habían funcionado desde mucho tiempo antes.

La doctora Sannemann sostiene que "la entrega mutua de prisioneros políticos, en determinadas épocas y durante ciertos gobiernos militares, tiene larga data entre Paraguay y Argentina". Ella recuerda que "en 1961, fue detenido y entregado por la gendarmería de El Dorado, Misiones, a la policía de Stroessner, Benigno Silvestre González, cuyo rastro desapareció definitivamente, después de haber ingresado en las celdas del Departamento de Investigaciones de la Policía de Asunción. En 1963, la policía de Formosa entregó a Secundino Merzán, que tuvo la suerte de recuperar su libertad, gracias a la mediación de la Iglesia paraguaya diez años después.

A Herminio Stumps, la Policía Federal argentina lo detuvo en 1971 (...) siendo presidente de la República el general Agustín Lanusse. Lo trasladaron a Paraguay, fue torturado, estuvo en Investigaciones y luego también enviado al campo de concentración de Emboscada para salir en libertad en 1979 (...) Pero la entrega de prisioneros se vuelve un procedimiento natural y asiduo a partir de 1976".[22]

Unos 70 paraguayos figuran como desaparecidos en Argentina y además deben añadirse los que fueron entregados a la dictadura de Stroessner. Entre otros se citan como "casos testigos": Daniel Campos, detenido por la policía de la provincia de Buenos Aires en abril de 1976, llevado a Asunción y luego al campo de Emboscada; el capitán Américo Villagra, veterano de la guerra del Chaco y del Ejército paraguayo, detenido en 1975 en Clorinda, Formosa, y entregado a Paraguay; Fausto Carrillo, abogado, apresado el 16 de agosto de 1976 por efectivos del Regimiento 29 de Infantería de Monte en Formosa. Precisamente en el libro *Nunca Más*, de la Comisión Nacional sobre la Desaparición de Personas (CONADEP) en Argentina, se cita en la página 193 el caso de Carrillo. Se trata de un informe del ex detenido Ismael Rojas (legajo N° 6363 de CONADEP), donde dice: "fui detenido en mi domicilio en la localidad de Ibarreta, Formosa, por personal de la policía provincial (...) fui trasladado al Regimiento de Infantería de Monte número 29, allí me desnudaron, me vendaron y me despojaron de mis pertenencias (...) en un camión nos trasladaron a un lugar que luego reconocí como 'La Escuelita' o San Antonio, donde me torturaron al igual que a otros detenidos. Pude conversar con el doctor Fausto Carrillo, abogado paraguayo, exiliado en Formosa, hoy desaparecido, quien se encontraba muy mal por las torturas, había perdido las uñas durante las sesiones de tortura".

El 22 de mayo de 1976, Pastor Coronel, informaba a "su excelencia" Stroessner sobre la invitación recibida por el Inspector general Borrini, "quien será jefe de la Policía de la provincia de Formosa (Argentina), con quien también me une una amistad y promesa de colaboración permanente", donde le solicita personal para vigilar una supuesta reunión de paraguayos disidentes y "a fin de ponerlo al tanto de lo que estaban preparando. Considero importante nuestra vinculación (policial) con las autoridades de Formosa, salvo mejor parecer de vuestra excelencia".[23]

En septiembre de 1977, durante la exposición de Pastor Coronel titulada "Actividades Subversivas dentro de nuestro país", en la Conferencia Bilateral de los Ejércitos de Paraguay y Argentina,[24] realizada en el Círculo Militar, Naval y Aeronáutico de Asunción,[25] decía que Paraguay "ha logrado estructurar sus diversos servicios de seguridad con ponderable eficacia organizativa y con métodos modernos. Prestan servicios en ellas, gentes seleccionadas y de probada militancia anticomunista (...) En la mira de todos está el enemigo y, ante él, nos sentimos antes que nada paraguayos, y celosos centinelas de nuestra forma de ser y de la legitimidad de nuestro destino nacionalista".

El documento tiene 30 páginas. En otro párrafo sostiene: "No se puede negar la necesidad de una eficiente coordinación entre los Ejércitos de Paraguay y Argentina, como el mejor medio para cortar el logro de los planes elaborados por grupos subversivos". Para justificar todas estas acciones, se inventaban conexiones inexistentes como la formación de una Junta Coordinadora Revolucionaria organizada en París, a fines de 1973 y cuya sede se habría trasladado a la Argentina en 1974.[26] En ese año la cooperación paraguayo-argentina se institucionalizó, como señala un informe remitido el 30 de julio de 1974, al Director de Política y Afines del Departamento de Investigaciones, Francisco Boggado Ferruggio, donde el sargento Zacarías Ferreira detallaba lo conversado con un funcionario policial argentino. "El señor Iglesias, de la Policía Federal Argentina, me ha manifestado que cualquier información política que mis superiores quisieran conocer con relación a las actividades de elementos políticos opositores paraguayos, que se encuentren operando en territorio argentino, él se apersonaría gustoso para informar".[27]

Periódicos paraguayos denunciaron diversos casos de detención masiva, como un allanamiento realizado por la Policía Federal argentina en julio de 1974, donde se detuvo a 71 paraguayos que asistían a un congreso de la Juventud Colorada en la resistencia, siendo remitidos a la cárcel de Villa Devoto, Buenos Aires.[28]

Documentos de los Archivos revelaron que el cónsul paraguayo en Posadas, Francisco Ortiz Téllez, desarrollaba acciones de espionaje entre los exiliados en esa ciudad. Ortiz Téllez señalaba en un informe que "en entrevista tenida con el mayor Francisco Javier Molinas, jefe del Servicio de Inteligencia del Ejército y encargado de la Secretaría general de la Gobernación, éste me aseguró que se dictó orden de captura en toda la República Argentina, de los subversivos Agustín Goiburú, Jorge Rudy Sannemann y Ramón Leiva Montiel".[29] Agrega que ese mismo día 7 de abril de 1976, el jefe de la Policía Federal de la provincia de Misiones, comisario Juan Carlos Perrone, procedió a la entrega de dos paraguayos capturados por agentes policiales de la ciudad de Posadas.

Notas

1. Alfredo Boccia Paz y otros, *Es mi informe,* Ediciones CDE, Asunción 1994, cita archivador 245, pág. 156.

2. Archivos de Paraguay, Archivador 1008, pág. 1344.

3. *Ibid.*

4. Este informe de Benito Guanes Serrano a Alfredo Stroessner citado por la autora en artículo "Paraguay: los años del lobo", MOPASSOL, diciembre de 1993, está ahora en el archivador 147.

5. Boccia Paz y otros, citan Archivos de Paraguay, Archivador 1008, pág. 1344.

6. *Ibid.*

7. *Ibid.*

8. *Ibid.*

9. Entrevista de la autora con funcionario militar que se escudó en el anonimato, Asunción, febrero de 1993.

10. Gladys Mellinger de Sannemann, *Paraguay y la "Operación Cóndor" en los "Archivos del terror"*, Edición de la autora, Asunción, setiembre de 1994, Archivador 1345, pág. 59.

11. Boccia Paz y otros, *ibid.* 1.

12. *Ibid.* Cita: Libro W48, 29 de marzo de 1977, pág. 1742.

13. *Ibid.* Cita: Libro A1, pág. 189.

14. Archivos de Paraguay, Libro P63, pág. 1374.

15. Boccia Paz y otros, *ibid.* 1, pág. 327.

16. Archivos de Paraguay, Libro Judiciales, pág. 1887, fechado año 1977.

17. *Ibid.*

18. Archivos de Paraguay. Documento que figura en los Libros AI, pág. 1319.

19. Cable de *AFP*: "Jefe militar de Stroessner admite que hubo intercambio de prisioneros", *La Jornada*, México, junio 24, 1993, pág. 46.

20. Boccia Paz y otros, *ibid.* 15, pág. 333.

21. *Ibid.* Documento no clasificado, Armario 1, pág. 332.

22. Gladys Mellinger de Sannemann, *Paraguay en el Operativo Cóndor*, Asunción, 1989, pág 19.

23. Archivos de Paraguay, Archivador 173, pág. 13909.

24. Archivos de Paraguay, Archivador 246. págs. 253 y 1692

25. *Ibid.*

26. *Ibid.*, Archivador 1008, pág. 1347.

27. Periódico *ABC,* Asunción, 24 de diciembre de 1992.

28. Sannemann, *ibid.* 10, pág. 55.

29. *Ibid.*

12

GOIBURÚ: EL LARGO VIAJE DE LA MUERTE

A fines de los años 60 una figura comenzaba a surgir con luz propia en Paraguay. Era Agustín Goiburú, un médico traumatólogo, de extraordinaria simpatía, y una fuerte presencia política, que junto a otros jóvenes, fundó una corriente interna, el Movimiento Popular Colorado (MOPOCO) dentro del oficialista Partido Colorado, lo que le quitó el sueño a Stroessner.

Estaba casado con Elba Elisa Benítez, hija del coronel Rogelio Benítez, hombre clave para el dictador paraguayo. Los jóvenes del MOPOCO estaban ampliando cada vez más su radio de influencia, incluso en sectores militares, y la persecución política se hizo insoportable. Goiburú se asiló en la Embajada uruguaya en septiembre de 1959, donde debió permanecer más de un mes con otros perseguidos políticos ante la negativa del gobierno a darles su visado de salida. Finalmente salió hacia la Argentina, radicándose en Misiones, en Candelaria, a unos 40 km de la capital, Posadas.[1]

En esos días de los años 59-60 Goiburú vivió en la frontera misionero-paraguaya la tragedia de su país, cuando comenzaron a llegar cadáveres con señales de terribles torturas, algunos crucificados sobre madera balsa, para que flotaran por el Río Paraná. Fue la señal, la firma del escarmiento stroessnerista cuando grupos militantes, de distintos signos, intentaron comenzar guerrillas contra la dictadura. Por lo menos 250 guerrilleros fueron asesinados en forma atroz y en esto –como veremos más adelante– hubo asesoría de Estados Unidos.

La historia política de Goiburú quedó ligada a estos hechos y su influencia, renacida en aquella extensa frontera donde los exiliados paraguayos soñaban con el regreso no sólo a su país sino a la democracia, le valió el odio especial de Alfredo Stroessner y una persecución implacable.

Los Archivos de Paraguay pusieron en evidencia las órdenes de seguimiento y espionaje, los intercambios entres diversos organismos argentinos policiales, militares y de seguridad, con sus pares paraguayos.

El seguimiento de Goiburú era informado en forma permanente a Stroessner. En su libro *Rebeldes y Ejecutores* el periodista Daniel Enz, quien reconstruyó la historia de la represión de la dictadura militar argentina en Entre Ríos, una provincia fronteriza con Uruguay, abordó el caso en el capítulo "Goiburú y la persecución de Stroessner",[2] porque el médico paraguayo fue secuestrado en Paraná, la ciudad capital, el 9 de febrero de 1977, dentro del "Operativo Cóndor".

Detrás de esa decisión estaban casi 20 años de persecución y seguimientos constantes. Sus espías estudiaron cada movimiento del médico, y esto se revela en los Archivos de Paraguay, donde existen numerosos documentos y carta-informes intercambiados entre fuerzas de seguridad argentinas y paraguayas antes y durante la dictadura argentina. En 1969 los hombres del dictador sorprendieron a Goiburú, en una excursión de pesca, su deporte favorito, en el Río Paraná. En realidad esa detención de Goiburú fue un auténtico secuestro por parte de la policía paraguaya. Un manifiesto emitido por la Junta de Gobierno del Movimiento Popular Colorado, fechado el 1º de diciembre de 1969, detalla cómo ocurrió el incidente: "el secuestro se produjo frente a la ciudad de Posadas, Misiones, siguiendo los informes que ubicaban las costumbres del médico que salía a pescar todos los fines de semana. El 23 de noviembre de 1969 fue con su hijo Rolando, de 11 años, a pescar, cuando un grupo de policías paraguayos fuertemente armados y a bordo de una lancha lo emboscaron"[3] y se lo llevaron detenido a Asunción. El niño fue entregado a algunos vecinos en Encarnación, ciudad paraguaya frente a Posadas. Este documento del MOPOCO estaba entre los papeles de los Archivos.

En un informe oficial hallado en los Archivos, al referirse a este episodio se da cuenta de que Goiburú intentaba ingresar al país en forma clandestina para dirigir una conspiración contra el "superior gobierno, gestado por el MOPOCO, dirigido desde Posadas (RA)", mediante el cual "tratarían de apoderarse de un avión Douglas DC al servicio de Transporte Aéreo Militar (T.A.M) que debía llegar a Encarnación desde Asunción. Una vez perpetrado el hecho se trasladarían directamente en el citado avión a la ciudad de Punta del Este (República Oriental del Uruguay), lugar donde debía realizarse la reunión de los cancilleres americanos, para exigir la libertad de presos políticos y amnistía general para todos los Partidos Políticos de Paraguay".[4]

La familia de Goiburú recibió un informe confidencial entonces, indicando que el médico estaba detenido en la famosa Comisaría Tercera, bajo control de la CIA.

En julio de 1970, la esposa de Goiburú logró encontrarlo en ese lugar, mediante una fuerte acción internacional. "Tenía la cabeza rapada y sufría de bronquitis. Su cara era de color verde amarillento. No comía, ni tenía cama para dormir, sólo le tiraban unos huesos a través de las rejas. 'No te preocupes, voy a estar con ustedes nuevamente', le dijo casi sin fuerzas".[5]

Después le confesó que planeaba fugarse. Ella lo ayudó. Fue una fuga histórica, que aún hoy recuerdan los paraguayos de entonces. Goiburú, junto con otros presos, cavó un túnel de casi 70 metros, con una vieja cuchara. El 3 de diciembre Stroessner se enteró de la fuga. El médico sabía que el próximo encuentro con los hombres del dictador significaba la muerte. Al partir había dejado una esquela para Stroessner: " 'Gringo'. usted está loco si pensaba dejarme de por vida en la cárcel. Yo amo la libertad (...)".

Con él escaparon el capitán Alberto Vicente Maidana Arias, Buenaventura Morel, Cristóbal López, el argentino Johny Usuria Sisten (delincuente común), llamado también Carlos Alberto Oteiza, de quien después se encontraron informes a la policía stroessnerista poco antes del secuestro de Goiburú en Argentina.

Al fugarse Goiburú fue directamente hacia la Embajada de Chile en Asunción, donde se asiló. Estaba Salvador Allende en el gobierno. Pero después de un corto tiempo en Chile decidió volver a Posadas (1973). De todo este período, casi semanalmente, se encuentra algún informe sobre Goiburú.

El Cóndor en acción

Cuando ya había sufrido varios intentos de secuestro en Misiones, cansado de los seguimientos e incluso de incursiones nocturnas en su propia casa, Goiburú decidió alejarse de la frontera y se fue a Paraná, la tranquila capital de Entre Ríos, donde trabajó como médico en una clínica privada.

Pero ya desde 1974 Stroessner había ordenado su secuestro y traslado a Paraguay. Para ello se valió de la detención de un grupo de paraguayos que fueron acusados sin fundamentos para involucrar a Goiburú en un supuesto plan terrorista. Los "complotados" Carlos Mancuello, Benjamín de Jesús Ramírez Villalba, Carlos Rodolfo Ramírez Villaba y Amílcar Oviedo Duarte, habían sido detenidos en noviembre de 1974, junto con María Magdalena Galeano Rotela, Darío Alfredo Elías, Gilberta Verdún de Talavera y Luis Alberto Cayetano Wagner, como figura en un informe de la Policía de la Capital en los Archivos.[6] La detención de los presuntos terroristas (Mancuello estudiaba en La Plata, Argentina) se produce después del apresamiento y muerte bajo suplicio de un soldado llamado Evasio Benítez, que la dictadura dio por "fallecido" en un enfrentamiento y los archivos demuestran que fue una de las tantas víctimas del Departamento de Investigaciones de Asunción.

El hecho de que Mancuello viviera en Argentina, servía como enlace para armar un supuesto plan terrorista y acusar a los detenidos de pertenecer al Ejército Revolucionario del Pueblo (ERP). En ese mismo "lote" fue también considerado Martín Almada, quien compartió la prisión con ellos. Los informes surgidos de los "interrogatorios" desembocan en la acusación a Goiburú y Angel Florentín Peña, de ser "los jefes militares" de la supuesta célula terrorista.

Mancuello, los hermanos Ramírez, Oviedo Duarte, fueron asesinados y desaparecidos en la prisión. También esto quedó demostrado en los Archivos, a pesar de las negativas de la dictadura.

El 30 de septiembre de 1975 el general Benito Guanes Serrano informaba a Stroessner minuciosamente de los viajes de Goiburú hacia Misiones, ubicando todos los lugares que visitaba. "Pero se había elaborado otro plan maquiavélico en el que tuvo mucho que ver el general Cristino Nicolaides, quien era entonces jefe del Ejército en Corrientes (provincia que integra el litoral con Entre Ríos y Misiones)".[7]

Según el periodista Daniel Enz, Nicolaides tenía comunicación telefónica permanente con Stroessner y habían ideado secuestrar al hijo de Goiburú que estudiaba en Corrientes. En realidad lo detuvieron, pero como el médico tenía muchos amigos le avisaron a tiempo y se presentó sin dudar en la Prefectura de Corrientes exigiendo la libertad de su hijo. A partir de entonces la familia Goiburú se fue enterando de diversos planes de secuestro. Pero el 24 de marzo de 1976 buena parte del camino de Stroessner quedaría allanado, cuando sus amigos militares de la Argentina tomaron el poder. Desde entonces la vigilancia fue febril

El 6 de febrero de 1977 –como relata Enz– el médico le advirtió a su esposa Elba, que lo seguían automóviles Ford Falcon. En los Archivos se encontró que el 7 de febrero de 1977, el cónsul paraguayo en Misiones, Francisco Ortiz Téllez, cuyos informes a la Inteligencia paraguaya sobre los exiliados fueron permanentes, decía lo siguiente:

"Posadas, febrero de 1977. Información: Conforme a informaciones recibidas por este Consulado a través del Servicio de Inteligencia del Ejército (SIE de Argentina), los días sábado 29 y domingo 30 de enero, en la ciudad de Paraná (provincia de Entre Ríos), calle Almafuerte Nro.

1750 se reunieron un grupo de aproximadamente 40 personas. Los mismos vinieron en vehículos con patente de la ciudad de Asunción números (...) Entre las personas más conocidas se encontraba el Dr. Agustín Goiburú. Entre otros temas se trató cuanto sigue:

a) Para el mes de julio de 1977 se iniciará la guerrilla armada en Paraguay.

b) Que existe gran cantidad de personas instaladas en Paraguay, listas para iniciar las acciones.

c) Que existen depósitos de armas en Paraguay, llevadas de la Argentina por Luis Duarte.

Dios guarde a su excelencia.

Francisco Ortiz Téllez - Cónsul del Paraguay".[8]

Por supuesto que era imposible pensar que en aquellos momentos donde las dictaduras del área estaban en su apogeo, hubiera podido suceder tal reunión y menos aún tramar una guerrilla de este tipo. Como señala también Enz una respuesta de los militares argentinos consultados especificaba que "no obraban antecedentes" sobre tal reunión.

Pero el miércoles 9 de febrero de 1977, Goiburú fue secuestrado en la calle Nogoyá frente al 572, de Paraná. El plan ideado fue chocar su automóvil y cuando salió a ver lo que sucedía lo interceptó una camioneta verde, de la que descendieron dos personas armadas y otro hombre se sumó al grupo. Lo tomaron de los brazos y lo introdujeron en un Ford Falcon verde. Los vecinos que escucharon las voces de los secuestradores concluyeron que ninguno tenía la característica "tonada" de los paraguayos. Desde entonces la familia Goiburú comenzó el vía crucis de su búsqueda en Argentina y también en Paraguay.

Entre los numerosos informes cruzados, hay uno que llama la atención. Es un documento marcado como "Confidencial" enviado por el Ministerio del Ejército de Brasil, fechado el 13 de octubre de 1975, donde se da cuenta a las autoridades paraguayas de una reunión realizada el día 16 de agosto de 1975 en Resistencia (Chaco, Arg.), por el Movimiento de Defensa de la Patria (MODEPA) al que asistió entre otros Goiburú. Está escrito en portugués y en el punto 4 señala: "Difusão desde a Orígem: Agregado Argentina, Paraguay, Venezuela".

También están los informes de Pastor Coronel sobre los infiltrados en los movimientos paraguayos. Y existe una nota fechada en Argentina el 8 de febrero de 1977, en la cual el Capitán del Ejército argentino, Vicente Castex Laprida, le comunicaba a Pastor Milcíades Coronel que había tomado nota del personal que éste había destacado en la provincia de Formosa. "Me refiero al señor Juan Amarilla, agente de su más entera confianza y abocado a localizar, hacer su seguimiento y apresar al Dr. (médico) de origen paraguayo que probablemente esté ejerciendo en la provincia de Entre Ríos. Permítome hacerle constar que el citado Amarilla ha sido munido por este Destacamento de los elementos necesarios de movilización y traslado (...).''

Según algunos trascendidos Goiburú estuvo preso unos días en la Fuerza Aérea de Entre Ríos y entregado a Paraguay en Puerto Falcón Formosa, donde vive Amarilla.[9] El mismo capitán Castex Laprida, de la Dirección Nacional de Seguridad Interior de la Provincia de Formosa (Argentina), envió una nota a Pastor Coronel: ''(...) desde Paraná, Entre Ríos, la presa fue localizada y chequeada (...) será puesto en frontera, Puerto Falcón, en un automóvil marca Ford, modelo 1976, color verde, chapa patente, capital (....)'' y otros detalles que confirman el traslado de Goiburú al Paraguay.[10] En los Archivos aparece un recibo firmado por Juan Amarilla, en concepto de ''comisión y viático para trasladarme (...) hasta la provincia de Entre Ríos'', que dice: ''Conste por la presente que he recibido de esta policía la suma de ocho mil dólares americanos (8.000) en efectivo y en concepto de comisión y viático para trasladarme con personal a mi cargo hasta la provincia de Entre Ríos, Argentina, para tarea reservada''. Fecha (Asunción 12 de febrero de 1977, con membrete de Policía de la Capital, Departamento de Investigaciones, Asunción, Paraguay).

De acuerdo con los archivos, el operativo para capturar a Goiburú tenía el nombre de ''Safari'', y se revela que según un informe telefónico de su ''agente destacado en ésta, señor Juan H. Amarilla, desde Paraná, Entre Ríos... la presa fue localizada...''.[11]

Cuando Domingo Centurión Rolón, a quien mencionamos como un sobreviviente de la Operación Cóndor, fue entrevistado por el periódico paraguayo *Ultima Hora* en marzo de 1993, a raíz del descubrimiento de los Archivos, vio una fotografía de Goiburú y lo reconoció de inmediato. Recordó haber visto al médico dos veces en el Departamento de Investigaciones, ''una vez tirado boca abajo en un pasillo, brutalmente golpeado'' y en otra ocasión lo llevaron a verlo en una sesión de tortura para ver si lo reconocía. ''Estaba inconsciente y completamente mojado, lo acababan de pilotear (hundir en la pileta)'', relató espantado ante aquella visión que regresó con la fotografía que le mostró el reportero.[12]

De Goiburú nada se sabe. Como tampoco del chileno Jorge Issac Fuentes Alarcón, entregado por la policía paraguaya al Ejército chileno.

Fuentes Alarcón estuvo detenido junto con el dirigente Amílcar Santucho, cuyo hermano Roberto Santucho fue fundador y máximo dirigente del Ejército Revolucionario del Pueblo (ERP).

Además de las innumerables cartas entre Cóndores de uno y otro país, también figuraban los informes sobre ciudadanos "entregados". En 1977, el jefe de policía de la zona de Caaguazú, inspector general Víctor Almada, en una nota, comunicó al Director de Asuntos Técnicos del Ministerio del Interior (el criminal Antonio Campos Alum) un procedimiento realizado y la nómina de los detenidos. Ellos eran los ciudadanos chilenos: Nelson Alfredo Bisset Amazo, Mario Dagas Durpro, Luis Humberto Escobar Piró, Ignacio Felipe Morales Ugarte, Marcos Ernesto Wenceslao Ordenes y Mario Pastén Pastén.

Santucho y Fuentes Alarcón

El 16 de mayo de 1975 fue detenido en Asunción, Amílcar Santucho, abogado, y cuatro días después fue apresado en el Hotel España, Jorge Isaac Fuentes Alarcón, sociólogo chileno, de 28 años. Ambos tenían documentos falsos, una de las alternativas de las que se valían los perseguidos políticos cuando ya la muerte les pisaba los talones y debían salir de sus países.

Según un informe de los Archivos Fuentes Alarcón fue clasificado por la policía paraguaya como "una de las principales cabecillas del MIR (Movimiento de Izquierda Revolucionaria de Chile), grupo guerrillero chileno que se adiestra en la Argentina para incursionar a Chile y tratar de derrocar al gobierno de ese país". Esta información estaba basada en la guerra psicológica que dio origen a la Operación Colombo (véase cap. 5).

Estos casos fueron muy explotados por Pastor Coronel, quien durante una reunión con los representantes de los ejércitos de Brasil y Argentina dijo:

"El 16 de agosto de 1975, dos jerarcas de la izquierda internacional radicalizada son sorprendidos cuando trataban de ingresar al país con documentación falsa: Amílcar Santucho, del ERP, e Isaac Fuentes Alarcón, chileno del MIR.

"La documentación que se le secuestra, demuestra que su estada en el Paraguay estaba vinculada a la organización del terrorismo y a los grupos de base. Más adelante, se trasladaría a otros países americanos hasta llegar a París.

"En París, tiene fijada una dirección para un contacto. Ponemos en conocimiento de las autoridades francesas dicha dirección. Policías franceses allanan, y mueren dos oficiales en manos del famoso terrorista Carlos (Illich Ramírez, de Venezuela). La internacionalidad de la subversión tiene así, un nuevo punto de certificación. Santucho y Fuentes son altos dirigentes de la Junta Coordinadora Revolucionaria, que agrupa al ERP, al MIR, a Los Tupamaros y al ELM (quiere decir ELN) de Bolivia. (...)".[13]

El delirio era ilimitado. Ambos militantes, en realidad, estaban huyendo de Argentina, cuando la represión y en especial la Operación Colombo y la Triple A estaban diezmando a los izquierdistas. Pero, para Pastor Coronel esto significaba la justificación de cientos de asesinados en las mazmorras de la dictadura paraguaya.

El gobierno alemán, Amnistía Internacional y Comisión Internacional de Juristas realizaron numerosas gestiones en favor de estos detenidos. En un momento dado Pastor Coronel se quejaba amargamente de la falta de reciprocidad de sus colegas argentinos, a quienes quería canjear a Santucho. En la primavera de 1979 ante la intensa campaña internacional el gobierno paraguayo permitió que Santucho se asilara en Suecia. Pero Jorge Fuentes Alarcón no tuvo esa posibilidad, aún no se sabe si por errores en la gestión europea. Lo cierto es que el día 23 de septiembre de 1979 fue expulsado a Chile y entregado al jefe de la Fuerza Aérea Chilena, coronel Zeballos, y desde entonces desapareció. Fuentes Alarcón es otro de los casos simbólicos y trágicos de Cóndor.[14]

Antonio Maidana: de las catacumbas al secuestro

Antonio Maidana, secretario general del Partido Comunista paraguayo, permaneció 18 años preso en Asunción, junto sus compañeros Alfredo Alcorta y Julio Rojas y conformaron el grupo más antiguos de presos políticos del régimen de Stroessner. Profesor de matemática, Maidana estuvo aislado largo tiempo, soportando permanentemente sesiones de torturas; cada vez que aparecía alguien nuevo todo comenzaba, como en los primeros días. Durmiendo en el suelo, en condiciones infrahumanas. Su estoicismo le valió el respeto de todos los que pasaron por aquellas mazmorras. Fue Maidana y el resto de los prisioneros que eran mantenidos en la Comisaría Tercera, quienes denunciaron las visitas permanentes de los agentes de la CIA en Paraguay. En 1972 una fuerte acción internacional logró que al menos se mejoraran sus condiciones. En 1976 fueron llevados al campo de concentración de Emboscada. En algunas cartas de entonces Maidana relataba que había visto el sol después de muchos años y comenzaba a darse cuenta de la diferencia de olores y colores. Pero sólo un tiempo después lo trasladaron nuevamente a la famosa Comisaría Tercera. El 22 de enero de 1977 lo liberaron. "Su libertad era muy restringida. Un policía vivía prácticamente en nuestra puerta. Se lo vigilaba de día y de noche", relató su esposa Dora Molas, quien a pesar de ser perseguida constantemente por el régimen y varias veces arrestada y hasta llevada a la frontera con Argentina junto con sus dos hijas, nunca dejó de ir a la Comisaría Tercera a llevarle una comida, que no sabe si le entregaron alguna vez. Cuando Maidana recuperó su libertad la vigilancia y amenazas continuas los llevaron a alejarse de Paraguay.

Estaba residiendo en Buenos Aires, Argentina, cuando el 27 de agosto de 1980 fue secuestrado junto con Emilio Roa, veterano militante del movimiento obrero. Desde ese momento su caso fue ubicado por el periodismo internacional como un "modelo" de la Operación Cóndor. El 11 de julio de 1981, en el periódico El Día, de México, ya se hablaba de la Operación Cóndor. Luego se conoció que Maidana y Roa habían sido llevados al campo de concentración de Emboscada. Según se dijo entonces, estaban encerrados en una celda subterránea. Y otros datos y testimonios los ubican en el penal de la isla de Peña Hermosa o en la Fortaleza Esperanza, en el desierto del Chaco paraguayo. A mediados de 1982 en respuesta a demanda del Comité de Derechos Humanos de la ONU, el gobierno paraguayo respondió: "Ni Roa, ni Maidana regresaron a Paraguay". Una vez más el gobierno de la dictadura mintió. Nadie lo ha juzgado aún a nivel internacional como corresponde por sus crímenes ni por engañar a los organismos internacionales.

Notas

1. Daniel Enz, Rebeldes y Ejecutores, Edición del autor, Paraná, Entre Ríos, noviembre de 1995, págs. 303 a 337.

2. Ibid., pág. 305.

3. Documento en Archivos de Paraguay. Revisión de la autora.

4. Archivos de Paraguay, Libro 4, pág 7, Archivador 1051, pág. 2456. Documento registrado por la autora en 1993 y ahora archivado.

5. Enz, op. cit., pág. 307.

6. Archivos de Paraguay. Documento anexo al archivador 237, pág. 271, firmado por el entonces coronel Benito Guanes Serrano y Pastor Coronel.

7. Enz, op. cit., pág. 327.

8. Archivos de Paraguay. Revisión de la autora.

9. Diario Ultima Hora, Asunción, 29 de marzo de 1993, pág. 19.

10. Gladys Mellinger de Sannemann, Paraguay la "Operación Cóndor" en los "Archivos del Terror". Edición de la autora, Asunción, 1994, pág. 98.

11. Ibid., págs. 98-99.

12. Periódico Ultima Hora, Asunción, 27 de marzo de 1993, pág. 27.

13. Archivos de Paraguay, Archivador 147, Conferencias Bilaterales entre los Ejércitos de Paraguay-Brasil (1976) y Paraguay-Argentina (1977).

14. Alfredo Boccia Paz y otros, Es mi Informe, CDE, Ediciones, Asunción 1994, pág. 292.

13

ARGENTINA: LA HORA DE LA VERDAD

Cuando el presidente Raúl Alfonsín, de la Unión Cívica Radical (UCR), asumió el poder en diciembre de 1983, con un fuerte apoyo popular evidenciado en las elecciones de ese año, terminaba uno de los períodos más terribles en la historia argentina. La dictadura, sin embargo, dejaba sus graves secuelas de miles de desaparecidos, asesinados y exiliados.

Alfonsín nombró una Comisión de personalidades y familiares de desaparecidos que coordinó todas las tareas de investigación, bajo la presidencia del escritor Ernesto Sabato. "Nuestra Comisión no fue instituida para juzgar, pues para eso están los jueces constitucionales, sino para indagar la suerte de los desaparecidos en el curso de estos años aciagos de la vida nacional. Pero, después de haber recibido varios miles de declaraciones y testimonios, de haber verificado o determinado la existencia de cientos de lugares clandestinos de detención y de acumular más de 50 mil páginas documentales, tenemos la certidumbre de que la dictadura militar produjo la más grande tragedia de nuestra historia, y la más salvaje. Y, si bien debemos esperar de la justicia la palabra definitiva, no podemos callar ante lo que hemos oído, leído y registrado; todo lo cual va mucho más allá de lo que pueda considerarse como delictivo para alcanzar la tenebrosa categoría de crímenes de lesa humanidad", dicen en el prólogo de la edición del libro *Nunca Más*,[1] que registra los testimonios y parte de los datos contenidos en miles de folios en esta investigación.

En uno de los capítulos del libro, al referirse a la coordinación represiva en la región (Operación Cóndor), la Comisón señala:

"Vinculada la operatividad represiva ilegal realizada dentro de los limites del territorio nacional, debe ser destacado que las actividades de persecución se verificaron sin limitación de fronteras geográficas, contando para ello con la colaboración de los organismos de Seguridad de Estados limítrofes, los que con característica reciprocidad, procedían a la detención de personas sin respetar orden legal alguna.[2] Algunas de estas personas ostentaban el carácter de refugiados, algunas con su radicación legalizada, y otras bajo el amparo del Alto Comisionado de las Naciones Unidas".[3] "La metodología empleada consistió, básicamente, en la interpelación de los grupos ilegales de represión, los que, en definitiva, actuaron como si se tratara de una misma y única fuerza, constituyendo tal operatoria, por aquella clandestinidad a la que se ha hecho referencia, una clara violación de la soberanía nacional".[4]

Si bien es cierto que el mayor número de extranjeros fueron de nacionalidad uruguaya, no pueden dejarse de lado los casos de asilados paraguayos, bolivianos e incluso chilenos que en similar modo debieron padecer las consecuencias de esa íntima afinidad de modelos políticos autoritarios que azotó a esta parte del continente.[5]

Algunos de los dramáticos ejemplos que se citan como testimonios del Plan Cóndor en el libro *Nunca Más*:

Testimonio de Osiris Irineo Ayala, Legajo Nº 6364.

"En una de esas oportunidades estuve con un grupo de gente y un guardia hablando en idioma guaraní dice: 'Hay uno que no es paraguayo, dígale al capitán Espada que nosotros no queremos llevar gente que no sea paraguaya' ".[6]

Es de destacar que, en el lugar al que se refiere el Sr. Ayala, sólo quedó él de las catorce personas que se encontraban detenidas.

Testimonio de Matilde Artés Company, madre y abuela de las desaparecidas Graciela Antonia Rutilo Artés y Carla Graciela Rutilo Artés, Legajo Nº 6333 y 7243.

"El 2 de abril de 1976 fueron apresadas por Fuerzas de Seguridad en la ciudad de Oruro (Bolivia) mi hija Graciela Antonia Rutilo Artés y Carla Graciela Rutilo Artés. Con posterioridad son trasladadas a la ciudad de La Paz en donde separaron a madre e hija. Graciela fue conducida a distintas dependecias del Ministerio del Interior boliviano donde es torturada (...)

"Carlita es ingresada en el orfelinato 'Hogar Carlos Villegas' donde permanece con el nombre supuesto de Norah Nentela y con el encargo de ser muy vigilada. Carlita fue varias veces llevada a las sesiones de tortura que sufría la madre, donde la pequeña fue maltratada (la tenían desnudita, cogida de los pies y cabeza abajo) con el fin de doblegar a Graciela (...) en virtud de las denuncias que efectué ante la Cruz Roja Internacional, mi hija, cuyo paradero desconocía, fue localizada en su lugar de detención donde recibió la visita del Sr. Isler, delegado de dicho organismo, quien inició gestiones ante las autoridades competentes para que la pequeña Carla fuera reunida con su madre (...) la niña fue trasladada al orfelinato de Villa Fátima (La Paz), donde ya fue posible registrarla con su nombre verdadero. Allí permaneció hasta las 13.20 horas del día 25 de agosto de 1976, de donde fue sacada a la fuerza (en razón que trabajadores sociales se negaban a entregarla) por cuatro agentes del Ministerio del Interior boliviano, quienes cumpliendo órdenes del Coronel Ernesto Cadina Valdivia alegaron que la niña debía viajar inmediatamente con la madre. Por su parte mi hija es obligada a firmar un documento donde consta haber recibido a la niña 'en perfecto estado de salud'. Este hecho se llevó a cabo el día 25 de agosto a las 15 horas. También por fuentes dignas de crédito me enteré de que mi hija fue horriblemente torturada por una comisión de la Policía Federal Argentina que se hizo presente a mediados del mes de agosto de 1976.

"Finalmente mi hija Graciela y mi nieta Carlita fueron entregadas el 29 de agosto de 1976, a las 10.15 horas, en la frontera Villazón-La Quiaca a las autoridades argentinas. Adjunto la prueba del radiograma oficial (se acompaña fotocopia del mismo). Cabe señalar que mi hija Graciela residió desde la edad de 9 años en Bolivia, donde yo me establecí con mi familia y que, fuera de algunas cortas visitas a la Argentina, nunca vivió en este país. Por lo tanto, más allá de la flagrante ilegalidad de su traslado, resulta claro que el gobierno argentino no tenía motivo alguno para reclamarla.

"A partir de la comunicación, la Cruz Roja Internacional es el único organismo que: 1. Vio con vida a mi hija. 2. El gobierno boliviano le comunicó oficialmente la entrega de ambas a la Argentina y 3. Tramitó ante el gobierno argentino la aparición de dos ciudadanas que, de alguna manera, estaban bajo su tutela, persistiendo la Junta Militar en indicar que no existen constancias de su ubicación, y que no se encuentran detenidas."[7]

Carla

En los años 60, la actriz argentina Matilde Artés de Company trabajó en la película *Sangre de Cóndor*, del director boliviano Jorge Sanjinés, una fuerte denuncia contra los llamados Cuerpos de Paz (organismos de la CIA) que mediante engaños esterilizaban masivamente a las aldeas indígenas de una zona de Bolivia. El Cuerpo de Paz sería luego expulsado de ese país, como de otros. Artés era conocida como defensora de los derechos humanos.

156 ──────────────────────────────── Los años del lobo

Cuando Banzer estaba en el poder, en 1976, Matilde Artés fue detenida y torturada en el Departamento de Policía. El interrogatorio dejó a Matilde con graves lesiones: la columna fisurada, el tabique nasal roto y perdió varios dientes. La vinculaban con el Movimiento de Liberación Nacional (MLN) Tupamaros. Era otra acción del Cóndor: una argentina torturada en Bolivia y acusada de participar en la guerrilla uruguaya.

La hija de la actriz, Graciela –17 años, dirigente universitaria, estudiante de Asistencia Social y Farmacia y Bioquímica–, y su compañero Enrique Joaquín Lucas López, un uruguayo miembro de Tupamaros, habían viajado a Perú donde el 28 de junio de 1975 nació su hija Carla. A comienzos de 1976, madre e hija residían en Oruro y López en Cochabamba. Graciela era una militante activa y había participado en movilizaciones en apoyo a la huelga minera en Oruro. El 2 de abril de 1976, llegaron las fuerzas de seguridad, destrozaron la casa y la llevaron detenida al Departamento de Orden Político (DOP), que era parte "del sistema Cóndor" de la dictadura de Banzer. Graciela fue terriblemente torturada.[8]

Su madre, Matilde Artés, envió una carta a Banzer (publicada en el diario *Presencia*, 1º de noviembre de 1979) en la que denunció que su hija fue torturada en agosto de 1976, por una Comisión de la Policía Federal Argentina conjuntamente con policías bolivianos en una casa de seguridad del Ministerio del Interior. Graciela Artés paso un tiempo en la prisión de Viacha, donde en las paredes de su celda escribió poemas conmovedores dedicados a su hija Carla y su compañero uruguayo. En agosto de 1976, tras permanecer en el Hogar de Villa Fátima, fue llevada con su hija Carla, por orden del Coronel Ernesto Cadima Valdivia para ser entregadas a la dictadura argentina. Tiempo después, el Ministro del Interior y luego presidente de Bolivia (1978), Juan Pereda Asbún, mostró a un ciudadano español, enviado por Matilde Artés, documentos sobre la operación de traslado de la familia Artés que ratificaban el intercambio.

Como testimonió Matilde Artés ante la CONADEP, el 29 de agosto de 1976 Graciela y Carla fueron entregadas a funcionarios de la dictadura argentina. Estaban con ellas Luis Stamponi y Efraín Fernando Villa Isola, quien fue visto después en el centro clandestino de detención de Buenos Aires Automotores Orletti, según la versión de Loyola Guzmán, presidenta de la Asociación de Familiares y Desaparecidos (ASOFAMD) de Bolivia. Se identificó a los jefes de frontera como Gumersindo Espinoza, Gerardo Bernal (miembros del DOP), René Caballero (de la oficina de Inmigración) y el operador de radio, Juan Carlos Villarroel. Por el lado argentino, dirigió el operativo el comandante principal Luis Alberto Remy, responsable del escuadrón 21 de La Quiaca. Así, Carla y Graciela llegaron a Orletti.[9]

Las investigaciones de Loyola Guzmán, presidenta de la Asociación de

Familiares de Detenidos y Desaparecidos (ASOFAMD) de Bolivia, determinaron que durante la dictadura de Banzer hubo 100 desapariciones (incluidos 40 en Argentina y 3 en Chile). En el libro *Nunca Más*, el padre jesuita Federico Aguiló totalizó 39 asesinatos políticos, 429 muertos en enfrentamientos y masacres y 100 torturados que salieron con vida.[10] Según la Asociación de periodistas, hubo entre octubre de 1971 y diciembre de 1977, alrededor de 14.750 encarcelados, 19.140 exiliados políticos y 780.000 exiliados económicos.

La dimensión del genocidio llevó a la dictadura de Banzer al tribunal Bertrand Russell de Roma, que la declaró, en 1974, culpable de violaciones graves, repetidas y sistemáticas de los derechos humanos junto a Brasil, Chile y Uruguay. El informe sobre la Violación de los Derechos Humanos en Bolivia, publicado en 1976 por la Central Obrera Boliviana (COB), detalló que los métodos de tortura fueron los golpes de puño, quemaduras de cigarrillos, introducción de alfileres y astillas, golpes de correas, violación, picana, chancho, cortaduras, el tubo de goma, garrote de dos pulgadas y torturas psicológicas. Los campos de concentración se generalizaron. El Panóptico, el campo de Madidi, Viacha, el campo de concentración de Achocalla, la isla de Coati, fueron algunos de los escenarios del terrorismo de Estado. De acuerdo con un informe de la COB, hasta 1976, 104 periodistas fueron perseguidos, desterrados y/o torturados, cifra que representa más del 50 por ciento del cuerpo profesional de cronistas de Bolivia. En el golpe militar de Banzer en 1971 se estimaron cientos de víctimas. Las matanzas de campesinos fueron uno de los hitos de la represión, y en las listas de los organismos humanitarios figuran cientos de muertos y detenidos en las zonas rurales durante esta dictadura. Después de una de esas matanzas campesinas Banzer pronunció una de sus frases antológicas: "A ustedes, hermanos campesinos, voy a darles la consigna como líder: el primer agitador que vaya al campo, yo les autorizo, me responsabilizo, pueden matarlo. Si no, me lo traen aquí para que se entienda conmigo personalmente". Banzer utilizó asimismo las acciones contra campesinos, para justiticar que actuaba porque había extranjeros en el país y que eran estos los que provocaban las matanzas. Cuando hubo una fuga masiva del campo de concentración de la isla de Coati, el gobierno señaló que la acción recibió apoyo del exterior, ya que había una red política que financiaba desde afuera. El demonio de la conspiración supranacional, ficticio o real, ya estaba creado. Había que unirse para aniquilarlo.[11]

Otros casos

Desaparición de Claudio Ernesto Logares, Mónica Sofía Grispon de Logares y Paula Eva Logares, Legajos Nos 1982, 1983, 1984.

Se trata del caso de una familia argentina radicada en la ciudad de Montevideo, Uruguay, que fuera secuestrada en dicha Capital.

El día 18 de mayo de 1978 Claudio Ernesto Logares, argentino, su esposa Mónica Sofía Gripson de Logares y la menor Paula Eva Logares fueron detenidos a las 15.30 horas del día indicado en la avenida Fernández Crespo, frente al Nº 1757, de Montevideo, por un grupo de civiles fuertemente armados, los que se transportaban en tres automóviles. El matrimonio fue separado, conduciéndose al Sr. Logares en uno de los vehículos y a su cónyuge e hijita en otro.

Se efectuaron gestiones tanto en Uruguay como en nuestro país tendientes a lograr el paradero de esta familia, sin que ninguna de ellas tuviera éxito.

Lo que resulta de suma importancia resaltar es el hecho de que la menor Paula Eva Logares pudo ser localizada por medio de las Abuelas de Plaza de Mayo. La hijita del matrimonio Logares se encontraba en poder de un ex comisario de la Policía de la Provincia de Buenos Aires, quien la había inscripto como hija propia. A la fecha, efectuada la denuncia pertinente ante el Juzgado Federal, el magistrado actuante dictó auto de prisión preventiva en contra de Rubén Luis Lavallén, Raquel Teresa Leyro y del médico Jorge Héctor Vidal, por encontrarse incursos, *prima facie*, del delito de alteración de estado civil de un menor de 10 años, en concurso ideal con falsedad ideológica en instrumento publico (acta de nacimiento). La aparición de la niña en nuestro país, y además, en poder de un integrante de las fuerzas policiales, no deja duda alguna de que en el secuestro de la familia Logares se utilizó la estrecha colaboración existente entre los grupos de represión ilegal, quienes además se valieron de esa interrelación para proceder a la sustracción y cambio de identidad de la pequeña Paula Eva Logares.[12]

Desaparición de Aída Celia Sanz Fernández y Elsa Fernández de Sanz, Legajos Nos 7162 y 7227.

Aída Celia Sanz Fernández, de nacionalidad uruguaya, estaba radicada en nuestro país desde del mes de mayo de 1974. Se desempeñaba como enfermera en la unidad de terapia intensiva de la Asociación Española de Buenos Aires. Al momento de su detención –23 de diciembre de 1977– se encontraba embarazada a término. Su madre, Elsa Fernández de Sanz, viajó expresamente desde el Uruguay para estar presente en el próximo parto de su hija.

Ambas fueron detenidas en el domicilio de Aída Celia, sito en la localidad de San Antonio de Padua, provincia de Buenos Aires. Por referencias obrantes en los legajos citados pudo establecerse que la hija fue vista en el centro clandestino de detención denominado "Pozo de Quilmes", según luce en el testimonio de Washington Rodríguez que integra las actuaciones de referencia.

Dice Washington Rodríguez:

> "El 1º de abril de 1978 fui secuestrado en la ciudad de Buenos Aires y trasladado a un centro clandestino de detención en las inmediaciones de Quilmes. En dicho lugar vi a tres uruguayos, entre los que se encontraba Aída Sanz, que había sido detenida el 23 de diciembre y dado a luz a una niña el 27 de diciembre, la que fue retirada de inmediato, sin saberse nunca más de ella...".[13]

Denuncia de Enrique Rodríguez Larreta Piera, Legajo Nº 2539.

Además de las situaciones relatadas en los casos anteriormente reseñados, obran constancias en esta comisión de la denuncia que formulara ante la Justicia Nacional el ciudadano uruguayo Enrique Rodríguez Larreta Piera, sobre los hechos que trágicamente le ha tocado vivir, la que por su contundencia es de interés, en lo principal, transcribir sus párrafos más pertinentes:

> "En la fecha 1º de julio de 1976 fui informado por mi nuera, Raquel Nogueira Pauller, de la desaparición de mi hijo Enrique Rodríguez Larreta Martínez, uruguayo, casado de 26 años de edad, padre de un niño de 5 años, de profesión periodista y con residencia legal en la República Argentina desde el año 1973. De inmediato nos pusimos en contacto con un abogado y con su asesoramiento presentamos un hábeas corpus (...) Varios días después se me informó que el recurso se archivaría ya que las autoridades habían informado que no se registraba pedido de captura contra mi hijo y tampoco se encontraba detenido. En la noche del 13 al 14 de julio una banda de entre 8 y 12 personas armadas, luego de penetrar en el edificio de departamentos en que se domiciliaban mi hijo y mi nuera, derribaron la puerta del departamento e irrumpieron en él sin exhibir ninguna orden de allanamiento (...) mi nuera y yo fuimos sacados de la casa y se nos introdujo en una camioneta cerrada. El vehículo en el que viajamos se dirigió a otra casa; luego de estacionar unos minutos se introdujo junto a nosotros una pareja, tras de lo cual se nos condujo a un local, al cual para entrar, fue necesario levantar una cortina metálica de enrollar. Pude advertir que en ese local se hallaba un número de personas en las mismas condiciones que yo. Entre ellos identifico a mi hijo por su voz y porque habían utilizado para encapucharme una bolsa de azúcar de trama no muy cerrada, lo que me permitía ver las siluetas. Posteriormente, un guardia se apercibe de que puedo distinguir algo, por lo que me da una golpiza y me venda los ojos fuertemente con un trapo. Pude reconocer también entre las personas que se hallaban allí a Margarita Michelini –hija

de mi amigo, el Senador Zelmar Michelini, asesinado poco tiempo antes–
y León Duarte, dirigente obrero uruguayo de relevante actuación en el
movimiento sindical de mi país. Mientras se me torturaba me formulaban
preguntas sobre las actividades políticas de mi hijo y sobre mi participación en el Partido de la Victoria del Pueblo al que, según ellos,
pertenecía mi hijo. También reconozco las voces de otros dos sindicalistas
uruguayos, Gerardo Gatti Antuña y Hugo Méndez. En cautiverio puedo
percibir por el contenido de las conversaciones y los modismos que
emplean, que la gran mayoría de los que participaron en el secuestro y
todos quienes nos custodian son argentinos. Algunos militares uruguayos
pertenecían a un grupo llamado OCOA (Organismo Coordinador de
Operaciones Antisubversivas) integrado por militares y policías uruguayos
que se distinguen en el trato entre ellos, con el nombre de 'Oscar' seguido
de un numero ordinal. El día 26 de julio se nos dijo que nos preparemos
para ser trasladados (...) Se nos colocó tela adhesiva en los ojos y en la
boca (...) Nos hicieron subir a la caja de un de camión y sentarnos en el
piso, éste se dirigió fuertemente custodiado hacia la Base Militar contigua
al aeroparque de la cuidad de Buenos Aires. Pude darme cuenta de ello
al descender, ya que con la transpiración producida por el encierro y la
llovizna, se había desprendido en parte la tela adhesiva, permitiendo cierta
visibilidad. Una vez descendidos del camión se nos hizo subir a un avión
'Fairchild' de los que utiliza la Fuerza Aérea Uruguaya y están afectados
a los servicios TAMU (Transporte Aéreo Militar Uruguayo) y PLUNA.
Algunas personas que viajaban conmigo pudieron apreciar el distintivo de
PLUNA en las bolsas de polietileno puestas en los bolsillos de los asientos.
Viajamos sentados y el vuelo duró alrededor de una hora, según mi
estimación. Al aterrizar y descender pude advertir que estábamos en la
Base Aérea Militar Nº1, contigua al Aeropuerto Nacional de Carrasco, en
las afueras de Montevideo. La noche del 14 de agosto se nos sacó
presurosamente del lugar en donde fuimos alojados. Realizamos un viaje
de entre 20 y 30 minutos hasta nuestro nuevo destino. Al llegar se nos
hace descender a un subsuelo de una casa donde se nos introduce en una
pieza grande, con piso de madera, donde nos dividieron en dos grupos,
uno sobre cada pared. En ese lugar el Mayor Gavazzo (Nino) nos dirigió
un discurso, enterándonos de que estábamos en manos de lo que llamó
'fuerzas especiales de seguridad' de la República Oriental del Uruguay y
que estábamos sometidos a una rigurosa disciplina en que cualquier falta
sería severamente castigada. A los pocos días de estar en esa casa son
retirados de la habitación que servía de celda común, Félix Diaz Berdayes
(15 de agosto) y Laura Anzolene (20 de agosto), compañera del anterior,
de quien se hallaba embarazada. El día 26 de agosto el Mayor Gavazzo nos
hizo poner de pie y nos planteó lo siguiente: que ellos –las fuerzas
especiales de seguridad del Uruguay– nos habían salvado la vida al

rescatarnos de los asesinos argentinos, que 'nos querían mandar para arriba a tocar el arpa con San Pedro'. Que por lo tanto debíamos contribuir a que se justificara nuestra presencia en Uruguay, para lo cual debíamos prestarnos a simular una tentativa de invasión armada por un grupo guerrillero que había ingresado clandestinamente a la altura del Río Negro, donde sería sorprendido por tropas uruguayas (...) Para presionarnos insistió en recordar que si bien nos habían salvado la vida estábamos exclusivamente en sus manos y nadie conocía nuestro paradero (...) La totalidad de los secuestrados rechazó este planteamiento. En caso de negativa, no le quedaba otro remedio que devolvernos a la Argentina para que nos asesinen. Permanecí detenido hasta el día 22 de diciembre en distintos lugares, deseo aclarar que en el mes de septiembre fue traído desde Buenos Aires quien luego supe que era Alvaro Nores Montedónico, hermano de María Pilar Nores Montedónico, refugiada uruguaya también secuestrada en Buenos Aires y que había viajado con nosotros pero en condiciones distintas. La casa donde fui secuestrado es propiedad de mi nuera Raquel Nogueira Paullier. Cuando ya liberado viajé a Buenos Aires visité la misma, la cual había sido saqueada. Posteriormente se me informó que luego del secuestro fue clausurada con una faja que rezaba 'EJERCITO ARGENTINO'. El portero fue testigo presencial de los hechos ocurridos en el inmueble sito en la calle Víctor Martínez 1480 de la Capital Federal (...) Al ponerme en contacto con integrantes de la colonia uruguaya de refugiados pude enterarme que mi descripción coincidía con la que había hecho un matrimonio argentino que tiempo antes se había logrado fugar de la casa en que se lo retenía ilegalmente y que ubicaron en la calle Venancio Flores, esquina Lamarca. Concurrí al lugar y efectivamente es donde estuvimos detenidos. Es un antiguo taller que en su frente tiene un cartel que dice "Automotores Orletti". Al ser liberado supe que en el mes de septiembre de 1976 se había denunciado la desaparición de varias decenas de refugiados uruguayos en Buenos Aires, incluyendo tres niños de corta edad, secuestrados junto a sus padres. Todo lo dicho implica una clara denuncia de intervención en un país extranjero a la vez que una violación de la Declaración Universal de los Derechos del Hombre como de la Declaración Americana de Derechos y Deberes del Hombre, y de la Convención de Ginebra de 1951 sobre el refugiado político".[14]

Denuncia de Alberto Illarzen y su cónyuge, Legajo Nº 4086.

Este matrimonio fue secuestrado en la localidad de Lanús –Provincia de Buenos Aires– el 21-04-78 y liberado el 18-05-78. Durante su cautiverio pudieron advertir que se encontraban en el denominado "Pozo de Quilmes", donde fueron aberrantemente tratados. Explican las impresiones del sitio específico donde se los mantuvo, en estos términos:

"En el momento en que llegamos había 32 secuestrados, todos uruguayos, brutalmente torturados, incluso un menor de 16 años. Los nombres que recordamos son: Aída Sanz, Andrés Da Fortuna, Gabriel Corch Lavigna, Guillermo Gabriel Sobrino, Ari Cebero y su esposa Beatriz, Carlos Cebero, Jorge Martínez y su esposa Marta Beatriz Cebero, y otros. Sin lugar a dudas, había tanto oficiales argentinos como uruguayos. El oficial de mayor jerarquía entre los uruguayos se hacía llamar 'Capitán Saruchu', quien desempeñó funciones, como lo advirtió Sobrino, en el mismo lugar donde éste había estado en cautiverio en la ciudad de Montevideo. A una militar uruguaya que revisaba en el Pozo de Quilmes le decían 'Sargento Piters'; un día un militar uruguayo la llamó 'Cristina', que podría ser su verdadero nombre de pila; ella era la encargada de realizar los interrogatorios durante los tormentos".[15]

Denuncia de Washington Rodríguez, Legajo Nº 4085.

"El día 1-4-78 fui detenido en la provincia de Buenos Aires cuando caminaba con mi hijo de 15 años. Personas fuertemente armadas en número aproximado de 15 nos esposaron y condujeron a mi casa, distante unos 150 metros, a la vista de todos los vecinos; ésta, donde se encontraban mis 4 hijos, había sido allanada por otras 15 personas, luego de introducirse en cuatro inmuebles vecinos. Saquearon las pertenencias de mi domicilio. Me introducen en una camioneta, encapuchan y al cabo de una de una hora me bajan en el 'Pozo de Quilmes' donde me aplican la picana eléctrica. Allí veo un grupo de 22 personas de nacionalidad uruguaya, detenidos. Los interrogadores eran uruguayos, oficiales pertenecientes a la OCOA; el interrogatorio giraba sobre actividades en el Uruguay. Los propios guardias nos manifestaron que los uruguayos estaban a cargo de personal militar de esa nacionalidad."[16]

La CONADEP también trazó un informe sobre los campos clandestinos de Argentina y entre ellos se refirió específicamente a los que fueron parte de la Operación Cóndor. Sin embargo, habría que indagar aún más en este punto, porque cuando aquella investigación se realizó no se conocían a fondo todos los mecanismos de esta Operación criminal. Los sucesos de Chile y especialmente la Operación Colombo, indicarían que hubo lazos muy cercanos entre servicios de inteligencias también en las zonas fronterizas (se habla de Tucumán y Salta) que se potenciaron durante la dictadura militar argentina.

Unos 340 campos clandestinos funcionaron sólo en Argentina, según el informe de la Comisión, y entre los que operaron en forma coordinada con los agentes represores de países limítrofes se señalan:

- Automotores Orletti: Ejército Argentino en conexión con el Ejército

Uruguayo, cuyo grupo operativo se denominaba OCOA (Organismo Coordinador de Operaciones Antisubversivas). Situado en la ciudad de Buenos Aires, las operaciones consistían en la ubicación de personas de origen uruguayo residentes en dicha ciudad en calidad de refugiados, para luego ser secuestradas, detenidas, interrogadas (por torturas física y psicológica). Con la finalidad de trasladarlas al vecino país o asesinarlas (desaparición forzada de personas).[17]

- Pozo de Quilmes o Chupadero Malvinas: Ubicado en el centro de la ciudad de Quilmes, partido del mismo nombre, provincia de Buenos Aires. Local de la Brigada de Investigaciones. Funciones ídem anterior para residentes uruguayos en la provincia de Buenos Aires.[18]

- Escuela de Mecánica de la Armada (ESMA): El capitán de navío uruguayo, Jorge Tróccoli, reveló su participación como delegado de inteligencia uruguaya en la ESMA, por lo cual ratifica lo expuesto por el capitán argentino Adolfo Scilingo en su testimonio.

- La Escuelita o San Antonio: Centro clandestino de detención ubicado en la División de Cuatrerismo de la Policía provincial de Formosa. Por ser Formosa provincia limítrofe con la República del Paraguay, se registraron casos de coordinación represiva entre Servicios de Inteligencia de ambos países.[19]

Además de estos campos clandestinos que estuvieron comprometidos con la Operación Cóndor, el testimonio del ex capitán uruguayo Jorge Tróccoli, puso en evidencia que la ESMA también era parte de ésta, como lo denunció en su momento la médica paraguaya Gladys Mellinger de Sannemann. Al descubrirse los Archivos de Paraguay figura un documento con membrete del Estado Mayor General II Departamento, fechado el 10 de julio de 1980 que ratifica esto:

"1.- Asunto: ingreso de terroristas argentinos a su país a través del nuestro.

2.- Origen (de la información): Servicio de Inteligencia Naval de Argentina.

3.- Difusión "A"

4. Datos:

a. Hemos recibido la visita del Ten. Nav. Orlando Ruiz, de la Escuela de Mecánica de la Armada (Arg.), Unidad de Inteligencia del Comando de la Armada (Arg), con quienes mantenemos intercambio de informaciones acompañado del representante de dicho servicio en CHACO y FORMOSA.

b. El Ten. Nav. Ruiz nos informó que han capturado a dos integrantes del T.E.I. (Tropas Especiales de Infantería) del Grupo terrorista Montoneros, autores del atentado contra el Dr. ALEMAN (sic) (…).

e. También declararon que alrededor del 18 de JUL ingresaría a nuestro país un matrimonio también integrante del T.E.I., probablemente procedente de Lima o de Brasil por vía aérea.

f. Solicitaron venir a nuestro país con uno de los detenidos, a efectos de identificar a esa pareja que debe llegar y coordinar con autoridades nuestras la operación de identificación, seguimiento y si fuere el caso detención de esa pareja. (...).

Firma Alejandro Fretes Dávalos jefe EMG

Benito Guanes Serrrano, Jefe D2".[20]

En Argentina la orden fue exterminar la subversión; "nosotros nunca recibimos una orden de ese tipo, era algo así como neutralizar las acciones del enemigo", dijo Tróccoli, quien escribió el libro *La ira de Leviatán*, donde relata estas historias negras.[21] "La coordinación entre fuerzas armadas de países limítrofes es natural, ha ocurrido en tiempos de paz y de guerra, sigue sucediendo y va a continuar (...) La guerrilla en esos años pasó a ser un enemigo común (con Argentina) (...) entonces las fuerzas armadas también teníamos un enemigo común y había que coordinar las acciones."

En otras de sus declaraciones para la radio El Espectador de Montevideo, reconoció el militar uruguayo que "las operaciones se hacían en secreto, pero no fueron clandestinas, porque siempre estuvieron en conocimiento de nuestros superiores (...) yo tenía que informar de los movimientos que pudiera haber de la guerrilla uruguaya del otro lado" del Río de la Plata (que divide a ambos países).

Sin embargo, el periodista Walter Goobar señaló que Tróccoli habla de una guerra que "en realidad tuvo muy pocos choques armados", y estas operaciones de intercambio, en este caso con Uruguay, dejaron un saldo final de 164 civiles uruguayos, desaparecidos, 127 de ellos en Argentina.

Fue evidente que Tróccoli trataba de diferenciarse del accionar de los argentinos, pero por otra parte consideraba que realmente había estado en una guerra, hasta tal punto que cuando los entrevistadores le preguntaron qué opinaba de los llamados "vuelos de la muerte", donde los detenidos eran arrojados al mar, respondió sin vacilar: "no me gusta (...) me parece que no entra dentro de lo que sería la solución de combate, es preferible un fusilamiento, eso sí se ha hecho en otras guerras".[22]

Mariana Zaffaroni, rehén de un delator

En los Archivos de Paraguay se encontró una carpeta donde se comunicaba a Stroessner, la presencia de Miguel Angel Furci, que estaba caracterizado en el informe como ex agente de los Servicios de Inteligencia del Estado (SIDE) y que había llevado con él a una niña que, al parecer, era hija de desaparecidos. La carpeta correspondía al secuestro de Mariana Zaffaroni, y revela que los servicios de seguridad paraguayos conocían a la perfección que Furci estaba huyendo de Argentina. También hay otros nombres de oficiales policiales y militares que están citados en los informes, y en ellos se evidencia la protección entre los ex amigos de Cóndor. Había llegado la democracia a la Argentina y el gobierno de Stroessner calificaba de "izquierdista" al presidente Raúl Alfonsín, que figuraba en una larga lista de unos 400 argentinos "sospechosos", que pudimos leer en los desordenados Archivos del primer momento.

"Cuando la policía política comprobó que Miguel Angel Furci era en realidad un espía, cuyo 'trabajo' fue interpretado como una maniobra para desprestigiar internacionalmente al régimen paraguayo, ya era tarde: Furci había retornado a la Argentina, donde disfrutaría durante otros seis años de la protección oficial para eludir a la justicia."[23]

Mariana Zaffaroni fue ubicada en 1983 por su familia biológica, pero Miguel Angel Furci –el represor integrante de la banda de Aníbal Gordon que verosímilmente participó en la desaparición de Jorge Zaffaroni y María Emilia Islas, detenidos y torturados en el centro clandestino de "Automotores Orletti"– tuvo notorias facilidades para huir con la niña que había registrado como hija propia, señala el periodista uruguayo Samuel Blixen. Gordon también fue clave en el asesinato del general Torres, como se ha visto.

En aquel entonces se supuso que Furci, miembro del SIDE, estaba protegido por sus camaradas. Furci seguía eludiendo a la justicia y, más aún, cobrando un sueldo como agente del SIDE.[24]

Al saltar públicamente la historia de este agente, se produjo un verdadero cortocircuito en el gobierno de Alfonsín, ya que esto llevó a investigaciones periodísticas que permitieron ubicar a uno de los integrantes de la banda de Aníbal Gordon, también pieza clave en la guerra sucia centroamericana, Raúl Guglielminetti, como miembro de la custodia presidencial. Era un hecho muy grave ya que este hombre figuraba como uno de los más notorios miembros de la banda de Gordon y había sido identificado por la CONADEP como responsable de innumerables violaciones a los derechos humanos. [25]

Al parecer, Furci aportó datos que permitieron ubicar por lo menos a otros dos represores que habían huido con niños de padres desaparecidos. En noviembre de 1987 el embajador argentino en Asunción, Raúl Alberto Quijano, concretó los pedidos de extradición de dos represores protegidos por Paraguay. El Mayor Ernesto Atilio Bianco, médico militar que se encargaba de inducir los partos de las detenidas en Campo de Mayo, y el Subcomisario Miara (Samuel), torturador del centro clandestino de detención "La Cacha".

Bianco secuestró a dos niños nacidos en cautiverio, y huyó a Paraguay cuando la justicia ordenó la prueba de sangre que permitiría establecer la identidad de los menores apropiados, y continúa allí. Miara está preso en Buenos Aires, pero aunque luego se decretó la restitución de los mellizos que robó a una detenida que dio a luz en la cárcel de mujeres de Olmos, esto no se concretó. Pero aquí surgió la cara de otra tragedia. Esos adolescentes que habían pasado su vida con esos temibles padres adoptivos, han permanecido alejados de su familia biológica. El crimen se perpetúa y aumenta el horror de esos años.

El régimen de Stroessner se sentía víctima de una conspiración, pero igualmente prefirió ocultar la información sobre el paradero de Mariana Zaffaroni, cuando el canciller uruguayo Enrique Iglesias hizo un reclamo ante su similar de Asunción. Ese reclamo coincidió con la propuesta de Furci a las abuelas de la niña para llegar a un "arreglo privado": permitiría que la nieta conociera a su familia real, a cambio del retiro de la denuncia penal. Furci no podía seguir prófugo indefinidamente. Mariana, al parecer, fue rehén de un pacto difícil de justificar. Las autoridades argentinas prefirieron demorar la restitución de su identidad, con el pretexto discutible: de ubicar a otros niños desaparecidos. Mariana no sólo fue secuestrada y engañada, también fue manipulada por los gobiernos. Sólo ella sabe el daño que le han causado, y sólo ella puede resolver el conflicto que explica su actual conducta (no quiere volver con su familia biológica).[26]

En ese entorno de la Operación Cóndor, también se encuentra esta acción perversa que hoy se juzga en Argentina, la apropiación de niños de detenidos-desaparecidos, el cambio de su identidad para demostrar cómo se puede "educar" cambiando los conceptos esenciales de la familia biológica, en un experimento terrible, que ha dejado y dejará secuelas en la sociedad argentina.

Entre los papeles de carpeta de Mariana, el semanario *Brecha* encontró dos documentos, uno fechado el 27 de noviembre de 1987 y otro el 24 de marzo de 1988, ambos firmados por el comisario Alberto Cantero, que se referían a un ciudadano argentino, Omar Alonso, que "se encuentra radicado en nuestro país igual que los Miara y Bianco". Cantero informaba a su superior Pastor Coronel: "Alonso reside en San Miguel y Castelar, con teléfono 292-167, con oficina en Estrella 692, 9º Piso, con teléfono 98-464, y dice tener muy buenas relaciones con el General Hugo Banzer"; sugiere que "se le pida que de inmediato salga para Bolivia, a fin de evitar problemas al superior gobierno de nuestro país". Un año y medio después Alonso continuaba en Asunción "bastante preocupado por su situación".[27]

Como parecía no existir nexo entre Mariana, los Furci y Alonso, el periodista Blixen se comunicó con Estela Carlotto, presidenta de Abuelas de Plaza Mayo, quien confirmó que Alonso es un civil a quien se buscaba desde que huyó de la ciudad de La Plata, cuando un juez ordenó una prueba de sangre para determinar la identidad de la niña que aparece como su hija. Carlotto confirmó que Alonso, ahijado del ex presidente boliviano y actual presidente, General Hugo Banzer, es el secuestrador de una niña nacida en cautiverio, y cuya identidad aún no se pudo determinar. "Sospechábamos que estaba en Paraguay, pero nunca fue localizado." Las Abuelas iniciaron acciones ante la justicia paraguaya. Omar Alonso, de quien se sospecha que es un narcotraficante, eludió la trampa que le había tendido Furci, pero ahora vuelve a caer en el cerco.[28]

Notas

1. Ernesto Sabato, Magdalena Ruiz Guiñazú, Graciela Fernández Meijide y otros, *Nunca Más, Informe de la Comisión Nacional sobre la desaparición de personas*, Eudeba, Buenos Aires, 1995, pág. 7.

2. *Ibid.*, pág. 265.

3. *Ibid.*

4. *Ibid.*, pág. 266.

5. *Ibid.*, pág. 266.

6. *Ibid.*, pág. 266.

7. *Ibid.*, págs.266-267.

8. Martín Sivak, *El asesinato de Juan José Torres*, Ediciones Serpaj, Buenos Aires, 1997, pág. 168.

9. *Ibid.*, págs. 167-168-169.

10. *Ibid.*, Cita documento de ASOFAMD, impreso en Colograf Rodríguez,, Cochabamba, 1993, pág. 183 a 189.

11. *Ibid.*, págs. 59-60-61-62.

12. *Ibid.*, págs. 267-268.

13. *Ibid.*, págs. 268-269.

14. *Ibid.*, págs. 269-270-271.

15. *Ibid.*, págs. 271-272.

16. *Ibid.*, pág. 272.

17. *Ibid.*, págs. 105-270.

18. *Ibid.*, págs. 90-271-272.

19. *Ibid.*, págs.192-193.

20. Archivos de Paraguay: Libro D6, pág. 876.

21. Walter Goobar, "Estuve en la ESMA", *Página 12,* 25 de septiembre de 1996, pág. 9,

22. *Ibid.*

23. Samuel Blixen, *Periodismo Urgente*, Ed. Prensa Latina, La Habana, 1998, págs. 100-101-102-103 y 104.

24. *Ibid.*, pág. 101.

25. *Ibid.*

26. *Ibid.*

27. *Ibid.*, pág. 105.

28. *Ibid.*, págs. 105-106.

14

LA MANO QUE MECE LA CUNA

Los Archivos de Paraguay proporcionaron un esquema documental sobre el origen, objetivos y organización de la Operación Cóndor y existen los informes suficientes sobre las reuniones realizadas desde 1975 entre los servicios de Inteligencia del Cono Sur, para codificar la cooperación informal que ya existía y decenas de documentos clasificados pueden ser consultados en Paraguay.[1]

Después de los anuncios de prensa sobre el descubrimiento de los archivos, en febrero de 1993 el gobierno de Patricio Aylwin de Chile solicitó a Paraguay toda la información sobre Operación Cóndor y varios miembros del congreso chileno viajaron a ese país e iniciaron una investigación aún en curso.

Uno de los documentos incluye una libreta-directorio guardada por el Director de la Policía Técnica paraguaya, Antonio Campos Alum. Cuando éste huyó de Paraguay, tras haber sido acusado de torturar personalmente a prisioneros, dejó una libreta donde figuran algunos nombres de funcionarios policiales, militares y civiles argentinos, bolivianos, chilenos y uruguayos, que participaron en la represión internacional. Entre los contactos chilenos figuran el coronel Julio Tapia, Gustavo Alessandri Valdés, coronel Hugo García Otaiza López, Juan Domic, Ramón Cáceres. De Argentina el general Manuel Scotto Rosende, Carlos Anoira (Córdoba), Jorge Flores Allende, nombres escritos a mano y con los teléfonos y dirección.[2]

Tomados en conjunto, los Archivos paraguayos proporcionan la base para procesar a quienes cometieron crímenes, siempre que exista la voluntad política de hacerlo. Además arrojan nueva y reveladora luz sobre el involucramiento de Estados Unidos con las agencias represivas del Cono

Sur, y en especial con Paraguay. Los paraguayos acusaron durante mucho tiempo a Estados Unidos de ayudar a la policía secreta de Stroessner. Funcionarios militares norteamericanos fueron enviados bajo los auspicios de la Agencia Internacional para el Desarrollo (AID) para la formación de la Policía Técnica, uno de los centros más temibles de información y torturas.

Una de las carpetas contiene correspondencia entre ministros paraguayos y el coronel de la Marina norteamericana Robert K. Thierry, quien cumplió funciones como asesor de la administración pública de la AID para el Ministerio del Interior paraguayo y supervisó la formación de la Policía Técnica.

Los documentos dan cuenta de la designación de Thierry como asesor de este ministerio estructurado para la represión del comunismo. De la reunión entre funcionarios del Departamento de Estado y del Ministerio del Interior participaron en Washington, el doctor Oscar Facundo Insfrán, hermano del ministro Edgard Insfrán, según figura en los Archivos.[3]

Una carta del entonces canciller Raúl Sapena Pastor, fechada el 30 de agosto de 1957 y dirigida a Alberto Carter, encargado de negocios de Estados Unidos en Asunción, solicitaba que el coronel de la Marina, Robert Thierry, enviado a través de la AID, permaneciera más tiempo en Paraguay. En un fragmento dice que la petición se funda en que "los trabajos del Servicio de organización y funcionamiento (…) de ese ministerio se han iniciado" y exigen la asistencia profesional del señor Thierry a fin de asegurar la continuidad y eficiencia del proyecto. "Cabe destacar que la labor realizada por dicho técnico ha sido satisfactoria y beneficiosa para el país." Más tarde Thierry escribiría una carta al temible ministro del Interior Insfrán en estos términos: "con respecto a la Dirección Nacional de Asuntos Técnicos (la tenebrosa Policía Técnica del Paraguay), ha sido suficientemente aconsejada y puesto al corriente hasta el presente de manera que poco más puedo decir sobre esta organización. Estoy seguro de que bajo la dirección del señor Antonio Campos Alum, esta pequeña pero potente organización continuará rindiendo el mismo servicio altamente satisfactorio que desde su creación. Me permito señalar que con apoyos y amplios medios para trabajar los horizontes de la Dirección Nacional de Asuntos Técnicos serán ilimitados". Finalmente Thierry sugiere que "mantenga conversaciones con el director de la misión de Operaciones de los Estados Unidos en Paraguay, con el fin de establecer algún programa similar de Seguridad pública".[4]

Otros documentos muestran que la Policía Técnica siguió siendo el principal enlace entre la Agencia de Inteligencia de Estados Unidos y Paraguay y figuran numerosas cartas entre Campos Alum y funcionarios norteamericanos. Esta cooperación continuó a través del período Cóndor.

El hombre del FBI en el Cono Sur, el agente especial Scherrer, con sede en Buenos Aires, trabajó regular y directamente con Campos Alum. En 1974 Scherrer le informó sobre un festival de teatro chicano realizado en México y mencionó los nombres de todos los participantes de América Latina. Como resultado, la policía paraguaya dirigió investigaciones hacia el movimiento cultural.

En otra carta, dos años más tarde, Scherrer le pidió a Campos Alum información sobre Raúl Valentín Quintana, porque el FBI creía que era un agente cubano. Este pedido de información tuvo serias consecuencias para gente inocente; "ahora sabemos por qué varias familias de apellido Quintana fueron perseguidas y encarceladas", dijo Martín Almada.[5]

La CIA también trabajó muy cercanamente en otros campos, como lo demostró la visita del ex vicedirector Vernon Walters a principios de 1976, para reunirse con Stroessner y altos oficiales.[6] De allí surgiría la colaboración para entregar pasaportes a los asesinos de Letelier.

Otro ejemplo de la cooperación de la CIA con Paraguay de Stroessner ocurrió al año siguiente. Una advertencia firmada por Guanes Serrano, y dirigida a las "naciones amigas" calificó a un venezolano llamado Omar Rossel, como "terrorista". Guanes menciona como su fuente a "CIA" (USA).[7]

Aun después de que Cóndor golpeara fuerte, en Washington, y Estados Unidos supuestamente movilizara al FBI y a la CIA para resolver los asesinatos de Letelier y Moffit, el director del FBI, Clarence Kelly envió una nota servil con el sello del FBI a Campos Alum: "En la víspera de Navidad quiero expresarme en nombre de todos mis colaboradores y agradecerle de corazón la cooperación que con tan buena voluntad prestó al FBI. Deseando todas las buenas cosas que usted tan ampliamente merece".[8]

Campos Alum es ahora un fugitivo acusado de graves violaciones a los Derechos Humanos en Paraguay, que cometió crímenes antes durante y después de esta época. ¿Quién lo protege? El FBI, gracias al agente especial Scherrer, era consciente de los crímenes de Campos Alum en la época en que escribió la carta. El hecho de que Estados Unidos y Paraguay fueran aliados no impidió que la Inteligencia militar paraguaya espiara a los políticos norteamericanos que, en su opinión, "interferían" en los asuntos internos de Paraguay. Los Archivos incluyen un informe enviado por un agente al director de Seguridad Pastor Coronel, quien había vigilado una reunión en Buenos Aires del senador demócrata por Massachusetts, Edward Kennedy, y representantes del Acuerdo Nacional Paraguayo (un grupo de oposición), en el Hotel Sheraton de la capital argentina.

Por supuesto que Estados Unidos también estaba interesado en conseguir información sobre los que consideraba sus adversarios. Una carta del agregado legal en Buenos Aires, Calvin Clegg pedía la ayuda de Pastor Coronel sobre una organización subversiva: "Adjunto un informe clasificado enviado por la oficina del FBI en Nueva York. El informe suministra la historia y antecedentes del Consejo Mundial de la Paz, instrumento político del Partido Comunista de la Unión Soviética. Le pido que analice sus archivos para cualquier información vinculada con el Consejo Mundial de la Paz en su país dirigida contra Estados Unidos y sus ciudadanos".[9]

En entrevista con el dirigente del Partido Liberal Radical Auténtico (PLRA) Domingo Laíno, éste recordó que durante una de sus muchas detenciones fue interrogado por Campos Alum, quien se jactaba de unas fotos que estaban en su escritorio y que lo mostraban en uniforme militar norteamericano.[10] La jactancia de Campos Alum tenía una base real. Los archivos de la Policía Técnica incluyen su currículum vitae, donde se menciona su especial capacitación en contrainsurgencia en bases militares norteamericanas y su asistencia a las clases de luchas contra las drogas conducidas por la DEA. El currículum vitae de seis páginas incluye las fechas de sus estudios en instituciones militares de Estados Unidos y de las reuniones con la Liga Anticomunista Mundial, donde él representaba a Paraguay y de la que fue vicepresidente.[11]

En una carpeta bajo el rótulo de "confidencial" se guardaba un manual del Fuerte Gulik (ex Escuela de las Américas, en la zona del canal de Panamá), elaborada por la sección adiestramiento del Ejército de Estados Unidos, para el uso "en interrogatorios y como referencia en interrogatorios de campaña". En una parte del folleto se lee que el "lavado de cerebro", ha sido interpretado como un "tratamiento misterioso e irresistible basado en algún secreto psicológico que poseen los comunistas". ¿Cuántos habrán muerto o habrán sido terriblemente torturados para saber este "secreto"? Hojeando aquellos papeles, encontramos un documento que contiene un manual donde se enseña a los interrogadores cómo mantener vivos y con capacidad de respuesta a las víctimas de shocks eléctricos. El manual recomienda mojar la cabeza y cuerpo de la víctima con agua salada, e incluye una ilustración que muestra cómo hay que realizar ese "tratamiento". Este legajo contiene también una carta del entonces embajador de Estados Unidos, Thimoty Towell, donde dio instrucciones a la policía paraguaya y adjunta otro manual de interrogatorio.[12]

La mano se extiende

El Operativo Cóndor no tenía limites en la lucha anticomunista, como no la tenían sus asesores de diversas entidades estadounidenses. El lazo fue tan fuerte que trascendió el apoyo paraguayo a Estados Unidos, mediante documentación facilitada a los "contras" que luchaban contra el gobierno sandinista de Nicaragua. En este caso los testimonios son más esclarecedores. La red siniestra que se tejió surge de algunos elementos, en tramos pequeños, pero que, unidos a una serie de investigaciones testimoniales, evidencian el temible tráfico del terror en los años setenta y ochenta. En 1982 los servicios de Inteligencia de Paraguay daban cuenta al general Stroessner sobre el "agradecimiento de las autoridades hondureñas" (de Inteligencia). El informe lleva la firma de Alejandro Fretes Dávila, jefe del Estado Mayor de ESMAGENFA, y menciona el "supuesto suicidio" de un ciudadano jordano-hondureño, Salvador Kury Von Schtoler, quien portaba un "documento falso probablemente entregado por la Organización para la Liberación de Palestina (OLP). Según el Servicio de Informaciones de Honduras fue de una ayuda muy grande el pedido de informe nuestro, pues mediante el mismo se pudo detectar un equipo infiltrado dentro del ministerio del ramo. Asimismo al parecer el servicio hondureño dice que es conveniente que se haga un estudio de todos los documentos encontrados en poder del difunto, por si en ellos se encuentran nombres, direcciones, citas u otros indicios que pudieran llevar a evaluar planificaciones para atentados terroristas en nuestro país, solventados por la OLP",[13] escribía Fretes Dávila en su informe. Todo lleva a pensar que este ciudadano fue asesinado en Paraguay, en la sospecha de pertenecer a la OLP, recordando que existía una "embajada muy importante de esa organización en Nicaragua".

Guanes Serrano, pero especialmente Campos Alum, por sus vínculos con la Liga Anticomunista Mundial, tenían excelentes relaciones con los dirigentes de los Escuadrones de la Muerte, los paramilitares y los ejércitos represivos de Centroamérica. En Guatemala los servicios de Inteligencia argentinos tenían una sede muy particular y desde allí trabajaban en toda la región, muchas veces bajo el disfraz de agencias periodísticas como fue el caso de una llamada "Baipress". Algunos de sus agentes llegaron a infiltrarse en las filas de los refugiados de los distintos países del área para realizar espionaje.

La Operación Cóndor sirvió también, como se pudo ver en los Archivos, para posibilitar la fuga y el ocultamiento de diversos torturadores, cuando se instalaron las débiles democracias de la región, como sucedió con los militares argentinos que se apropiaron de hijos de desaparecidos durante la dictadura.

Los cómplices

A pesar de que se hacía muy difícil trabajar con tanta documentación, a veces dispersa, como en un rompecabezas, se pudieron unir algunos de los tramos secretos de esta historia, donde diversos servicios de seguridad del mundo aparecen como cómplices directos de la dictadura. Y también altos personajes del clero. Los servicios de seguridad de Alemania Occidental siempre supieron dónde se refugiaban los nazis que huyeron hacia América Latina, entre ellos grandes criminales de guerra. Pedro Prokopchuk, disidente polaco, feroz anticomunista, fue uno de los responsables de organizar el aparato de terror de Stroessner. El refugiado tenía una oficina propia en Asuntos Extranjeros del Ministerio del Interior. Fue Prokopchuk, quien envió un informe sobre Martín Borman, a la figura clave del Ministerio del Interior, Antonio Campos Alum. En nota oficial fechada el 24 de agosto de 1961, Prokopchuk decía lo siguiente: "Cumplo con informar que en la tarea de mis servicios de Asuntos Extranjeros he logrado establecer un contacto confidencial con la *agentura* (sic) del servicio de Inteligencia de Alemania Occidental en la América Latina. Frente a ese servicio está el general Gehlen, al mismo tiempo es jefe del servicio de Inteligencia de la NATO (siglas en inglés de la Organización del Tratado del Atlántico Norte) dirigiendo esas dos instituciones en una organización más poderosa en la lucha contra el espionaje comunista". Y continúa: "En América Latina ese servicio de Inteligencia (alemán) tiene dos fines principales: uno, control de sus propias representaciones diplomáticas y de las actividades de ciudadanos alemanes en nuestros países (de América Latina); y dos, informaciones sobre el desenvolvimiento de la vida política y cultural de nuestros países, siempre bajo el punto de vista general de contraespionaje comunista. Mientras tanto esta agentura (sic) desea trabajar con nosotros exclusivamente *confidencial*".

Pero ya en el principio expresa el deseo de convertir esta colaboración en relación oficial, "cuando con el tiempo será bien viable la necesidad de esta colaboración y se cumplirán las precauciones necesarias y de seguridad para nuestras ambas organizaciones. La *agentura* (sic) propone el cambio total de toda la información de nuestros ambos intereses, procedentes de América Latina y en especial de nuestro país".

Prokopchuk le envía informaciones que había recibido de la agencia alemana, donde se confirmaba que el criminal nazi Martín Borman había llegado a Paraguay en 1956 y proporcionaba los datos sobre su estadía en la casa de Alban Krug, así como del dentista alemán que lo atendía (el mismo de Stroessner). También da cuenta de la llegada de Joseph Mengele al país en 1958; su paso por Asunción, el pago de unos cien mil guaraníes por su pasaporte, y la vida de éste en el Alto Paraná. Un detalle curioso: en la misma casa donde estaba alojado Borman, cuando presuntamente murió en Asunción el 15 de febrero de 1959, perteneciente a Werner Jung, vivió después el agregado cultural de la Embajada de Alemania Occidental, Peter Bernsch.

Este informe de Prokopchuk fue enviado el 29 de abril de 1961. El 23 de septiembre del mismo año, el polaco fue asesinado a balazos en el interior del cine Splendid de Asunción por el pistolero croata Batrick Konic, quien trabajaba directamente con el entonces jefe de investigaciones Juan Erasmo Candia, uno de los mayores torturadores del Paraguay. El matutino *Noticias* de Asunción, que publicó las primeras revelaciones con copias de los documentos, especuló que Prokopchuk fue asesinado "porque sabía demasiado y era un doble agente". Unos días antes el mismo Konic había asesinado a un extranjero de apellido Wolf, en San José, en el interior de Paraguay. Pero a este Wolf se lo dio por "suicidado". Prokopchuk había reclamado por este hecho al Ministerio del Interior antes de ser asesinado. La novela nazi de Paraguay sería interminable. Candia fue separado de su cargo, pero ¿quién había dado la orden a Prokopchuk? ¿Por qué callaron los servicios de Inteligencia alemanes?[14]

Otros informes y cartas confidenciales muestran los vínculos permanente de servicios de informaciones extranjeros, especialmente de la CIA y el FBI. Pero también de otros países. El 2 de septiembre de 1976, el oficial de Enlace de la Embajada de Australia, C. B. Grace, envió un informe a Campos Alum. En él se analiza lo que era el Comité Juvenil de la Cuarta Internacional del Partido Comunista. El informe tiene el rótulo de "confidencial". A su vez Grace solicitaba a Campos Alum, "cualquier información que pueda suministrarme sobre el Comité Juvenil Internacional". Debajo de la firma de Grace se lee Australian Security Intelligence. Como éste, cientos de informes de "intercambio" se pueden encontrar en los Archivos de Paraguay. Pero también estos vínculos abarcaron diversos países y hay un largo camino hasta lograr unir esos delgados hilos de la complicidad y la muerte. Se hace inevitable investigar los lazos de sectores de la antigua DISIP venezolana con las diversas operaciones tipo Cóndor y también de los servicios de seguridad de Perú.

Perú bajo el Cóndor

La garra de los Cóndores era ilimitada. En la red peruana, el caso testigo más impactante fue el Esther Noemí Gianetti de Molfino, una de las primeras madres que exigieron la verdad. Pero su tragedia está unida a la de otros argentinos que desaparecieron en Perú. Secuestrada en Lima, llevada a Bolivia y asesinada en Madrid, España, en uno de los viajes de la muerte más temibles entre los que se recuerde en los años del lobo, Molfino es un dramático "caso testigo". En su calvario tuvo compañías.

Carlos Alberto Maguid, argentino, refugiado en Lima, Perú, casado con Nora Nélida Arrostito, hermana de una dirigente de la organización

Montoneros, Norma Esther Arrostito, fue secuestrado a media mañana del 12 de abril de 1977 en la esquina de la Avenida Petit Thouars y Javier Prado, de Lima.

Según informaron periodistas peruanos, los secuestradores fueron los capitanes del Ejército de ese país, Héctor Matta Rosingana, David Bravo Castrillón, el comandante de la Policía, Julio Vargas Martínez y un cuarto hombre, José Vivero Arias, coronel y jefe del operativo",[15] todos "a las órdenes del Servicio de Inteligencia Peruano (SIEP)".

Un informe con el rótulo de "Secreto", que habría sido filtrado por militares disconformes de Perú a periodistas de ese país y dirigido al comandante del Ejército peruano, general de División Guillermo Arbulú Galliani, daba cuenta de un llamado "Operativo Maguid", en el cual se recalcaba que habían seguido la orden de ese militar, "escrita el 14 de abril".

El informe dice: "Fue entregado el cadáver del sujeto 'ar' Carlos Alberto Maguid al personal de seguridad del Ejército Argentino que se encuentra en Lima con autorización de ese comando desde los primeros días del presente mes". Y agrega que "como el convenio bilateral de Inteligencia suscrito con el Ejército Argentino no prevé el caso de la muerte por interrogatorio de los extremistas capturados, solicito respetuosamente que el señor General de Brigada, director de Inteligencia, lleve como ponencia este vacío para ser debatido en la próxima reunión bilateral entre Pe y Ar" (Perú-Argentina).[16]

Los autores de esta investigación –Alicia Pierini y Ernesto Jauretche– estiman que Maguid fue secuestrado, mientras su cuñada, la dirigente Arrostito, estaba detenida en la Escuela de Mecánica de la Armada (ESMA) en Buenos Aires, desde fines de 1976 y al parecer no habrían podido arrancarle la confesión sobre unos fondos obtenidos por Montoneros, en una importante acción de secuestro de 1974. Arrostito fue asesinada en enero de 1978 en la ESMA.

"Un informe publicado en Lima, cuya veracidad no se ha dilucidado, dice que Maguid también estaba emparentado con un homónimo suyo de nombre Alberto Maguid", a quien la policía sindicó como uno de los depositantes –a nombre de Montoneros– "de fabulosas suma de dinero en el Banco de Graiver, pero no se hallaron pistas de ningún Maguid en el Banco Comercial de La Plata".[17]

Maguid ya estaba separado de Montoneros y, por esta razón, señalan los autores del artículo, se desplazaba con tranquilidad. "La operación inscripta en el Plan Cóndor tuvo como objetivo bastardo el enriquecimiento de militares de varias nacionalidades y tropezó con una finalidad de vindicación política. Los servicios de Inteligencia de las tiranías del Cono Sur creyeron tener en Carlos Alberto Maguid una fuente de donde arrancar pistas para apoderarse del dinero conque se financiaba la resistencia a la dictadura." Hasta ahora nadie sabe qué hicieron con Maguid.

Otro caso mencionado en el mismo artículo ("Guerra Sucia") es el de Federico Frías Alberga o Alberca, obrero metalúrgico de 28 años, sindicalista y de larga militancia peronista. Según la narración, durante la primera semana de junio de 1980, "ocho oficiales del Ejército argentino llegaron con nombres supuestos y vestidos de civil a Lima en una nave de Aerolíneas Argentinas llevando un rehén (¿o dos?), desde Buenos Aires".[18]

Al mando estaba un llamado "coronel Ronald Rocha", quien podría ser en realidad el coronel Roberto Roualdes, jefe de Inteligencia del Primer Cuerpo de Ejército, cuando asesinaron al general Torres, bajo su jurisdicción y la de Suárez Mason, y que aparece en otros casos de la Operación Cóndor, y en los "cruces" de DINA y la Triple A. Los oficiales argentinos se alojaron en hoteles lujosos mientras "Rocha" (o Roualdes) tuvo un tratamiento especial ya que fue alojado en el Círculo Militar. Según se especula, el detenido al parecer habría aceptado "marcar" a sus compañeros en el exilio, que fue otro de los inventos perversos de la dictadura, pero en la mañana del 11 de junio de 1980 intentó fugarse. Frías fue perseguido por las calles de Lima, según describen Pierini y Jauretche, por un hombre corpulento, que disparó varias veces al aire, ya que supuestamente corría a un ladrón. Finalmente lo atrapó. Entre los peatones que ayudaron a atrapar a Frías creyendo que era un ladrón, estaba Pablo Clavijo León, quien después confesaría que recibió ese día la visita inesperada de oficiales argentinos los que lo amenazaron: "a vos te conviene callarte y no decir nada a nadie".

En tanto, Frías herido fue llevado al hospital de Miraflores donde su paso quedó registrado. No hay más datos. Entre ese vuelo del Cóndor por Perú, también se cita a María Inés Raverta (en ese momento bajo el nombre supuesto de Julia Inés Santos de Acebal o Acabal), de 33 años, quien fue secuestrada en la puerta de una iglesia en Miraflores, el 12 de junio de 1980, y llevada en un automóvil hasta la casa donde vivía, y al parecer allí los secuestradores esperaron a alguien, otro argentino, Julio César Ramírez. Detrás de este hombre llegaron otros seis, que luego se llevaron a Ramírez, ex preso político peronista y a la mujer.

"Ese mismo 12 de junio de 1980, Noemí Esther Gianetti de Molfino comunicó al recién electo diputado peruano Antonio Meza Cuadra la noticia del secuestro de María Inés Raverta y pidió ayuda" porque en los alrededores de su casa había varios sospechosos. Ella era una de las Madres de Plaza de Mayo. Fue secuestrada ese mismo día y gracias a un vecino, el periodista holandés Robert Sprenkls y a Mezza Cuadra se pudo reconstruir el secuestro de Molfino. Los prisioneros habrían sido llevados a un centro de esparcimiento del Ejército peruano, a 42 km al norte de Lima. Raverta fue brutalmente torturada.

A pesar de que hubo negativas sobre estos casos, el 19 de junio de 1980 el gobierno del general Morales Bermúdez reconoció que cinco argentinos habían sido detenidos por haber entrado ilegalmente y que fueron entregados a Bolivia, el 17 de junio. Pero sólo figuraban los nombres de los últimos tres prisioneros. En Bolivia, la presidenta, Lydia Gueiler, negó que los argentinos hubieran sido entregados a su país. De acuerdo con el relato de *Página 12*, los tres detenidos, en realidad, fueron recibidos por el paramilitar Fernando Rivero, quien dependía del entonces Coronel Luis Arce Gómez (que luego derrocó a Gueiler). También se conoce que fueron "interrogados" en La Paz, Bolivia, por varios argentinos, entre ellos Víctor Vignola y el coronel Osvaldo Chimeno.

Lo cierto es que sólo se supo un tiempo después de la señora de Molfino, pero como en toda esta trama, que supera al escritor de los laberintos, Franz Kafka, al parecer Molfino fue sacada de Bolivia apresuradamente cuando el presidente Hernán Siles Suazo triunfó en ese país el 29 de junio de 1980 ante lo cual hubo una "corrida" de represores. Pero lo que muestra las características de esta Operación, que se parece lejanamente a "Colombo", es que la señora de Molfino apareció asesinada, envenenada, en un apart-hotel de Madrid (calle Tutor nro. 37) el 21 de julio de 1980 y en su muerte se acusó a Almirón Cena, el mismo hombre de la Triple A. Este trasiego de personas, detenidas, entregadas, torturadas y asesinadas es el esquema básico de los Cóndores.

Otro caso con historia propia[19]

No todo tuvo este final temible. Circunstancias políticas especiales y de coyuntura terminaron salvando la vida a un grupo de detenidos peruanos, que fueron traídos desde su país a la Argentina, en pleno vuelo del Cóndor.

Al comenzar mayo de 1978, en un solo día, hubo una curiosa redada en Lima. Se detuvo a políticos de izquierda y también de derecha y a dos almirantes de la Marina: Hugo Blanco, de larga historia en las guerrillas, Ricardo Napuri, ex capitán de la Fuerza Aérea y conocido ideólogo de izquierda, famoso también por la cantidad de deportaciones y exilios que sufrió en su vida, Javier Diez Cansesco, abogado, reconocido defensor de Derechos Humanos, Humberto Damonte, director de la revista *Marka*, Alfonso Baella Tuesta, director del diario *El Tiempo*, Justiniano Apasa y Valentín Pacho, sindicalistas, Ricardo Díaz Chávez, abogado, José Luis Alvarado, del sindicato de Bancarios y los almirantes José Arce Larco (ex ministro de Marina del gobierno del general Juan Velasco Alvarado) y Guillermo Faura.

El 25 de mayo de 1978, los detenidos, que habían sido golpeados durante su apresamiento, fueron trasladados intempestivamente al aeropuerto militar de Limatambo, Lima, donde en principio les dijeron que los deportarían a Panamá, pero por infidencia de un militar de esa base se enteraron de que el destino era Argentina. Como todos conocían lo que estaba sucediendo con la dictadura, Blanco y Napurí, que habían vivido en ese país y militado en fuerzas de izquierda, se resistieron y sus compañeros circunstanciales los apoyaron. "Fue una lucha de casi tres horas. Me golpearon con las culatas de las armas y me produjeron varias heridas. Vinieron refuerzos y al fin fuimos dominados, esposados y los pies engrillados. Así subimos al avión de la Fuerza Aérea peruana, donde también nos amarraron a los asientos. Esto ya era más que angustiante debido a que estábamos seguros de que si algo pasaba, nosotros no podríamos salvarnos. Además iban vigilándonos una treintena de militares fuertemente armados, incluso con granadas. Así que al anochecer de ese día 25 de mayo llegamos al aeropuerto El Cadillal, de la provincia norteña de Jujuy. Bajamos esposados y engrillados. Allí nos esperaban soldados argentinos al mando de un coronel, y nos llevaron al Regimiento 20 de Montaña "antiguerrilla". Le preguntamos al coronel, que era muy agresivo y hostil, por qué estábamos allí y nos explicó con meridiana claridad de qué se trataba."

El coronel le dijo a sus nuevos prisioneros que existía "un pacto entre los Estados Mayores de los Ejércitos de Argentina y Perú mediante el cual iba a haber un intercambio de prisioneros". Se iban a mandar peruanos, para llevarlos a las bases militares del sur "porque estamos en guerra civil" y de la misma manera argentinos serían derivados a Perú hacia una cárcel selvática (SEPA). "No nos quedó dudas de que estábamos en el marco de la llamada Operación Cóndor. El coronel además se jactó de haber matado él mismo a algunos prisioneros y nos amenazó con aplicarnos la ley de fuga."

Napurí, por su vivencia argentina, pudo observar que uno de los suboficiales estaba molesto y que mascullaba insultos contra su superior cada vez que éste daba una orden. Así es que cuando el suboficial quedó a cargo de los prisioneros, Napurí se jugó una carta fuerte. "Necesito hablar a París", le dijo. El suboficial lo observó largamente y luego le habló con voz muy baja: "no se duerma que yo voy a ver lo que puedo hacer".

Ya en la madrugada el hombre lo llamó y le pidió que se moviera rápidamente . "Tiene cinco minutos para hablar. Las llamadas a París son sin cargo. Puede hacerla" le dijo. Así Napurí logró avisar a sus amigos en París. "Se unieron varias circunstancias: por una parte esa buena voluntad de aquel militar, que, era evidente, estaba descontento con la situación. Por la otra, en esos días Argentina se preparaba para ser la sede del Mundial de fútbol. Los militares apostaban mucho a esto. Así es que cuando comenzó la campaña en Europa y Suecia amenazó con no participar en Buenos Aires, todo jugaba a favor de nosotros."

El secuestro en Perú tomaba otros rumbos. El escándalo mundial llevó a los militares argentinos a intentar negociaciones con el curioso grupo de peruanos que estaban en un lugar perdido de Jujuy. Las propuestas no fueron aceptadas por los detenidos, quienes, finalmente, fueron trasladados a Buenos Aires y alojados en la sede Central de la Policía Federal. "Este fue quizás uno de los peores momentos –dijo Napurí– no sólo porque aún no sabíamos lo que se iba a decidir con nosotros, sino porque nos separaron y nos pusieron en celdas, cuyas paredes estaban casi todas escritas con sangre. Pequeñas historias desesperadas de los que habían pasado por allí, o a veces sólo los nombres. Era como tocar la muerte. En una de esas paredes una mujer había escrito: 'mamá, fui violada por 20 tipos'. Además nos pasaban discos con los gritos de los torturados. Pero eso duró poco. Nuestra presencia se había hecho pública. Así es que finalmente nos enviaron a distintos países."

Políticamente el grupo tan disímil era una expresión de los desconten-tos, tanto de derecha como de izquierda, que enfrentaban al derechista general Morales Bermúdez, quien acabó con el gobierno de Velasco Alvarado. Napurí y Diez Cansesco se postulaban para la Constituyente, mientras que desde una posición liberal dura Baella Tuesta criticaba a Morales Bermúdez por su falta de "fortaleza liberal". El presidente había fracasado ante la movilización masiva.

Esta curiosa historia fue contada también por el mismo Baella, en su libro *El secuestro*. Esta vez la vida burló a los Cóndores, no solamente porque se vio frustrado el pacto, sino porque este secuestro transformó en héroes a los políticos como Napurí, que hasta ese momento no tenían chance de llegar a los cargos que luego obtuvieron: algunos como consti-tuyentes, otros diputados e incluso senadores. Cuando pudieron regresar desde Europa, caravanas de peruanos los acompañaron. En realidad, este testimonio es como encontrar agua en un desierto.

Notas

1. Archivos de Paraguay, Archivador 245, Archivos Clasificados, Asunción, pág. 146.

2. Stella Calloni, "Operativo Cóndor", *La Jornada*, México, 3 de marzo de 1993, págs. 1-3.

3. Investigación de la autora y periódico *ABC*, Asunción, años 92 y 93.

4. Calloni, *ibid.* 2, pág. 3.

5. Investigación y entrevista de la autora, Asunción, febrero de 1993.

6. Taylor Branch y Eugene Propper, *Labyrinth*, Viking Edition, Nueva York, 1982, págs. 6 -7.

7. Archivos de Paraguay, revisión de la autora.

8. Stella Calloni, "Operación Cóndor", *Covert Action*, carta de Clarence Kelly a Antonio Campos Alum, diciembre de 1976.

9. Archivos de Paraguay. Carta con membrete de la Embajada de Estados Unidos, fechada 18 de octubre de 1979.

10. Entrevista de la autora, 26 de febrero de 1993.

11. Archivos de la Policía Técnica, citados por la autora en la nota de *Covert Action*, y que ahora se encuentran ya clasificados.

12. Federico Ferber. "Paraguay: resolución de activistas de derechos humanos rompe el aparato represivo", *Interpress Service*, 26 de abril de 1993.

13. Archivos de Paraguay, citados en "Paraguay: los años del lobo", MOPAS-SOL, diciembre de 1993, pág. 8.

14. Reconstrucción de la autora durante la investigación de los Archivos.

15. Alicia Pierini y Ernesto Jauretche, "La guerra sucia en el Perú", *Página 12*, 7 de febrero de 1999, págs. 10-11.

16. *Ibid.*, pág. 10.

17. *Ibid.*

18. *Ibid.*, págs. 10-11.

19. Entrevista de la autora con Ricardo Napurí, diciembre de 1998, Buenos Aires.

15

LAS GARRAS DEL CÓNDOR

¿Cuántas operaciones criminales se reprodujeron en la región, como "Diablo"(así llamó la CIA a la que preparó la invasión y el derrocamiento del coronel Jacobo Arbenz en Guatemala) "Colombo," "Calipso", "Zeta" "Cóndor" y otras? Estados Unidos podría dar cuenta de todo esto, si existiera la voluntad de una necesaria transparencia y de acabar con un entramado mafioso que permeó a las agencias de Inteligencia y que sobrevive en empresas, las cuales, mediante la globalización, se expanden por el mundo.

Lo cierto es que los mecanismos del Cóndor se extendieron hacia otras regiones, se fundieron con otros operativos. Hubo cónclaves de criminales y en Centroamérica se volvieron a encontrar en los años 80, en otras tareas. Chilenos, argentinos, uruguayos y otros fueron asesores. La CIA, y las instituciones estadounidenses no necesitaban ninguna clandestinidad especial para actuar, porque el gobierno de Washington estaba allí, armando y protegiendo a los represores y operando en "guerra sucias", que se discutían en el Congreso estadounidense. Los documentos de Santa Fe I y II, de la ultraderecha conservadora, los más conocidos, difundían el nuevo pensamiento. Y éste se definía en nuevos tentáculos sobre América Latina y el Caribe.

La historia centroamericana está unida a la expansión de finales del siglo pasado, y la imagen de "repúblicas bananeras", que se repite constantemente, está relacionada con el tiempo en que las compañías fruteras estadounidenses se tomaron esa región instalando un sistema neocolonial sin cortapisas.

En la segunda mitad del siglo XX se produjo en Centroamérica un estallido demográfico, con el aumento de la población de ocho a 20 millones de habitantes. Entre 1960 y 1970 los planes neoliberales –que, como las brujas, ya existían– produjeron un período de diferenciaciones económicas, que sin embargo no modificó las estructuras agrarias semifeudales. Al contrario, se dio un proceso de reconcentración y de ocupación de las mejores tierras. Los cambios produjeron divisas mediante la exportación, pero con escasos niveles de alimentos para el consumo interno, en un territorio donde la pobreza diezmaba a la población. Los "nuevos" modelos económicos sólo producían riquezas para las compañías transnacionales y sectores minoritarios. Otro fenómeno de la tan propagandizada "modernización centroamericana" fue el traslado de grandes masas de campesinos a las ciudades. En 1980 la pobreza afectaba a 14 de los 20 millones de habitantes de la región. Esto es sólo un trazo mínimo, un simple párrafo para dar marco a un tiempo de rebeliones desesperadas, guerras y conflictos, cuando los poderosos asociados con las fuerzas militares asolaban las regiones, despojaban tierras y sembraban muerte.

La guerra contra Anastasio Somoza Debayle, el último de una dinastía familiar de dictadores en Nicaragua, culminó con el triunfo del Frente Sandinista de Liberación Nacional (FSLN), el 19 de julio de 1979. Era casi increíble que aquella población, descalza en su mayoría, con armas de caza y definitivamente con una abismal diferencia de poder de fuego, hubiera logrado vencer a una dictadura, impuesta y sostenida por Washington.

La guerra que en Guatemala se prolongaba desde los años 60, cuando diversos grupos comenzaron su levantamiento contra la dictadura, después del brevísimo tiempo democrático que había vivido ese país, cuando gobernaron Juan José Arévalo y Jacobo Arbenz Guzmán, sólo unos años de luz, entre la brutal dictadura de Jorge Ubico hasta el regreso de los dictadores, que comenzó con la invasión de mercenarios, armados y dirigidos por la CIA y la United Fruit Company en 1954. El horror regresó. El escritor guatemalteco Miguel Angel Asturias, en su novela *El Señor Presidente*, ya había mostrado la alucinante trama de la dictadura de Ubico, sin imaginar que aquello retornaría multiplicado infinitamente como una sucesión de espejos que reproducían el mismo rostro brutal.

En El Salvador, minúsculo país de 21.041 km^2 que sus poetas llamaban "El Pulgarcito de América", superpoblado con casi cinco millones de habitantes, en 1932 se produjo la matanza de campesinos –30 mil en pocos días– después de una rebelión dirigida por Farabundo Martí contra la injusta dictadura de las llamadas "14 familias cafetaleras", que gobernaban en el mejor estilo feudal, con ejércitos propios y con un Ejército nacional corrupto y temible.

Desde el asesinato de Augusto César Sandino en Managua, Nicaragua, el 24 de febrero de 1934, cuando fue a dialogar para firmar la paz, después de haber defendido a su país de la intervención estadounidense, ese país centroamericano vivió bajo la dinastía de los Somoza. "Vengo de la Embajada norte (americana) donde acabo de sostener una conversación con el embajador, Arturo (Arthur) Bliss Lane, quien me ha asegurado que el gobierno de Washington respalda y recomienda la eliminación de Augusto César Sandino, por considerarlo el perturbador de la paz y del país", dijo el general Anastasio Somoza García, el primero de la dinastía.[1]

Analizando la saga de la tragedia centroamericana el escritor nicaragüense Sergio Ramírez Mercado decía que terminando el siglo XIX y en los albores del siglo XX "un mapa de este universo nuestro, que por desgracia los ideólogos del imperio han considerado siempre suyo, nos muestran al tigre rondando, al águila sobrevolando los mismos territorios del Caribe, hermanados por la tragedia de las ocupaciones militares, los tratados leoninos, los cercenamientos de territorios, la garra de los banqueros, de las bananeras, de las pandillas de visionarios de sueños maléficos del siglo americano, que concebirá luego, Henry Luce, otro ideólogo ahora empresarial del Destino Manifiesto".[2]

Cuando comenzó la iniciativa de Paz de Contadora para Centroamérica, que gestaron Panamá, México, Venezuela y Colombia, el 9 de enero de 1983 en la isla panameña de ese nombre, los análisis concluyeron en esta percepción: "Durante años todas las puertas para una salida democrática en la región se habían cerrado y millones de miserables habían decidido hacer algo, al menos morir por una razón mejor que el hambre". Había un fuerte sentimiento anticolonial en la zona.

Los rigurosos estudios de la situación que realizaron los expertos de Contadora determinaron que las guerras centroamericanas tuvieron un origen: la desigualdad social, la extendida miseria, la falta de cualquier posibilidad de desarrollo democrático y la suma de intereses externos agobiantes sobre la región.

"¿Cómo pueden los pueblos de América Latina y el Caribe defender su derecho a la soberanía y autodeterminación sin aplicar, a su vez, una política de fuerza contra los poderes neocoloniales, cuando estos sólo saben utilizar ese tipo de defensas contra los procesos democráticos a los que ven, exclusivamente, como amenaza a sus intereses y a sus formas de acumulación de beneficios?", señalaba un informe en esos tiempos.[3]

En este marco del conflicto centroamericano que dejaba miles de víctimas cada mes y ya asegurado el Cono Sur bajo las dictaduras coordinadas entre sí, volvió la garra a Centroamérica. El triunfo sandinista movilizó los esfuerzos y la desestabilización tipo Chile, que también se ensayó en Jamaica en contra del gobierno del socialdemócrata Michael

Manley (1972 a 1980) considerado un "enemigo" por Washington. Allí se llamó "Operación Lobo".[4]

En Guatemala, las represiones masivas nunca cesaron desde 1954 y durante años, los periódicos mexicanos recibían los partes de la muerte, tales como:

"Septiembre de 1978: 23 campesinos asesinados en Chiquimula por el Ejército" (...) "Febrero de 1981: 168 mujeres, hombres y niños asesinados en una semana en las operaciones militares en Chimaltenango" (...) "Entre febrero y junio de 1981: mil 500 personas asesinadas en el transcurso de 'operaciones de limpieza' ". (...) "Entre el 17 y el 24 de junio de 1981 cuatro mil campesinos huyen hacia México. El Ejército atacó doce pueblos en el Petén donde fueron asesinados un centenar de personas".

Estos partes elegidos al azar entre miles que conforman los informes de organismos humanitarios y religiosos de Guatemala, fueron cotidianos durante más de 30 años. El Organismo de Reparación Histórica, surgido en ese país después de los acuerdos de Paz, llama genocidio a la muerte de 200 mil personas que perecieron en "operaciones de limpieza" varias.

El temor a que se repitiera como un efecto dominó una revolución popular como la que derrocó al dictador Anastasio Somoza en 1979, alentó aún más la represión en la región. ¿Cómo encontramos a los Cóndores en toda esta situación?

En 1979, Washington decidió que había que "poner la casa en orden". Guatemala era observada dentro de una situación similar a la de El Salvador: estaban emergiendo una serie de políticos moderados, socialdemócratas, que acusaban a Estados Unidos de apoyar a las dictaduras.

El 25 de enero de 1979 el político Alberto Fuentes Mohr, de la socialdemocracia, que esperaba formar un Partido Socialista moderado y había pedido ya su inscripción, fue asesinado en una de las calles más transitadas de Guatemala.

Su automóvil fue cercado por otros desde donde le dispararon a mansalva. Un testigo, que vio a los criminales, fue asesinado en el acto. En Guatemala los crímenes eran tan asiduos que ya nadie parecía sorprenderse, pero ahora comenzaban a apuntar hacia esos políticos moderados que cuestionaban a los sucesivos gobiernos militares. Navegando en el ideologismo fundamentalista los "halcones" de Washington temían que estas corrientes "favorecieran al comunismo". La viuda de Mohr fue a reclamar a Washington. Nunca se encontraron los culpables.

El 22 de marzo de ese mismo año, fue asesinado Manuel Colom Arguetta, profesor de la Universidad de Guatemala, dirigente del Frente

Unico de la Revolución (FUR) también socialdemócrata. El grupo comando disparó sobre sus custodios, que murieron en el acto y luego otros automóviles alcanzaron a Colom Arguetta quien intentó huir en su coche. Le dispararon, con precisión y tranquilidad a la cabeza, en la avenida más grande de ciudad Guatemala.

Un año después, dentro de la misma escalada contra estos políticos fueron asesinados Rubén Abraham Icskambari, primer secretario del Consejo político del FUR y el 5 de marzo el nuevo secretario general del mismo partido, Jorge Jiménez Cajar. En esos tiempos los periódicos denunciaban la presencia de militares y paramilitares del Cono Sur, especialmente de Chile y Argentina. Casi un centenar de políticos fueron asesinados en pocos meses, mientras el genocidio se extendía en el interior del país, en las aldeas indígenas.

La modalidad se extendió a El Salvador. A cualquier hora, en cualquier momento, los asesinos sacaban de su casa a los disidentes. En 1980 Francisco Peña Gómez, líder de la socialdemocracia de la República Dominicana, denunció, junto a los políticos salvadoreños de su misma línea: Guillermo Manuel Ungo y Héctor Oquelí, que tenía pruebas de la preparación de un atentado en su contra y que grupos cubanos de Miami, que habían entrado en su país, lo estaban vigilando. "Son los mismos que participaron en el asesinato de Orlando Letelier en Washington y esto es parte de la Operación Cóndor", dijo Peña Gómez, quien tenía los datos y nombres de quienes habían llegado a preparar su muerte.[5]

Guillermo Ungo denunció allí mismo que las investigaciones realizadas y algunos datos que él traía desde Washington determinaban que esos mismos grupos habían actuado en el asesinato de los jefes políticos de Guatemala.

Ninguno de ellos imaginaba que sólo unos dos meses después, los Cóndores actuarían en uno de los crímenes más impresionantes de esos tiempos: el asesinato del Arzobispo de San Salvador, Monseñor Oscar Arnulfo Romero, el 24 de marzo de 1980. Sólo unos meses antes había entrevistado yo a Monseñor Romero, quien denunciaba la represión en su país y había solicitado a Washington que suspendiera la ayuda militar al Ejército salvadoreño (que llegó a sumar millones de dólares). En 1980 la cifra de muertos oscilaba entre 15 y 18 mil personas, en un año. La mayoría ejecutados sumariamente en las aldeas campesinas y en los suburbios salvadoreños.

Recuerdo aún aquellos días en que entrevisté a Monseñor Romero, para un periódico de México. Debí tomar muchas precauciones para llegar hasta él, ya que los corresponsales extranjeros éramos muy vigilados. El Salvador, como decía Ungo, era una "piscina llena de tiburones, donde lo echaban a uno a nadar", tan aterrorizante como Guatemala. Vi a Monseñor Romero en la sede del Hospital del Arzobispado, una noche en que llovía torrencialmente.

"No existe un conflicto aquí entre la Iglesia y el gobierno, sino entre el gobierno y el pueblo, y la Iglesia está junto a los suyos, el pastor cuidando a sus ovejas. Esa es la enseñanza de Dios", me dijo aquella noche, rodeado de niños y religiosos que se afanaban para dar alivio a aquella cantidad de refugiados, en cuyo rostro se miraba el terror. Con una abrumadora sencillez y humildad Monseñor Romero dijo que había sido "dolorosamente iluminado" cuando varios sacerdotes fueron asesinados "por cumplir su deber de pastores", tratando de defender a las poblaciones campesinas de las matanzas. "Entonces vi con mis ojos lo que estaba sucediendo, escuché los testimonios, vi la muerte día por día, el miedo en cada caso." Era un hombre dolorido y atravesado por una necesidad cristiana de "recuperar el derecho a la vida".[6] Por eso, cada domingo, a la hora en que él leía su homilía, se producía un extraño silencio en la ciudad, en los mercados populosos. Todos escuchaban por radio aquella homilía donde el Arzobispo reclamaba con palabras de Dios por su pueblo. Todos sabían que estaba amenazado por los militares y los Escuadrones de la Muerte, nacidos del mismo tronco que los guatemaltecos: Unión Guerrera Negra, Mano Blanca y otros.

Pero nadie imaginó que iba a ser asesinado durante la celebración de una misa oficiada en memoria de la madre del político Jorge Pinto, su amigo. Cuando Monseñor Romero se volvió y levantó el cáliz, los asesinos dispararon, con total precisión, al pecho cubierto con sus ropas sagradas. Dispararon con balas de fragmentación, para que no hubiera margen de error.

Pero el crimen no culminaría allí. Mientras se celebraba una misa a la que asistían los obispos de toda la región, en la explanada de la humilde catedral salvadoreña, despidiendo los restos de Romero, se ejecutó una matanza. Miles de personas, muy pobres la mayoría, llevando niños y hojas de palma, como se usa allí para rendir homenaje a los muertos, abarrotaban la plaza de la Catedral. De repente desde las ventanas altas de los edificios ministeriales, que rodean el lugar, partieron infinidad de disparos. El Ejército disparaba contra la multitud. Indescriptible fue aquello. Estábamos en esa explanada y la primera reacción fue entrar apresuradamente el cajón con los restos del Arzobispo. La gente ingresaba desesperada a la iglesia, hasta que ya no hubo un solo lugar. De tal manera que allí mismo todos encerrados, sin poder mover un brazo, una mano, vimos morir por lo menos a 11 personas por asfixia, mientras afuera continuaba la cacería y decenas de inocentes caían bajo las balas. Fue aquel, el día del chacal. Nos hicieron salir de la iglesia con las manos en alto, entre una fila de soldados. Los sacerdotes debían enrollarse la sotana al cuello y las monjas eran "palpadas de armas".

Sólo un día antes Monseñor Romero, sintiendo ese aliento de la muerte, había dicho que "nadie podría hacer callar la voz de Dios y la justicia". En un sermón dedicado a los soldados rogó:

> "Quisiera hacer un llamado especial a los militares y concretamente a la Guardia y la Policía Nacional de filas, a los soldados. Siendo hermanos de una parte de nuestro pueblo, matan sin embargo a sus propios hermanos, a los campesinos. La orden de asesinar, dada por el hombre, debe ser equilibrada por la ley divina que dice: 'no matarás'. Ningún soldado está obligado a acatar esa orden amoral. Yo les ruego, les pido, les ordeno en nombre de Dios:¡basta ya de represiones!"

Después del asesinato de monseñor Romero hubo amenazas a otros políticos y el juez que investigaba la causa, Atilio Ramírez Amaya, sufrió un atentado en su propia casa y debió salir al exilio.

El diario *El País* de España armó una acertada hipótesis del crimen. En un artículo sobre el asesinato de Monseñor Romero se menciona al mayor Roberto D'Aubuisson, quien fue jefe de Inteligencia del Ejército y, a su vez, dirigía Escuadrones de la Muerte. Tenía buenos amigos en el Cono Sur y en Washington, especialmente en el entorno de Ronald Reagan y de George Bush, como surgió luego de las investigaciones y desclasificaciones de documentos en Estados Unidos. Según el matutino español, el militar contrató a dos personas en Miami. Ambos llegaron, bajo nombres falsos, el 18 de marzo, a la capital salvadoreña y se hospedaron en el Hotel Sheraton, como supuestos hombre de la televisión venezolana.

La revista norteamericana *Covert Action* vinculó en esos años a D'Aubuisson con la CIA,[7] lo que se corroboró en los informes de los años 90. Un informe de religiosos, que contrataron investigadores especiales, dio cuenta de que los dos hombres que se hospedaron en el Sheraton eran Virgilio Paz y Dionisio Suárez, los mismos cubanos residentes en Miami, que habían intervenido en el crimen de Letelier. Además se mencionó entonces que éstos mantenían una estrecha amistad con el cónsul chileno Jerónimo Pantoja, quien estaba en la sede diplomática de su país en Bogotá, Colombia, a quien *Cambio 16* atribuyó ser el jefe de los "terroristas que actuaban en América Central".[8] Y no era curiosa la suposición ya que Pantoja fue la mano derecha del general Manuel Contreras, de la DINA. El propio FBI envió las fotografías de Paz y Suárez a Centroamérica.

El crimen de Monseñor Romero, como el de Letelier, tuvo como consecuencia un nuevo incremento de las investigaciones de periodistas estadounidenses que establecieron los lazos del mayor D'Aubuisson con senadores republicanos y con Roger Fontaine, consejero del ex presidente Ronald Reagan en Asuntos sobre América Latina y miembro del Consejo Nacional de Seguridad. Fontaine es uno de los autores de los documentos de Santa Fe I y Santa Fe II, que son caracterizados como el "Destino Manifiesto" de los años 80-90.

Después del asesinato de Romero, los periodistas consultamos al entonces embajador de Estados Unidos en El Salvador, Robert White. "Esto es obra de un tirador experto", nos dijo entonces. White reveló más tarde, que lo obligaron a renunciar porque se oponía a la doctrina de intervención militar en El Salvador. "El peligro más grave que amenaza a ese país parte de las fuerzas de extrema derecha, respaldadas por Estados Unidos, y los equipos bélicos suministrados por nosotros que se utilizan para cometer asesinatos por completo incontrolables."[9]

En un artículo, Ralph McGehee, ex agente de la CIA en Tailandia, Vietnam y Taiwán: "La CIA y el Libro Blanco sobre El Salvador", publicado en la revista norteamericana *The Nation*,[10] sostenía que "lo que Estados Unidos trata de hacer ahora en El Salvador no es sino un reflejo de lo que hizo en muchos países (…) ocultando sus objetivos bajo la consigna de 'lucha contra el comunismo internacional' apoya a los latifundistas y a los militares que actúan contra los verdaderos intereses populares".

Los contras

El esquema de triangulaciones para matar también se extendió a otros intercambios de armas y dineros. En los Archivos existe suficiente documentación para corroborar que Paraguay fue también básico en el escandaloso "affaire" del Irán Gate, la venta ilegal de armas y el intercambio de armas por drogas para ayudar a la contrarrevolución nicaragüense.

Esta colaboración se extendía a todos los aspectos, ya que la implicación estadounidense no era circunstancial, sino que se trataba de la verdadera razón por la cual se instrumentó todo el aparato del terror en el Cono Sur, en la *guerra fría*, en la lucha anticomunista que no tuvo fronteras, sostiene en sus análisis el historiador paraguayo Aníbal Miranda.[11]

"Desde la época en que Edgard Insfrán, asesorado por militares de Estados Unidos formó la Policía Técnica, comenzó a llegar numeroso personal de Washington a Paraguay, porque estaban interesados en descabezar cualquier movimiento nacionalista o comunista en cualquiera de los países latinoamericanos."[12]

"El gobierno de Paraguay en los últimos años de la década del setenta y a principios de los ochenta convirtió al país en una de las rutas obligadas para el tráfico de armas hacia Irán y Sudáfrica", señaló el periódico *ABC*[13] de Asunción con base en una serie de cartas y documentos encontrados en los Archivos, en los que se especifica qué países europeos, además de Estados Unidos, conocían este tráfico.

"El general Fretes Dávila, junto con Benito Guanes Serrano y Germán Martínez, eran pilares de la Operación Cóndor y también lo fueron en la llamada Operación Bánzer, que se extendía por toda la región. Era gente entrenada profesionalmente en la zona del Canal de Panamá (...) ellos trabajaban directamente con todos los Cóndores de la región, como el general Carlos Guillermo Suárez Mason, de la Argentina. Confluyeron en la ayuda de los llamados 'contras' nicaragüenses. Era fácil, porque aquí estaba la central estratégica de la CIA en la región. Paraguay era un país muy seguro, muy controlado. Nadie podía escaparse. Los norteamericanos fueron los creadores de ese organismo supranacional, y resulta que ahora se lavan las manos y nosotros somos los grandes asesinos ante el mundo", dijo una fuente militar a *La Jornada* en marzo de 1993.[14]

En estos tiempos nadie ignora lo que sucedió durante la *Guerra Sucia*, encubierta y luego casi abierta, que libró Estados Unidos contra el gobierno sandinista de Nicaragua y que dejó como saldo entre 70 y cien mil víctimas, una cantidad de lisiados que se agregaron a los que produjo la guerra contra Somoza (50 mil muertos) y una destrucción multimillonaria. Todos los elementos de la guerra sucia, informativa, militar y psicológica que se emplearon en Chile para derrocar a Allende, estuvieron en Nicaragua y han merecido estudios e investigaciones de analistas de Estados Unidos.

Las operaciones contra Nicaragua comenzaron casi de inmediato después del triunfo sandinista de julio de 1979. Los primeros pasos fueron la suspensión de "paquetes de ayuda" de Estados Unidos.

Tres meses después del 19 de julio de 1979, ya existían acciones armadas en la ciudad y en zonas campesinas, como una reacción de los somocistas derrocados. En octubre de 1979 los gobernantes sandinistas advirtieron que muchos de estos ex militares de la Guardia Nacional de Somoza, que estaban asilados en embajadas como El Salvador, Honduras y Guatemala, salían por la noches, realizaban sus atentados y sabotajes y regresaban a su "refugio".

El origen de la contrarrevolución se situó desde el primer momento en Estados Unidos, con base en Honduras. "Existía una amistad del Ejército hondureño con la alta oficialidad de la ex guardia somocista, que había nacido del entrenamiento común brindado por Estados Unidos, cuando se constituyó el Consejo de Defensa Centroamericano (CONDECA) en los años 60. Esta unificación regional, en la cual Anastasio Somoza Debayle jugaba un papel de importancia específica, surgió con el objetivo de impedir cualquier ascenso revolucionario" cuando las aguas estaban agitadas.[15]

Pero ya emergían otros nombres ligados a la acción contra Nicaragua. En Guatemala los ex guardias eran reclutados por Mario Sandoval Alarcón, dirigente ultraderechista, jefe de organismos paramilitares y responsable de miles de asesinatos en su país. Sandoval Alarcón tenía una estrecha relación con Antonio Campos Alum de Paraguay, y a través del coronel Zepeda, otro dirigente paramilitar guatemalteco, con José López Rega de Argentina.

"Entre el 1º de enero de 1980 hasta el 27 de septiembre de 1982, según datos del gobierno de Nicaragua, se efectuaron 392 incursiones, desde Honduras. En tanto ya había comenzado la campaña de prensa, para lo cual se trasladaron los mismos elementos de la manipulación de medios por la CIA en Chile", como citan los analistas Günter Neuberger y Michael Opperskalski.[16] A su vez, el ex agente de la CIA, Philip Agge, no cree en la casualidad: "cuando yo estaba todavía en la CIA, alentábamos internacionalmente a las fuerzas contarrevolucionarias dentro del clero católico y existen evidencias de que esto está pasando en Nicaragua".[17] El arzobispo de Managua y luego cardenal Miguel Obando y Bravo se constituyó en uno de los pilares de la contrarrevolución nicaragüense enfrentado a la cantidad de sacerdotes y obispos que acompañaron al gobierno sandinista. Al comenzar la contrarrevolución en Nicaragua, Washington contaba con un jefe de la Iglesia católica, una oposición derechista, que luego se conformó en un partido de oposición (existen los documentos que corroboran el dinero entregado por Estados Unidos) y a los mercenarios que necesitaba para la acción directa: los ex guardias, sus amigos militares en la región y los paramilitares.

En el caso de los "amigos" guatemaltecos, el periodista español Enrique Yeves,[18] señala que además de Sandoval Alarcón participaba Lionel Sisniega Otero, quienes "acogieron con entusiasmo a los grupos de exiliados nicaragüenses y salvadoreños, no sólo con apoyo 'moral', sino con 'trabajos', empleándolos como auténticos *freelancers* a sueldo, cometiendo todo tipo de extorsiones y asesinatos (...) entre los salvadoreños destacaba el mayor Roberto D'Aubuisson, el protegido y preferido de Sandoval, que también daba buena ocupación a ese grupo del bajo mundo del crimen pululando por las callejuelas guatemaltecas".[19]

"Una prueba importante de la labor de los nicaragüenses en esa época la hallamos en los documentos encontrados al mayor D'Aubuisson cuando fue detenido brevemente en su país ese mismo año. En una agenda y diversos documentos –pertenecientes al capitán Alvaro Saravia, uno de los detenidos junto a D'Aubuisson– se encontraba una detallada lista de pagos, diagramas de organizaciones, compra de material bélico, matrículas falsas de Guatemala para operaciones encubiertas, sueldos a funcionarios de extrema derecha, números de teléfonos e itinerarios de pilotos que transportaban a los delincuentes entre El Salvador y Guatemala. En esos papeles está la clave del asesinato del popular arzobispo salvadoreño, Oscar Arnulfo Romero, mientras celebraba misa el 24 de marzo de 1980. Junto a las anotaciones de la 'operación Piña' –nombre empleado para el atentado– aparece asimismo información clara sobre la colaboración con los exiliados nicaragüenses", señala Yeves.[20]

Allí figuran incluso las cifras que se pagaban por los distintos "trabajos" y entre ellos está el nombre de alguien que será muy conocido por los hombres de la dictadura argentina y especialmente por el general Guillermo Suárez Mason: el ex coronel somocista Ricardo Lau. En esos tugurios de paramilitares nació la "Legión 15 de septiembre", que fue una de las primeras organizaciones que actuó en actos de sabotaje y terrorismo contra Nicaragua. También se ubican nombres que llevarán los pasos hacia el sur, como el del ex capitán somocista Hugo Villagra, quien se había asilado en la Embajada argentina en Managua.

De todo ese tiempo existe una abundante literatura que hace imaginar un nido de escorpiones, formado por delincuentes, ex torturadores, paramilitares, ladrones, que Washington aglutinó y que el ex presidente Ronald Reagan llamaría luego "los luchadores de la libertad", al referirse a los ejércitos mercenarios de la contrarrevolución nicaragüense.

"Los "contras" recibieron también otras buenas asesorías. Llegaron desde Miami los mismos cubanos de Cóndor, entre ellos los agentes de la CIA, Félix Rodríguez, el mismo que interrogó a Ernesto "Che" Guevara moribundo en Bolivia en 1967 y Luis Posadas Carriles, quien intervino en la voladura del avión cubano en Barbados. En Honduras se extendieron los campos de entrenamiento y de acción, y los mercenarios ya amenazaban con una invasión militar a Nicaragua, el 19 de julio de 1980.

En agosto de ese año, los grupos universitarios y sindicales de Honduras denunciaron la aparición de bandas paramilitares en su país, como "Cobra" y "Ejército Anticomunista" y se mencionaba la presencia de algunos integrantes argentinos. Esto no podía sorprender porque estaba en un alto cargo en el Ejército hondureño, el general Gustavo Alvarez Martínez, quien había estudiado sobre Teoría de Seguridad en Argentina, y era amigo de los dictadores en esos momentos. En 1983, en secreto, este militar firmó el acuerdo para que se instalara una base militar de Estados Unidos en Palmerola.

El salto cualitativo de las distintas agrupaciones formadas entonces se produce cuando Ronald Reagan asume el poder y queda sepultada la política de Derechos Humanos de James Carter.

El 1º de diciembre de 1981 el presidente Reagan firmó la Directiva Nº 17 del Consejo Nacional de Seguridad que autorizaba operaciones secretas en Centroamérica y el Caribe. "El objetivo principal de estas operaciones es Nicaragua y la decisión está fundamentada en que Nicaragua sirve como vía de tránsito para suministro de arma y material al movimiento de liberación de El Salvador."[21]

Nunca pudo presentar el gobierno de Estados Unidos alguna prueba sobre esto, pero ya se habían conformado institucionalmente los argumentos y también los grupos de fuerzas mercenarias, que actuaban sistemáticamente contra Nicaragua. Las aldeas fronterizas entre Nicaragua y Honduras eran víctimas de asaltos todos los días y esa zona estaba sembrada de cadáveres al culminar los años 80. ¿Cómo se enlaza esta guerra sucia y encubierta, que hemos mencionado a vuelo de pájaro para construir esta historia, con los Cóndores y el Cono Sur?

Pedro Núñez de Cabeza, un nicaragüense, hijo de un ex teniente de la disuelta Guardia somocista, que había muerto, rompió el silencio sobre ciertas acciones que había realizado en los años 1981. En ese entonces el joven fue llevado directamente a recibir instrucción en cuarteles de Argentina. En sus testimonios para los periodistas Dieter Eich y Carlos Rincón",[22] Pedro Nuñez Cabeza habló sobre los cursos recibidos en Buenos Aires de "interrogatorios indirectos", dictados por el coronel "Corea". Según el instructor, no había que "perder tiempo en gente cuyos datos no van a servirnos (...) ¿qué hacen con una persona aliada del enemigo pero que no tiene datos de interés". "La respuesta que escribíamos, dijo Núñez Cabeza, era: 'eliminación' ".

En esos cursos también participaron el ex coronel somocista Ricardo Lau, el mismo de Guatemala, y otros, como Noel Ortiz. Habían llegado en un grupo de ex guardias somocistas para recibir instrucción en clases que duraban unas nueve horas por día. Sus profesores argentinos eran "el coronel Corea, el capitán Pérez y el teniente Mora, este último enseñaba tareas de inteligencia" (no se sabe si estos nombres eran falsos o verdaderos). Finalmente los "alumnos" fueron llevados de regreso hacia sus bases hondureñas.

En tanto, se ajustaba el plan estadounidense de enviar asesores de otras nacionalidades a Honduras, para evitar la exposición pública de los propios norteamericanos. Así buscaron ayuda en sus "mejores amigos" de Argentina, el general Suárez Mason, el coronel Osvaldo Ribeiro, el coronel Santiago Hoya (conocido en su trabajo en Honduras como Santiago

Villegas o José Hoyos, con estrechos lazos con Sandoval y Sisniega). En enero de 1981, se ubicó a Ribeiro y Hoyos en Miami.[23]

En Washington estaba un aparato de "duros" en el poder, y en Honduras nada menos que John Negroponte, ex hombre de Vietnam, de la CIA, y una serie de figuras de los sectores ultraderechistas conocidos como "los halcones" no iban a vacilar en poner en marcha cualquier tipo de operaciones, como lo hicieron, incluso violando enmiendas de su propio Congreso.

En Buenos Aires, en agosto de 1981, ya hubo reuniones entre los líderes nicaragüenses de la "contra" y militares argentinos como el general Alberto Valín, "Balita", jefe de Estado Mayor, y el coronel Mario Davico, responsable de la inteligencia militar argentina. Allí acordaron enviar consejeros argentinos a Tegucigalpa y San José de Costa Rica. Esta reunión se produjo en la sede del Batallón 601 de Inteligencia Militar. En este entramado también se ubica a Suárez Mason, quien como miembro activo de la Liga Anticomunista Mundial organizó en esos días un Congreso de la misma en Buenos Aires.

Después de este Congreso, hubo una reunión "entre amigos" en el mismo Batallón 601, donde participó el general Eduardo Viola y los coroneles Roualdes (el mismo nombre que vimos en el caso de Perú) y Muzzio, para cerrar los pormenores de la "Operación Calipso", por medio de la cual se pensaba desplazar "agentes" por todo el continente para "fundamentalmente controlar y eliminar a los exiliados de la guerrilla argentina", en otros países. Calipso era parte de Cóndor, pero el plan fracasó porque "entre otras cosas se esfumaron en pocos meses los cinco millones de dólares entregados por la Liga Anticomunista Mundial con resultados casi nulos".[24] Hubo cambios en el Batallón 601 a raíz de este escándalo, dice Yeves. Al mando de los nuevos operativos quedaron el general Valín y el nuevo jefe de Inteligencia era el coronel Davico. Se dice que nunca fue cómoda la relación de este militar con los "contras".

Pero Davico era hombre de armas tomar y el verdadero "cerebro" de las operaciones continentales. El periodista español habla del oficial Arismendi, subordinado de Davico, quien coordinaba en Buenos Aires la red de enviados a las capitales americanas. El representante oficial en Tegucigalpa, era el coronel Osvaldo Ribeiro. Con el cargo de jefe político de operaciones, y como ayudante en cuestiones militares logísticas, estaba allí, Santiago Hoya. A cargo de ambos trabajaban los agentes: Carlos Alberto Vivas (Jaime Vidal) y José Benayas (Tito) en El Salvador. En Miami el conocido agitador de extrema derecha y paramilitar de la Triple A, Raúl Guglielminetti (mayor Guastavino) y el no menos activista de extrema derecha y también conocido, Leandro Sánchez Reisse (Lenny). En Costa

Rica "trabajaban", Héctor Francés (Estanislao Valdés) y otros varios que no tenían destino fijo y se movían por la región. En Panamá recaló Juan Carlos Galesio, estafador, ex policía, cuyas funciones eran espiar a los argentinos en ese país. Cuando, ya como empleado de la CIA, se produjo la invasión a Panamá (1989), fue un buen "informante" para "cazar" enemigos. Tenía la misión de vigilar a todos los latinoamericanos. Entre los grupos más activos que apoyaban toda esta operación encontramos a Martín Ciga Correa (mayor Mariano Santamaría), Luis Alejandro Recio, el mayor García Cano, Horacio Capello, Antonio Rauch, Julio César Casanova Ferro, Jorge Allende Flores (cuyo nombre figuraba en la agenda personal de Antonio Campos Alum, en los Archivos de Paraguay), Carlos Noria, Gustado Guasti, Víctor Gard, Félix Brenes, Jorge Franco, y el teniente coronel Hugo Miori Pereyra.[25]

Galesio fue mencionado como el hombre que entregó cien mil dólares a los agentes Héctor Francés y Ciga Correa. En diciembre de 1982 Héctor Francés apareció repentinamente en la televisión sandinista, diciéndose arrepentido por sus tareas en la región. Esto fue unos días después que Fredy Antonio Vidarme, capturado por los sandinistas, trazó el mapa de los campamentos en Honduras, y habló de asesores de Estados Unidos, Israel, Argentina y Honduras. Francés describió públicamente, en un largo video, las operaciones de los argentinos. Se manifestó como agente de la CIA y confesó que el jefe del Ejército y de los servicios secretos hondureños recibían sistemáticamente instrucciones directas de la CIA. Como se ve, Honduras desempeñó un papel clave.[26] Su confesión fue básica para completar aquel entramado de complicidades, robos y crímenes.

Galesio había mostrado a algunas personas, un video grabado por Ciga Correa (Santamaría), donde se mostraba "arrepentido" por haber colaborado con Estados Unidos que los había traicionado en la guerra de Malvinas (1982) y decía entonces que dejaba este testimonio para "protegerse" porque sabía que su actitud podía costarle la vida. Esta saga temible, que es sólo un pantallazo sobre aquella historia, revela cómo se unieron los hilos de la red y dejaron miles de víctimas en Centroamérica, la región más castigada de América Latina.

En 1998, la Comisión de Derechos Humanos de Honduras exigió a Estados Unidos que desclasificara los documentos y permitiera aclarar la desaparición de más de cien ciudadanos hondureños, durante los años 80, que se oponían a la presencia de los "contras" y las bases de Estados Unidos. Y asimismo relataban todas las violaciones de los derechos humanos que realizaron los "contras" y los asesores extranjeros en el lugar.

El 13 de junio de 1995 el periódico norteamericano *The Baltimore Sun* publicó el testimonio de tres torturadores hondureños, donde describieron los tormentos aplicados a prisioneros en ese país, especialmente en el Batallón 316. Refugiados en Canadá, confesaron que la guerra sucia de los años 80 en Honduras tuvo el asesoramiento de la dictadura militar argentina (en ese entonces bajo el general Leopoldo Fortunato Galtieri) y la CIA norteamericana. Uno de aquellos torturadores, José Valle, testificó que "los instructores enviados por Argentina preferían métodos violentos a los psicológicos, que consideraban ineficaces".

"Los militares hondureños aplicaron en su país, al igual que otras dictaduras de América Latina, una doctrina de seguridad nacional dirigida a aniquilar a dirigentes de izquierda, atendiendo la estrategia diseñada por la CIA norteamericana para América Central, con el fin de enfrentar a los movimientos guerrilleros (...)."[27]

Tres torturadores hondureños refugiados en Canadá describieron, con lujo de detalles, los tormentos aplicados en su país en los años del lobo.

Torrijos, Roldós

Cuando en la mañana del 31 de julio de 1981, el avión en que viajaba el general Omar Torrijos dejó de enviar señales, durante un viaje de sólo 15 minutos, la angustia se apoderó de los panameños más humildes. Ya en 1973 el periódico La Prensa de Nicaragua sostuvo que la CIA había encargado a dirigentes de los contrarrevolucionarios cubanos la misión de asesinar a Torrijos, un militar que gobernaba Panamá junto a sectores de izquierda y quien enfrentó a Washington. El encargo, decía La Prensa, fue realizado por Howard Hunt, quien había participado en el escándalo del Watergate.[28]

Al menos más de un centenar de atentados fueron frustrados en Panamá contra Torrijos, que casi se acercaron al récord de los que la CIA admite haber preparado contra el presidente cubano Fidel Castro. El ex ministro de Justicia estadounidense, Ramsey Clark, dijo tiempo después en México, que no le cabía duda de "que fuera obra de la CIA". En Panamá no se necesitaba demasiado esfuerzo. Casi 20 bases militares norteamericanas dividían ese país por la mitad. Moisés Torrijos, hermano del general, denunció que la muerte de éste no era accidental. "Se trata de una operación que tiene que ver con otros dirigentes también de la región. Escuché en sectores ligados a Washington que es parte de la Operación Cóndor que se extiende sobre América Latina desde principios de los 70."[29]

Mucho tiempo después también se encontraría una extraña sociedad entre el presidente Guillermo Endara, quien juramentó en una base de Estados Unidos en el mismo momento en que se iniciaba la invasión estadounidense a Panamá, en la madrugada del 20 de diciembre de 1989.

La investigadora chilena, Mónica González, encontró estos lazos entre el general Contreras, en una sociedad comercial con el abogado Endara, en la compañía "Chola Corporation". Falta ahora saber cuáles eran los objetivos de esta curiosa sociedad que se descubrió en 1995, cuando Contreras fue juzgado y condenado finalmente en Chile.

El presidente Jaime Roldós, de Ecuador, murió el 24 de mayo de 1981, también de un "avionazo", junto a su esposa y otros pasajeros, cuando se enfrentaba a Washington por su empeño en defender las empresas petroleras estatales. Durante la investigación del caso, el Ministerio de Defensa de Ecuador llegó a la conclusión de que tanto la ocupación de la Embajada de Ecuador en Cuba, "por elementos antisociales, organizada por Estados Unidos, como la actividad estadounidense en el fomento del conflicto fronterizo Ecuador-Perú en la zona de los yacimientos petrolíferos, se deben considerar como intentos de Washington para presionar a Roldós". Testigos del hecho en el poblado ecuatoriano de Zapotillo, cerca de la zona del accidente, confirmaron que hubo una explosión y el avión se desintegró en el aire cuando volaba fuera de su ruta lógica. Dos testigos esenciales del caso desaparecieron sin dejar rastros. El periodismo de Ecuador unió esta muerte a la "internacional del crimen que opera desde el norte y el Cono Sur".

Notas

1. Stella Calloni. *Nicaragua: el Tercer día*, Ediciones Noe, Buenos Aires, 1987, Gregorio Selzer cita a Abelardo Cuadra, pág. 28.
2. Entrevista de la autora en Managua, Nicaragua, febrero de 1980.
3. Stella Calloni y Rafael Cribari, *La guerra encubierta contra Contadora,* Centro de Capacitación Social, Panamá, enero de 1994, pág. 24.
4. Günter Neuberger y Michael Opperskalski, *La CIA en Centroamérica y el caribe,* Editorial José Martí, 1985, La Habana, pág. 75.
5. Valentín Mahskin, *Operación Cóndor*, Editorial Cartago, Buenos Aires, 1985, págs. 122-124.
6. Entrevista de la autora publicada en el periódico *UnomásUno* de México, enero de 1980, pág. 1.
7. Mahskin, *op. cit.*, pág. 128.
8. *Ibid.*, pág. 129.
9. *CIA y Terrorismo Internacional*, Editorial Progreso, Moscú, 1985, pág. 157.
10. *Ibid.*, citan a *The Nation*, 11 de abril de 1981, pág. 156.
11. Entrevista de la autora con el historiador paraguayo Aníbal Miranda, en Asunción, febrero de 1993.
12. *Ibid.*
13. *ABC*, Asunción, 28 de febrero de 1993, págs. 1-2.

14. *La Jornada,* "Las triangulaciones también 'favorecieron' a la Contra", México, 8 de marzo de 1993, pág. 45.

15. Calloni, *ibid.* 1. págs. 203-204.

16. Neuberger y Opperskalski, *op. cit.*, pág. 38.

17. *Ibid.*, pág. 39-40.

18. Enrique Yeves. *La Contra: una guerra sucia*, Grupo Editorial Z, España, 1990, pág. 21.

19. *Ibid.*

20. *Ibid.*

21. Neuberger y Opperskalski. *op. cit.*, pág. 147.

22. Dieter Eich y Carlos Rincón: "The contras, Interviews with anti-sandinistas", Syntesis Publication, 1985, San Francisco, págs. 55-56.

23. Yeves, *op. cit.*, pág. 51.

24. *Ibid.*, pág. 67.

25. *Ibid.*, pág. 68.

26. *Ibid.*, págs. 111-112.

27. *Clarín,* Buenos Aires, 14 de julio de 1995, citando a *The Baltimore Sun*, cable de Agencia Reuter, pág. 32.

28. *La Prensa*, Managua, Nicaragua, 1973, pág. 3.

29. *Revista Universitaria*, entrevista de la autora, Panamá, septiembre de 1981.

16

EL CÓNDOR SIGUE VOLANDO

La mayoría de los hombres de esa secta de la muerte que integró la internacional del crimen están aún manejando hilos de poder desde distintos cargos o empresas privadas, muchas de ellas ligadas con la seguridad y la venta ilegal de armas. La mano del crimen está siempre activada.

En Chile, cuando el 29 de enero de 1992 desapareció el coronel Gerardo Huber Olivares, tercer hombre del Departamento de Logística del Ejército, estaba en el aire un escándalo por la exportación ilegal de armas a Croacia. "Eran 11.3 toneladas de armas (a título de muestra) interceptadas por la intervención de la CIA en el aeropuerto de Budapest a fines de 1991. El cargamento apareció originalmente con destino a Sri Lanka. Pero pretendía abrir mercado a los productos de FAMAE (fábrica chilena de armas) a pesar del bloqueo al comercio de armas impuesto sobre la ex Yugoslavia".[1]

Tres semanas después de su desaparición, el cadáver de Huber fue encontrado en el río Maipo y el Ejército chileno sugirió que se había "suicidado" arrojándose al mismo. Pero, como reconstruyó la revista *Punto Final* de Chile, el suegro del oficial, el coronel(R) Alberto Polloni, expresó de inmediato sus dudas. Y él sabía de lo que hablaba. Su hermano, el también coronel Julio Polloni, había tenido a su cargo la llamada "Operación silencio" que se impuso en la mañana del golpe militar, el 11 de septiembre de 1973, para acallar a las radios que eran partidarias de Allende.

Después de varios intentos de dar por terminado el caso Huber, una nueva autopsia determinó que la muerte del militar se debía a un balazo disparado sobre su cabeza, con un arma de alto poder. Esto hizo desechar toda teoría de accidente o suicidio. Según las hipótesis, la revista chilena recordó que Huber se había hecho "visible" a través del escándalo de la exportación de armas a Croacia, donde también "apareció la huella del general(R) Vicente Rodríguez, dirigente de la 'Cofradía' organización secreta de protección a agentes que pertenecieron a la DINA y al comando Conjunto (...) en la negociación también aparecieron el capitán(R) Patricio Pérez, un comerciante de armas francés, Ives Marziale, y un inglés Sidney Edwards (...)".[2] Esto podría haber llevado a temer que la investigación descubriera las conexiones criminales. Y señaló también la revista: "la conexión Rodríguez permite especular que la venta fraudulenta de armas a Croacia, perseguía propósitos más allá de los meramente comerciales para FAMAE. Por diferencia de precios e imposibilidad de controles pudiera estar destinada, en parte, a un fondo de operaciones encubiertas, lo que también se sospechó fuertemente en el caso de *La Cutufa*".[3]

La Cutufa era "una suerte de financiera informal que dirigían el general Gustavo Abarzúa y otros funcionarios de la DINE-CNI (...) también fue mencionado el general Hugo Salas Wenzel, ex jefe del CNI, a raíz del asesinato del empresario gastronómico chileno Aurelio Sichel, ligado a estos negocios".

Las denuncias de la familia Sichel fueron investigadas por la jueza Mónica Tagle, quien luego apareció quemada con su automóvil "en la zona del Parque". Se dijo que fue suicidio. La revista *Punto Final* hace un balance macabro de la cantidad de militares chilenos "suicidados". Y también menciona, en 1977, el caso de Guillermo Osorio, jefe del Departamento Consular de la Cancillería chilena, quien tuvo que ver con los documentos falsos de Townley y Fernández Lario, los asesinos de Letelier.[4]

Pero hay más. El coronel Huber tenía una estrecha relación con el químico Eugenio Berríos, a quien llamaban "Hermes", "cuyas últimas actividades en Chile contemplaban la venta de elementos para la fabricación de explosivos al Departamento de Logística del Ejército". Huber conocía a Berríos desde los tiempos de la DINA y el desarrollo del gas Sarín. Pero como dice *Punto Final*, Berríos no era requerido solamente por el gas Sarín para eliminar enemigos políticos, sino que en los años 77 y 78 "existió el propósito de producir armas químicas". El nombre de Berríos fue asociado también con la venta de armas químicas y en esto al traficante de armas chileno Edgardo Bahtich, y al tráfico de drogas, con el narcotraficante colombiano Jesús Ochoa.

Huber, por su parte había actuado en Argentina en 1974, junto a Guillermo Jorquera, agente de la DINA, cuando se fraguaba el asesinato de Prats en Buenos Aires. Jorquera fue "posteriormente eliminado por la organización". Pero las garras del Cóndor también alcanzaron al agente Berríos.

El extraño caso de Eugenio Berríos

De cómo volvió el Cóndor en estos años lo revela el secuestro, escape y luego asesinato del agente chileno, Eugenio Berríos, en Uruguay. Su caso inspiró el libro *El vientre del Cóndor* que escribió Samuel Blixen en ese país y también una serie de investigaciones de otros autores. En mayo de 1992 Berríos había salido de Chile, aparentemente con documentación falsa.[5]

En noviembre de 1992 en la ciudad balnearia de Parque del Plata (en Canelones), un hombre salió del bungalow blanco donde residía, y corrió a la casa vecina pidiendo auxilio. Dijo que era un ciudadano chileno que estaba prisionero y que temía por su vida. Cuando fue a la sede policial local se encontró con un funcionario de Inteligencia del Ejército de Uruguay. Se dijo que el oficial había llegado unos momentos antes buscando ayuda para ubicar a un prisionero chileno desequilibrado que había huido de su custodia. En pocos minutos llegaron tropas uniformadas, lo mismo que el jefe de policía del distrito, un oficial retirado del Ejército que entregó el hombre a los soldados. El hombre que no pudo huir era Eugenio Berríos.

Desde entonces no se lo volvió a ver. Según el registro policial, el ingeniero químico y biólogo chileno, que había logrado la fórmula del gas Sarín, se "retractó" ante los policías y militares, asegurando que sufría un agudo estrés emocional. El incidente quedó oculto hasta que un comunicado anónimo enviado por un policía no identificado, fue enviado a personalidades políticas uruguayas en mayo de 1993. El resultado fue un escándalo político tanto en Chile como en Uruguay. El hombre en cuestión fue positivamente identificado como el prófugo Eugenio Berríos, antiguo científico "loco" de la DINA. Berríos desapareció de Chile en noviembre de 1991, cuando un juez ordenó su detención para que atestiguara en el caso del asesinato de Orlando Letelier. Los ex comandantes de Berríos en la DINA, Contreras y Pedro Espinoza, fueron considerados culpables en este caso. Al parecer hubo temores de que este hombre declarara y enviara a la cárcel a Pinochet.

Según el testimonio, Berríos estaba involucrado en la planificación de los asesinatos de Letelier y Moffit. "Berríos sabe cosas sobre Pinochet y Contreras que serían tan peligrosas que seguramente consideraron que sería mejor tenerlo fuera del país", dijo la hermana de Letelier, Fabiola, que estaba rastreando el caso.[6] La desaparición de Berríos, su resurgimiento y la nueva desaparición, revelaron una red clandestina conocida. Desde que se fue de Chile, Berríos viajó con cuatro pasaportes diferentes (de Argentina, Brasil, Chile y Uruguay) y atravesó los límites sin ningún problema aparente a pesar del alerta de la policía internacional. La Cancillería argentina confirmó que Berríos entró en este país a fines del 92 y Uruguay dice que pasó a su territorio en mayo de 1993.[7] Se dijo que después del incidente en Parque del Plata, Berríos habría sido escoltado a Brasil por funcionarios de Inteligencia militar de Uruguay.[8] También se inventó una supuesta noticia de prensa con su foto detrás diciendo que estaba vivo. La especulación en torno a su caso fue lo más parecido a las guerras psicológicas de la DINA y de Cóndor. El escándalo fue mayúsculo. El periódico *La República* de Uruguay apareció el día jueves 1º de febrero de 1993 con revelaciones sobre este caso, en grandes titulares, donde acusaba al coronel Thomas Casella, agregado militar uruguayo en Santiago de Chile, de haber cobrado 60 mil dólares por el secuestro de Berríos.[9]

Lo que era obvio es que Berríos había entrado en Uruguay con el conocimiento de altos oficiales del ejército, que lo ayudaron a quedarse por un tiempo. De acuerdo con investigaciones personales, Berríos habría vivido en un hotel céntrico un tiempo y luego en un departamento en el barrio residencial de Pocitos.

Estos movimientos permitían deducir que detrás de este entramado había algo más que una relación de viejos conocidos. Congresistas uruguayos sostuvieron que junto a Berríos hubo varios oficiales chilenos en Uruguay.

En abril de 1995, "un ex funcionario policial escarbó con un rastrillo en un montículo de unas dunas de arena en el balneario El Pinar, 27 km al este de Montevideo (...) aparecieron unos restos óseos. Los análisis forenses confirmaban en primer término que se trataba de un asesinato: por lo menos dos orificios en el cráneo no dejaban lugar a dudas. Las cuerdas encontradas junto a los restos evidenciaban que la víctima había sido maniatada antes de ser ejecutada. Quien trasladó el cuerpo hasta la playa no se esmeró mucho para enterrarlo profundamente. Las pericias ubicaban la muerte entre cinco y dieciocho meses antes del hallazgo".[10]

También se hizo evidente que la víctima había sido torturada antes de su muerte. Los forenses trabajaron entre abril y diciembre de 1995. Se reconstruyó la cabeza con moldes y otras técnicas. Un trabajo de reconstrucción maxofacial efectuado por el antropólogo Horacio Solla, dio como resultado un asombroso parecido con Berríos. Ya en diciembre los forenses admitieron que la certeza alcanzaba al 95 por ciento. Esto hace suponer que Berríos podría haber muerto entre diciembre de 1993 y diciembre de 1994, aunque es muy difícil establecer exactamente cuándo fue asesinado. La mayoría de los análisis periodísticos indica que Berríos fue asesinado porque se había tornado "ingobernable" y constituía un serio peligro para Augusto Pinochet, que podía ir a la cárcel por los crímenes de Letelier y Prats, entre otros.

Pero el diario *La República* de Montevideo, en febrero de 1996, publicó un "informe secreto" con rótulos del Ministerio de Defensa, Departamento de Microfilmado, Dirección de Inteligencia Nacional, y otros datos que demostraban que era un documento de las Fuerzas Armadas chilenas, según el cual el ex agente Berríos fue trasladado y escondido en Uruguay en el marco de un compromiso: "Pacto Cóndor Sur". Era una operación encubierta coordinada entre el agregado militar uruguayo en Santiago, coronel Héctor Lluis, y el agregado militar chileno en Montevideo, coronel Emilio Timmerman Unduriaga.[11]

En una parte del informe secreto enviado desde Chile figura lo siguiente: "Referente a la unidad de operación-enlace dispuesto por la protectora de ex agentes de seguridad, el servicio exterior dispondrá la distracción en especial en el marco del compromiso del 'Pacto Cóndor Sur', como asimismo se trasladará el envío de la información desvirtuada desde Milano, Beirut, Libia, Sudáfrica, Lisboa; con el apoyo incondicional de la hermandad del Uruguay conforme a un instructivo a cargo del coronel Rodríguez, despacho de la ayuda económica responsable. Oficina Teatinos. Santiago de Chile". En el mismo documento aparece también que Berríos habría viajado con una cédula de identidad a nombre de Hernán Tulio Orellana y quien lo acompañaba, el mayor del ejército Carlos Herrera Jiménez, con la falsa identidad de Mauricio Gómez.

El caso Berríos, además de indicar la reaparición de la Operación Cóndor, suscitó temores entre los demócratas de la región, sobre hasta qué punto sus ejércitos harán para evitar ser llevados a la justicia. En Uruguay los generales le dieron a entender al entonces presidente Luis Lacalle que no tolerarían una investigación abierta y obstaculizaron sus esfuerzos por despedir al comandante del Ejército implicado en el caso. En Chile, Pinochet puso entonces en alerta a unidades militares, y colocó tropa fuertemente armada alrededor de la sede militar para protestar contra "el asedio" al Ejército. Era una señal clara de la complicidad de los Cóndores.

Los amigos

El 23 de febrero de 1993 se conoció en Paraguay una carta de la organización CAUSA, que pertenece a la famosa secta Moon. Tanto Campos Alum como Felipe Nery Zaldívar, otro de los grandes torturadores de Paraguay, trabajaban con la secta Moon y con las diversas organizaciones de la Liga Anticomunista Mundial. Dicha carta, enviada por CAUSA a sus miembros, exhortó a éstos a "no abandonar a los amigos en problemas" (Campos Alum y Nery Zaldívar). "Los anticomunistas paraguayos reunidos en CAUSA, Paraguay, no podemos de ninguna manera abandonar a nuestros amigos que hoy sufren una implacable persecución del frente izquierdista." Pero no se conforman sólo con esto sino que instan a los miembros de CAUSA a "eliminar" a quienes están empeñados en hacer justicia. "En este momento nos convocamos para emprender la cruzada de aniquilamiento de la camarilla izquierdista, con todos los medios y en todas las formas que están a nuestro alcance. En esta cruzada no escatimaremos esfuerzos y recurriremos a todas las formas de combate para detener el avance marxista", dice el comunicado-carta. Y también figuran nombres de "conocidos subversivos", como los de la abogada Gloria Estragó, el educador Martín Almada, el pastor Armín Ilhe, Luis Campos Alonso, Ananías Maidana, Luis Casabianca y otros. "Este comunicado es el 'primer mensaje' ", dice la carta.[12] ¿Volverá el Cóndor? En distintos países del mundo hay personas que tienen documentos sobre este caso. Quizás una forma de detener la intención del crimen sea que todos y cada uno pongan las cartas sobre la mesa. Lo demás puede ser complicidad hacia el futuro tan dramático como este pasado sombrío de América Latina. Pero lo que sigue en pie es toda la estructura que hizo posible el surgimiento de asesinos protegidos en toda la región.

La Escuela de las Américas. Mitos y realidades

A pesar de su fama, la Escuela de las Américas no es la única especializada en capacitación de contrainsurgencia, donde se preparan militares latinoamericanos. Existen más de 150 bases o centros estadounidenses, tanto de ejército, navales o aeronáuticos, donde se entrena a militares de la región, ubicados a lo largo de todos los Estados de la Unión Americana. Fort Benning es una de las escuelas claves. En Estados Unidos fueron entrenados los "kaibiles", los temibles comandos militares del crimen, que asolaron Guatemala. En estos momentos grupos de estadounidenses están realizando campañas y movilizaciones para exigir que termine este entrenamiento para la muerte y también que se produzca una transparencia que permita depurar las instituciones de Estados Unidos.

Pero la Escuela de las Américas, donde se dictaban diversos cursos, fue quizás el elemento central que aglutinó a los "amigos" de la región en los años del lobo. De los miles de alumnos latinoamericanos, no todos cursaban contrainsurgencia o cursos afines. Hubo otros cursos, y por lo tanto es importante delimitar quiénes fueron los que realizaron unos u otros, y también quiénes de aquellos militares que pasaron por la Escuela actuaron

204 ────────────────────────────── LOS AÑOS DEL LOBO

en contra de estas metodologías perversas. Entre ellos, sólo por citar algunos casos, estarían los jefes guerrilleros guatemaltecos de los años 60, Turcio Lima y Yon Sosa, y también algunos militares gobernantes o que son hoy políticos, que nunca actuaron contra sus pueblos. Son los menos, pero por lo mismo merecen reconocimiento. Sin embargo, aquella Escuela que fue llamada de "criminales", resultó ser no sólo el centro de entrenamiento militar que suponía su primera estructura, sino un centro de sustento de las ideologías, que llevaron directamente hacia el genocidio regional. Fueron el eje diabólico de una *guerra fría* que argumentaron en sus mentes y en sus acciones de muerte.

Aquí reproducimos un trabajo completo que explica calificadamente de qué se trataban algunos de sus cursos.

"¿Qué se estudia en Fort Gulik?"

Los autores F. Rivas y E. Reisman, que publicaron varios artículos sobre la Escuela de las Américas, cerrada en Panamá, en 1983, investigaron sobre los cursos especiales y sus consecuencias. Esta investigación: "Las Fuerzas Armadas de Chile, un caso de penetración imperialista", se publicó en Ediciones 75, de México, en 1975.[13]

"Los planes de estudio de Fort Gulik, que tan útiles resultaron a los generales de la junta chilena en la represión de los trabajadores, dan gran énfasis a la inculcación de una imagen, casi podría decirse diabólica, del marxismo. Ello se refleja en la abundancia de cursos teóricos incluidos en todos los programas de estudios. El catálogo de cursos de USARSA resulta particularmente instructivo. Basado en ese documento, un graduado de ciencias políticas calculó que el adoctrinamiento ideológico directo ocupaba, como promedio, un 20 por ciento de las horas de instrucción en los cursos destinados a oficiales, y fluctuaba entre un cinco y un diez por ciento en los cursos de instrucción técnica para suboficiales y tropa. Además, a partir de 1962 se establecieron dos cursos especiales 'para combatir la amenaza comunista'.

El cursillo de tres semanas para oficial de informaciones (0-4) incluye el ramo de 'introducción a actividades de información', una de cuyas unidades se titula 'comunismo versus democracia'.

El curso 0-6 (operaciones de contrainsurgencia, antes llamadas operaciones de guerra irregular) para tenientes y capitanes prevé una matrícula de 40 alumnos y dura 10 semanas. Su propósito: adiestrar oficiales a nivel de compañía, y los califica para actuar como comandantes de unidades asignadas a tareas de defensa interna, guerra de guerrillas, operaciones psicológicas, acción cívica, inteligencia y técnicas de aerotransportes aplicadas a operaciones de contrainsurgencia.

El ramo de 'Introducción a la guerra especial' incluye el tema de 'doctrina comunista'. Otros ramos son lecturas de mapas, primeros auxilios, acondicionamiento físico, comunicaciones y señales, familiarización con armas, inteligencia, actividades policiales, principios de ingeniería, acción cívica, operaciones psicológicas, operaciones de contrainsurgencia, operaciones aéreas y adiestramiento de supervivencia tropical.

En el curso 0-6A, para mayores (30 alumnos, 2 semanas) los 'Temas de inteligencia y política militar' incluyen una unidad titulada 'ideología comunista y objetivos nacionales'.

El curso 0-7, para 34 alumnos y con una duración de 5 semanas enuncia así sus objetivos básicos: proporcionar a los alumnos una perfecta comprensión del papel de organismos locales, regionales y nacionales en prevenir o combatir desórdenes urbanos. Desarrollar conocimientos de la diferencia entre la insurgencia urbana y rural.

Los ramos de este curso 'Contrainsurgencia urbana' son los siguientes: teoría, táctica y equipos para la contrainsurgencia en áreas urbanas, actividades policiales, organización, clases dictadas por profesores invitados y por alumnos.

Los requisitos para integrar este curso señalan que los alumnos deben ser oficiales con grado entre mayor y coronel, o representantes, con grado equivalente, de la policía u otros organismos de gobierno encargados de mantener el orden civil y la seguridad publica. Cada participante debe venir preparado para dar una conferencia de 30 minutos acerca de áreas conflictivas y soluciones empleadas para prevenir o combatir insurgencias urbana, o desórdenes civiles en su país de origen y comentar los equipos utilizados en su país para combatir la insurgencia urbana.

El curso de Policía militar (0-9) incluye un ramo titulado 'La amenaza comunista', que trata de la 'naturaleza de la insurgencia mundial comunista', así como de 'ideología comunista y democracia'. Tiene una duración de 11 semanas y se prevé la matrícula de 35 alumnos que deben haber rendido los estudios secundarios completos, haber recibido adiestramiento militar básico y tener conocimientos generales de actividades de policía militar. Este es un curso para futuros instructores que incluye el tema de 'seguridad física y seguridad de personajes importantes', así como elementos de investigación criminal y métodos de instrucción para personal de tropa.

El objetivo del curso de personal militar (0-11) se enuncia como 'examinar el comunismo, la amenaza que supone y las medidas de inteligencia militar a emplear contra esta amenaza'. Dura 19 semanas y está destinado a 40 alumnos, todos oficiales seleccionados con mando de tropas que hayan pasado un chequeo de seguridad y tengan autorización para manejar material confidencial. Los alumnos, una vez que hayan regresado a sus respectivos países, deben actuar como instructores. Alguna de las materias estudiadas son temas generales de inteligencia de combate, técnicas de interrogatorios y seguridad militar. Se realizan prácticas en el terreno.

El curso 0-27 (curso básico oficial de armas de combate) para 40 alumnos dura 18 semanas. Sus propósitos: adiestrar a los alumnos como comandantes de unidades pequeñas para misiones de contrainsurgencia, introducción del alumno a la doctrina y técnica del Ejército de Estados Unidos en el campo de la táctica de unidades pequeñas y su servicio de apoyo, preparar a los alumnos como paracaidistas militares.

Los ramos de estudio, desde luego, incluyen inteligencia militar, 'capacidad de liderazgo' y operaciones de contrainsurgencia, así como operaciones en la selva, en la montaña y acuáticas.

Hasta en el curso general de Oficial de abastecimiento (0-26) y en el mantenimiento de vehículos (0-40) se incluyen temas como 'La naturaleza de la amenaza comunista', 'Las falacias de la teoría comunista', 'Organizaciones latinoamericanas que sirven de pantalla al comunismo', etcétera.

Entre los cursos para los cadetes militares latinoamericanos el más largo (40 semanas) es el C-1 o curso básico de oficial para 60 alumnos. Su propósito es preparar a cadetes egresados de academias militares latinoamericanas para graduarse como oficiales de infantería, y, al mismo tiempo, adiestrarse como paracaidistas militares.

Entre los ramos estudiados figuran defensa química y radiología, redacción y oratoria eficaz, inteligencia militar, operatoria de contrainsurgencia y varios ramos tácticos de armas cortas, ametralladoras, armamentos antitanques, etc. El curso termina con una ' gira de orientación', por varias bases militares de Estados Unidos.

También se ofrecerán en USARSA cursos de contrainsurgencia (C-4) y de operaciones de seguridad interna (C-6) destinados a cadetes.

El curso de orientación para cadetes (C-3) de 3 meses, dedica 100 horas de instrucción a 'temas generales', entre ellos esta el de 'Política y teoría comunista'. El curso especial C-4, de 18 semanas, dedica 120 horas a temas de este tipo, incluyendo 'Doctrina comunista china'.

Pero si bien USARSA se encargaba de moldear la ideología de cadetes recién egresados o que aún no terminan de aprobar los cursos de sus respectivas academias militares, no descuida a los oficiales que ya han alcanzado posiciones de mando dentro de sus respectivas instituciones. Es así como el recurso de comando y estado mayor (O-3) para mayores que deben haber aprobado previamente determinado nivel de estudios, incluye temas como 'La naturaleza del comunismo', 'El comunismo en la practica' y 'Esquemas de agresión comunista'. Las conferencias ofrecidas por profesores especialmente invitados incluyen 'La naturaleza del comunismo contemporáneo', con referencias a las repúblicas socialistas de Europa Oriental, y una charla acerca de 'La China comunista'. El curso de 40 semanas de duración culmina en la clásica 'gira de orientación' por centros militares, pero también lugares de recreación e interés turístico dentro de Estados Unidos.

Un curso especial que reúne oficiales y suboficiales es el de investigación criminal en política militar (OE-12) para personal con conocimientos policiales. Pese a su título eminentemente técnico, incluye el ramo de 'La amenaza comunista', con los temas de 'Sabotaje y contrasabotaje', 'Naturaleza de la insurgencia mundial comunista' e 'Ideología comunista'. En los estudios de contrainsurgencia y guerra irregular, incluidos en el curso, se trata una vez más el tema de 'La amenaza comunista', esta vez con referencia particular a América Latina.

El curso E-13, de Inteligencia de combate para suboficiales define su propósito como 'orientación acerca de la amenaza del comunismo'. Los alumnos deben ser suboficiales del cuadro permanente, vale decir, militares de carrera; antes de matricularse en cursos deben someterse a un chequeo de seguridad, obteniendo autorización para conocer los materiales 'confidenciales' utilizados en la instrucción. Los mismos requisitos se exigen para el curso de suboficiales de contrainteligencia.

Otro curso destinado a formar futuros instructores es el E-11, de Suboficial de policía militar para 34 alumnos. Durante las 10 semanas de su duración se adiestra a los alumnos en 'conocimientos y técnicas de policía militar' y se los prepara 'para organizar, instruir y dirigir al personal de policía militar'. Los ramos de estudio incluyen elementos de operaciones de contrainsurgencia, investigación criminal, seguridad de personajes importantes, etc., pero también un ramo titulado 'La amenaza comunista'.

Un curso de radioperador (E-23) para tropas incluye el ramo de 'Guerra irregular', con los temas 'Causas y trasfondo de los movimientos insurgentes', 'Naturaleza de la amenaza comunista en América Latina' y 'los programas militares, políticos, sociológicos y de desarrollo comunitario que el gobierno debe instituir a fin de controlar un movimiento insurgente en cualquier fase de su desarrollo'. Este ramo también forma parte del curso de suboficiales de abastecimiento (E-26). Hasta el curso técnico médico (E-30) incluye el ramo 'Inteligencia y seguridad', con un capitulo sobre 'Naturaleza de la insurgencia comunista mundial'; mientras el curso de reparación de armamento para tropa (E-44) incluye 'movimientos de insurgencia', operaciones psicológicas y programas básicos de información para dar apoyo a acciones de contrainsurgencia'.

Más especializados son los cursos E-16, de suboficial de inteligencia militar para alumnos con un grado mínimo de cabo, con un nivel de escolaridad mínimo de seis años, y asistencia previa a un curso básico de armas o de inteligencia, y sobre todo el E-15. Este último está destinado a alumnos 'que sepan expresarse verbalmente y por escrito, y hayan aprobado por lo menos una educación elemental completa'. Su título, Interrogador de inteligencia militar. Ramos estudiados por 6 semanas que dura el curso: elementos generales de inteligencia, métodos de instrucción, la inflamable 'Amenaza comunista' y 'Métodos de interrogatorio'."

Los mismos autores de esta investigación hablaron con un ex Boina Negra, de los que intervinieron como los llamados "Boinas Verdes", en numerosas tareas criminales en la región.

Conversación con un ex Boina negra[14]

Periodista: Tú me hablaste de unos cursos de interrogatorios... ¿Qué les enseñan? ¿Qué técnicas de interrogatorio?

González: Cosas prácticas. Te aplastan los dedos, te meten palos de fósforos debajo de las uñas...

P.: O sea, ¿a ustedes también los torturaban?

G.: Claro. Ellos mismos, los instructores. Nos preguntaban por el nombre... "¿Cómo te llamas?" "Matrícula de guerra... que sé yo... 36-5046, tercera división". Nada más, eso no más había que decir. Te preguntaban qué andabas haciendo por ahí... Te enseñaban coartadas, uno dice, andaba paseando, andaba jugando fútbol... Entonces se empecinaban, te quemaban con cigarrillos.

P.: ¿Ellos mismos, a su propia gente, la quemaban?

G.: Claro. En el estómago, en la zona genital... Eso es muy doloroso. Y nos metían fósforos debajo de las uñas. Bueno, mucha gente hablaba. Otros no. Te pegaban... O sea, querían conseguir que tú no hablaras. Te diré que lo conseguían. La gran mayoría de la compañía no hablaba.

P.: ¿Y a ti te torturaban?

G.: Sí.

P.: ¿Cuántas veces?

G.: Como tres o cuatro veces.

P.: ¿Y te hicieron todas esas cosas que me acabas de contar?

G.: Claro. El teniente Labbé nos daba también clases teóricas de interrogación, y clases de salto, y...

P.: Perdón, vamos por orden. Tú me hablaste de unos trabajos prácticos de interrogatorio. Ahora ¿cómo eran las clases teóricas de interrogación? ¿Qué les enseñaban?

G.: Que el individuo, cuando está frente a un uniformado, tiene miedo. Porque el individuo que uno captura, el guerrillero, es alguien que está fuera de la ley. Y uno está defendiendo la ley y tiene el poder, la fuerza. Entonces el individuo te tiene miedo por esa razón (...) Segundo, ese tipo va a usar todos los métodos habidos y por haber para no hablar. Porque él sabe que, si habla, como está fuera de la ley, la ley lo va a castigar. Entonces yo tengo que demostrar que la ley no es mala. Que la ley es justa. Aunque después le tiren 20 años de cárcel o lo fusilen, si estamos en estado de guerra yo tengo que convencerlo de que tiene que hablar. Entonces, ¿cuáles son los métodos? Primero, tengo que ser duro, hasta que lo canse con mi dureza, demostrándole que yo soy quien manda, porque tengo fuerza. Después otra persona tiene que ser blanda con él. Decirle: mi amigo, di esto, declara lo que él te pide, porque si no lo haces, el único perjudicado eres tú. Y después venía la otra fase. La tortura.

P.: ¿Estas eran las clases del teniente Labbé? ¿El les enseñaba a torturar también?

G.: Claro. Eso se llamaba "métodos de interrogatorios".

P.: ¿Cómo eran las clases de tortura?

G.: Clases prácticas. Nos tomaban a nosotros, nos metían palos de fósforos debajo de las uñas...

P.: A ustedes sus alumnos, ¿él los torturaba?

G.: Claro. No solo él, sino también los oficiales y en las clases, había varios instructores. Nos tomaban, nos colgaban de los dedos con un lienzo. Nos decían: cuando hay un tipo rebelde y no quiere hablar, no se puede perder tiempo golpeándolo sistemáticamente. Hay que dejarlo que sufra bastante tiempo y piense sufriendo. Entonces ¿cuál es el método? Si tú lo cuelgas con una lienza de esas bien delgadas, lo tomas por la coyuntura de los dedos y lo haces empinarse en la punta de los pies, y haces que la lienza no le dé tiempo a apoyarse en los talones, y lo cuelgas desde el techo de una viga... Bueno, el tipo queda colgado por la punta de los dedos. Se le adormecen los dedos, se le detendrá la sangre, y sufre grandes dolores. A la vez lo que tú estás haciendo no es fuerte, no es para matarlo. Al tipo no le queda más que dos cosas: pensar y sufrir. Buscar cuál es el camino para que se corte la lienza; y para cortar la lienza, tiene que hablar.

P.: Esa es una forma de tortura. ¿Qué más le enseñaban?

G.: Desnudarlo y hacerlo correr sobre piedras, entre las espinas, sin zapatos. Amenazarlo con cigarrillos encendidos, en las mejillas, cerca de los ojos, en la boca, cerca de los labios (...) Acercárselos lo más que se pueda, que sienta el calor, que se queme la piel, pero sin aplicarle el cigarrillo.

P.: Porque eso deja marcas...

G.: Sí. Nos enseñaron que había que acercar la brasa lo más posible, que se queme la carne, pero sin que se apague el cigarrillo. Acercárselo a las tetillas, a los testículos, apretarle las tetillas.

P.: ¿A las mujeres también?

G.: Mira, de las mujeres nos hablan (...) que para las mujeres había sistemas diferentes. Que cuando una mujer era guerrillera, era muy peligrosa: en eso insistían mucho, que las mujeres eran extremadamente peligrosas. Siempre eran apasionadas y prostitutas, y buscaban hombres (...) y por esa razón estaban en la guerrilla, para tener hombres. Entonces, lo mejor era ubicar a la persona que ella más quería, su hombre o sus hijos y pegarles, torturarlos delante de ella. Que ese era muy buen método. Que eso siempre daba buenos resultados.

P.: Fuera del curso de supervivencia, de paracaidismo, de interrogatorios, ¿qué otros cursos hacían?

G.: Inteligencia.

P.: ¿Y cómo es eso de la inteligencia?

G.: Inteligencia militar (...) A nosotros nos entregaban esa instrucción hasta cierto nivel no más; obviamente, no nos enseñaban todo. No sabían cuántos nos íbamos a ir del ejército, y cuántos se iban a quedar. A propósito de eso, siempre estaban tratando de crear "espíritu de cuerpo" para que nos quedáramos en el ejército, diciéndonos cuánto sueldo íbamos a ganar (...) Pero inteligencia militar estaba basada en dos cosas: no entregar información y recibir información. Esto último es mediante el interrogatorio. O sea, capturar un tipo sin que se enteren los otros, interrogarlo, matarlo, eliminarlo, enterrarlo, ¿entiendes tú? O sea, interrogarlo mientras pueda hablar, y una vez que el tipo se muere, hacerlo desaparecer para que los rojos no se enteren que hemos captado información. Eso es inteligencia militar.

P.: ¿Les hablaban alguna vez de marxismo?

G.: Una vez un oficial vino a pasar una película y dio una charla. Y ahí habló de marxismo. O sea, dijo que había una corriente filosófica que era el marxismo, pero era una corriente de odio, de hombres poseídos por el demonio, gente cuyo cerebro desarrollaba las ideas mas diabólicas... Ideas como masacrar y destruir el mundo, y sembrar el odio. Y nuestra tarea era combatir con el fusil esas ideas. Y Dios nos iba a dirigir para eliminar el comunismo del mundo... Eso es, más o menos, lo que recuerdo.

Terrorismo internacional

La revista norteamericana *Counter Spy*[15] publicó un artículo sobre el "trabajo sucio" que realizaron los oficiales de la Inteligencia militar en Vietnam. Esta es una síntesis de ese texto.

Pregunta: Al interrogar a los prisioneros o arrestados en Vietnam ¿se les imponían torturas con el empleo del teléfono de campaña?

Respuesta: Sí, practiqué ese método en varios casos. Lo hacían todos los que se dedicaban a los interrogatorios en Vietnam.

Esta es la respuesta que dio a la pregunta un soldado de la Inteligencia militar que prestaba servicio en la sección encargada de interrogar a los prisioneros. Además, participó en las torturas y asesinatos de vietnamitas detenidos.

Durante la investigación de la actividad realizada por la Unidad de Inteligencia Militar, se escucharon testimonios de unos 18 integrantes. Todos ellos declararon que habían sido testigos oculares o participantes directos en los interrogatorios a personas civiles o militares, durante los cuales se los sometía a torturas. Los testigos que habían trabajado en esa Unidad de Inteligencia Militar manifestaron que con mayor frecuencia se empleaban los siguientes métodos de torturas:

1- Teléfono de campaña. Los cables del teléfono se aplican a las distintas partes del cuerpo del interrogado y se hace girar la manivela produciéndose la descarga eléctrica.

2- Silla eléctrica. A una silla metálica se le conectan los hilos que van a una fuente de electricidad. Sobre la silla se vierte agua y se hace sentar al interrogado. Luego se hace pasar por la silla la corriente eléctrica.

3- Trapo mojado con agua. Con ese trapo se le tapan al arrestado la boca y las narices impidiéndole respirar.

4- Ahogo. La cabeza del arrestado se mantiene sumergida en el agua durante mucho tiempo.

5- Granada descargada. Se lanza al arrestado una granada descargada quitándole el pasador de seguridad.

6- Vejaciones verbales y palizas, incluyendo culatazos, puñetazos, tablazos, puntapiés y golpes dados con medias llenas de arena. La ventaja del empleo de las medias consistía en que en el cuerpo de la víctima prácticamente no se dejaban huellas visibles.

Durante la investigación se esclareció que las torturas, que eran un fenómeno difundido en todas partes, se imponían "conforme a instrucciones oficiales". Según un capitán de la Inteligencia militar, estas instrucciones "permitían tratar con brutalidad a los prisioneros de guerra". "El jefe de la unidad decía –declaró el capitán– que todo tratamiento e incluso torturas durante el interrogatorio son justificadas si la información recibida puede salvar la vida del soldado americano. Sé que esa orientación era conocida por todo el personal de la sección en la que se llevaban a cabo los interrogatorios".

Durante la guerra de Vietnam, la Unidad de Inteligencia Militar estaba al mando de dos oficiales: el capitán Norman y el capitán Robert. Como declararon los testigos, el capitán Norman recomendaba al personal de la unidad "hacer todo lo posible para obtener información de los prisioneros de guerra, porque esto es necesario para nuestros jóvenes que combaten en la línea de avanzada. Pero no dejar ninguna huella". Varios integrantes de la Unidad de Inteligencia Militar dijeron que habían visto cómo Norman en persona torturaba a los prisioneros. El capitán Norman fue el único que se negó a declarar. En cambio, el capitán Robert "reconoció su participación en las torturas a los vietnamitas en el campamento de prisioneros. Declaró que permitía a los subordinados emplear métodos brutales al interrogar a los vietnamitas. Esos métodos incluían golpear a puñetazos y apalear a los prisioneros de guerra y torturarlos con electricidad y agua. Robert dijo también que las torturas se practicaban con conocimiento del jefe de la unidad."[16]

Estos textos son sólo párrafos en un extenso material de investigaciones sobre la función de estas Escuelas y Organismos que deberían ser llevados ante un Tribunal de Nuremberg, donde también se debería juzgar y castigar a los principales responsables intelectuales y materiales del genocidio mundial. Un genocidio que se justificó bajo la "Guerra Fría" o el combate al "terrorismo", término ambiguo si los hay, pero que es muy útil a la hora de matar indiscriminadamente utilizando el Terrorismo de Estado.

Notas

1. Revista *Punto Final*, Santiago de Chile, octubre de 1995, pág. 4-5.

2. *Ibid.*, pág. 5.

3. *Ibid.*, pág. 5.

4. *Punto Final, ibid.* 1, citando a Eugene Propper y Taylor Brach, *Labyrinth*, pág. 5.

5. *Ibid.*

6. Nathaniel Nash, "Spy Network Inflaming Uruguay-Chile, Tension", *New York Times*, 20 de julio de 1993, pág. 27.

7. *Ibid.*

8. *Ibid.*

9. *La República,* Montevideo, 1º de febrero de 1993, pág. 1.

10. Samuel Blixen, "El irresistible viaje de Berríos", *Brecha*, 2 de febrero de 1996, págs. 11-12.

11. *La República*, Montevideo, 1º de febrero de 1996, pág. 1.

12. Investigación de la autora publicada en "Paraguay: los años del lobo"; Mopassol, diciembre de 1993, Buenos Aires, y otros.

13. F. Rivas y E.Reisman, "Las Fuerzas Armadas de Chile, un caso de penetración imperialista", Ediciones 75, México, 1975, recopilado en *Geopolítica y Seguridad Nacional en América Latina*, Documento 4 del Centro de Estudios sobre América Latina, La Habana, diciembre de 1980, pág. 103.

14. *Ibid.*, págs. 108 a 112.

15. *Counter Spy*, Estados Unidos, 1976, vol. 3, Nº 2, pág. 61.

16. *CIA y Terrorismo Internacional*, Editorial Progreso, Moscú, 1985, pág. 108.

EPÍLOGO

El leve trazado de la trama, que sólo intenta abrir puertas para revelar la punta del iceberg, y partir desde allí para llegar al final de la verdad, nos lleva a concluir que ni el "estilo" ni el entramado del crimen han sido desmantelados. En 1993 fue asesinado en Buenos Aires Mario Bonino, periodista de la Unión de Trabajadores de Prensa (UTPBA). Fue un tiempo de amenazas al gremio, muy similar a los "idus" de la Triple A, de los 70. El 25 de enero de 1997, en el balneario de lujo de los políticos argentinos, Pinamar, en la costa atlántica de la provincia de Buenos Aires, fue asesinado José Luis Cabezas, reportero gráfico de la revista *Noticias*. Bonino fue encontrado flotando en las aguas del Riachuelo, muy cerca de una dependencia de la Armada. Se quiso hacer aparecer su crimen como "un suicidio", pero la autopsia fue contundente. Cabezas fue torturado, asesinado por disparos, a quemarropa, sobre su nuca, y luego quemado en su automóvil. Nada más parecido al terrible pasado.

Durante las dos últimas décadas, los políticos asesinados y secuestrados en las calles de las ciudades de Colombia, suman más de cinco mil, mientras el mismo esquema de Guatemala (y Vietnam) de "aldeas arrasadas" es puesto en práctica por las Fuerzas Armadas de ese país, entrenadas en los fundamentos de la Doctrina de Seguridad Nacional. En sólo una semana de enero de 1999 fueron asesinados 350 campesinos en las zonas rurales colombianas, por los paramilitares, y en las ciudades continúan los asesinatos de políticos y miembros de organismos humanitarios. La ayuda estadounidense en armas para los militares colombianos formados en la Teoría de Seguridad Nacional, aumenta cada año. La ayuda para matar frena toda posibilidad de pacificación. Colombia, alguna vez llamada la "Atenas de América", se desangra. Para justificar el crimen se vende una imagen: en Colombia todos son narcotraficantes: los políticos, los guerrilleros, los artistas, los niños, los pobres, los campesinos. Colombia es mala.

Ergo: ¿hay que ser solidario con los malos? No es necesario. Podemos aniquilarlos y dormir tranquilos.

La guerra sigue, está en todas partes. Es una guerra silenciosa. Un ejército de asesinos está agazapado en cualquier lugar de América. Hubo un genocidio. No hubo culpables. Cada minuto un niño muere de hambre en cualquier lugar de América. "Ellos eligieron nacer pobres", es la respuesta cínica. "No es nuestra responsabilidad".

El 17 de febrero de 1999, los legisladores ecuatorianos, Jaime Hurtado y Pablo Tapia, del opositor Movimiento Popular Democrático (MPD), fueron asesinados en un lugar muy cercano al Congreso, junto con un familiar del primero.

Hurtado recibió dos balazos en el pecho y uno en la cabeza y murió una hora después en el hospital. Los criminales eligieron un momento clave. Hurtado había criticado severamente la política económica impuesta por el gobierno, pero en realidad trazada por el FMI. Había criticado al FMI. El escarmiento era necesario, porque en ese país, más de dos millones de personas lanzadas a las calles, derrocaron a un presidente como Abdalá Bucaram, que prometió el sol y luego quiso olvidarlo. En Ecuador hay hambre en extensas zonas del país. Ajustar más sobre el ajuste eterno es un genocidio. El presidente de la Unión Nacional de Educadores (UNE), Satalín Vargas, responsabilizó al gobierno del asesinato y afirmó: "éste es el terrorismo de Estado que auspicia la Democracia Cristiana…". Los ecuatorianos están en la calle protestando. Esa protesta es "enemiga del mercado". Es subversiva. Y la Conferencia de Ejércitos Americanos (CEA), cuya sede está en Quito, en 1999 sigue acumulando informes sobre la "subversión en América Latina". A fines de 1997 Martín Almada, el descubridor de los "Archivos del Horror", tuvo acceso a un documento que enviaba el Ejército de Paraguay a la Secretaría Estratégica de la Conferencia de Ejércitos Americanos (CEA), que tenía un sugestivo título: "Estado de la subversión en Paraguay, primer semestre de 1997".

Y a continuación figuraba un informe y una extensa lista destinada a ese buzón estratégico de los Ejércitos del hemisferio. Almada denunció ante la justicia que el documento, que contenía nombres de dirigentes sindicales, políticos, de organismos humanitarios, estudiantiles, campesinos, de manifestantes "filmados" en movilizaciones, había sido enviado por el coronel Francisco Ledesma, oficial de enlace de las Fuerzas Armadas del Paraguay con el CEA. Almada logró que éste acudiera ante la justicia y explicara que "subversivo" era el término que usaban en el CEA y que todos los países debían enviar estos informes cada seis meses. "La similitud con el pasado es más que obvia y corresponde al diseño de la Guerra de Baja Intensidad (GBI) que, como parte de la Doctrina de Seguridad Nacional, fueron diseñadas por los expertos de Washington. Como efecto de esta doctrina en nuestra región tenemos un genocidio. ¿Debemos aceptar otro?", dijo Almada, en entrevista con *La Jornada*.[1]

Algunos hechos confirman las advertencias de Almada. Como extraño corolario, el 23 de marzo de 1999 fue asesinado en Paraguay el vicepresidente de ese país, Luis María Argaña. Los criminales actuaron con evidente impunidad. Dirigente tradicional del Partido Colorado, que durante 35 años quedó bajo el arbitrio del dictador Alfredo Stroessner, Argaña fue asesinado por una conjura no sólo local, sino multinacional. Como dirigente del coloradismo se oponía a la venta de la empresa nacional Yaciretá, que comparten Argentina y Paraguay. Los principales lobbystas de las empresas que quieren quedarse con Yaciretá, un área estratégica para ambos países, son Henry Kissinger y el ex presidente George Bush. Entre las personas que fueron vinculadas al crimen figura Conrado Pappalardo, el mismo hombre que entregó los pasaportes falsos a los asesinos de Letelier en Washington. ¿No es esto terriblemente coherente con esa misma ronda de muerte del pasado?

En noviembre de 1998 y a instancias de la Argentina, especialmente de los ministerios del Interior y Defensa, sin participación de los Congresos, se firmaron acuerdos "de lucha contra el terrorismo, el narcotráfico" y otros de los típicos argumentos de Washington para que Estados Unidos dirija en el continente los temas de seguridad. Pero como algunos países plantearon que cada uno tenía una interpretación propia del término "terrorismo", el acuerdo no se pudo ajustar del todo a lo que Washington y Argentina deseaban. En 1999 los ministros del Interior y Defensa de Argentina firmaron un "acuerdo" con sus pares de Estados Unidos, para "intercambiar datos, mantener un Banco de Datos conjunto", y Estados Unidos dispuso la asesoría del FBI para "coordinar" a la Policía Federal, la Gendarmería Nacional y la Prefectura. Asimismo se firmaron otros pactos que posibilitan acciones conjuntas de los Ejércitos de Argentina y Estados Unidos. Estamos nuevamente en el cerco.

El 28 de septiembre de 1997 al "despedirse" del Comando Sur en la Zona del Canal de Panamá, la secretaria de Estado norteamericana Madeleine Albright dijo, sin una sombra de pudor, que "sin la participación del Comando Sur no disfrutarían de la democracia todos los países de este hemisferio, con excepción de Cuba", y no se quedó allí. Destacó con entusiasmo "su rol central (el del Comando Sur) al restaurar la democracia en Panamá hace casi ocho años (cuando se invadió ese pequeño país a sangre y fuego), que es el ejemplo quizás más dramático del compromiso de nuestra nación para respaldar la democracia cuando ésta se ve amenazada".[2]

Lo que subyace en este discurso, es que nunca se rompió la continuidad de los planes expansionistas, de hegemonía y dominación, que fueron los mismos por los cuales se instauraron todas las dictaduras de la región y valdría recordar que las del mundo. En estos tiempos el lingüista y académico estadounidense Noam Chomsky llama "dictadura global" al sistema impuesto, que transforma a los países en dependientes y sumisos frente a los centros financieros, hace de los gobernantes "administradores de empresas extranjeras" y de los Congresos, oficinas de debates donde finalmente se aplicará lo que decida el Fondo Monetario Internacional, que ordena las políticas a seguir sobre toda razón o toda lógica. Chomsky define muy claramente las actuaciones de su país en el mundo. Al señalar los apoyos de Washington a las dictaduras menciona a George Kennan "posiblemente la figura más destacada en la diplomacia durante la Segunda Guerra Mundial, quien ahora es un académico". Kennan fue en los años 40 responsable del equipo de Planeación Política del Departamento de Estado (Policy Planning Staff). Al explicar a embajadores latinoamericanos en los años 50, la política de su país,[3] Kennan sostuvo su posición de que "había que dejar de lado cualquier preocupación sentimental con relación a los ideales de Derechos Humanos y la Democracia, tanto en Asia como en cualquier parte del mundo, y estar preparados para una política de poder de medidas duras (…) explicó que Estados Unidos tendría que apoyar a los gobiernos latinoamericanos que emplearan la violencia contra su población (…) no hay nada inmoral al respecto, porque los comunistas son traidores y, por lo tanto, si el Estado (y el terrorismo de Estado) usa la violencia para atacar a los comunistas no hay nada de malo en ello. Esa es la posición clásica de las élites estadounidenses", sostiene Chomsky,[4] ya sea ante el "comunismo" o cualquier otro "enemigo potencial". Más adelante Chomsky señala que "a Estados Unidos no le importa si un país tiene democracia formal u otro régimen. Le importa que se supedite a su sistema de dominación mundial. El principio fundamental es: ¿Permitirá un país ser robado? ¿Permitirá que las corporaciones extranjeras inviertan y exploten a su voluntad? Si lo permite puede tener cualquier sistema político que le plazca: puede ser fascista, democrático, comunista, lo que quiera mientras ese criterio se cumpla".[5] Las consecuencias son las mismas para nuestros países: pobreza desmedida, injusticias, inequidad, y como es inevitable para mantener ese statu quo, la represión.

Mientras en nuestros países se discuten situaciones domésticas –a veces transformadas en simple chismografía televisiva– se permite la creación de organismos de seguridad conjuntos, algo que durante las dictaduras hicieron clandestinamente.

En Argentina los funcionarios gubernamentales hablan de Fuerza de Despliegue Rápido y Task Force (una Fuerza de Tarea) supuestamente destinadas a combatir el delito. Si vemos los "combates antidrogas" o antidelitos, la visión es común: grandes allanamientos masivos con perros amaestrados, armas sofisticadas, contra los barrios pobres, donde deben –y hay que recalcarlo– ir a vivir los millones de excluidos de este sistema.

Sin embargo, en esto está implícito un término que significa la Nueva Teoría de Seguridad de Estados Unidos, el nuevo intervencionismo: la Guerra de Baja Intensidad (GBI), en su capítulo de los años 90.

"Aunque parte de la táctica contrainsurgente, la GBI comprende gran variedad de operaciones político-militares, tanto abiertas como encubiertas. Con todo, para los políticos y militares estadounidenses, la GBI no sólo significa una categoría especializada de lucha armada, sino que también representa una reorientación estratégica de los conceptos dominantes en materia militar, y el compromiso renovado de usar la fuerza en el marco de una cruzada global en contra de los gobiernos y los movimientos revolucionarios del Tercer Mundo", como lo advertían ya en los años 80 los investigadores y analistas estadounidenses, Michael T. Klare y Peter Komblush.[6] Vale recordar que estas doctrinas están destinadas a dominar el llamado "patio trasero", a enfrentar, las "insurgencias", concepto ajustado a una "necesidad estratégica de dominación", lo cual puede convertir a cualquier gobernante regional independiente en un clásico "insurgente". De esto no se habla, y sin embargo es la mayor sombra hacia el futuro de la región y del mundo. Nacida bajo el temible calor del "reaganismo", hubo largos debates sobre la Doctrina y la Guerra de Baja Intensidad que, como dicen los mismos analistas, "es notable por su fuerte contenido ideológico". Fueron los Jefes de Estado Mayor norteamericanos, en discusión en el Pentágono, quienes definieron los términos:

"La GBI es una lucha político-militar limitada con fines políticos, sociales, económicos o psicológicos. Suele ser prolongada e incluye desde las presiones diplomáticas, económicas, psicosociales hasta el terrorismo y la insurgencia."[7]

Pero quizás la mayor conclusión es que no hay que esperar a que se desarrolle el conflicto, sino hay que "estar antes" Y de eso se trata. Teniendo en cuenta que en la actual coyuntura se "hace extrema la intervención macroeconómica externa y la subordinación latinoamericana", todo está bajo previsión. Entonces se analiza que estas "democracias" son muy vulnerables porque "se ensamblan con procesos de depresión económica y pauperización creciente de difícil solución en el corto plazo. El general Fred Woerner (ex jefe del Comando Sur) llamó la atención sobre estos 'signos ominosos': términos declinantes del comercio exterior, alto desempleo, educación y dieta insuficiente, virtual descapitalización, miseria, transferencia de excedentes al exterior" y agregó "puede ser que América Latina no salga de su crisis por otros diez o quince años", como cita la socióloga argentina Ana María Ezcurra, en su libro *El conflicto del año 2000*.[8] "La Doctrina LIC (Conflictos de Baja Intensidad) brotó a principios de los 80 y aportó la primera renovación sistemática y específica del pensamiento estadounidense sobre el Tercer Mundo, que por consiguiente se dio en el terreno militar (...) no obstante es más que una doctrina bélica (...) suministra una visión geopolítica novedosa (Norte-Sur), una reorientación estratégica de fuerte contenido ideológico y en especial, un remozado patrón de intervención en el Tercer Mundo, aceptable en la era post-Vietnam. La administración Reagan (Ronald) convalidó y alentó el sistema LIC expresamente y sin reservas y, a la vez, abrió el espacio y el consenso para acciones unilaterales directas. Así surgieron los ingredientes propositivos para un 'revival' intervencionista de nuevo cuño, que postula un involucramiento selectivo."[9] Y añade que "los militares norteamericanos no ignoran ni siquiera el efecto devastador de la deuda externa, que consume los recursos necesarios para el crecimiento y tampoco desconocen que los programas de ajuste erosionan la popularidad de los gobiernos democráticos".

Esto lleva directamente a las nuevas hipótesis de conflictos, y esas nuevas hipótesis son los posibles estallidos sociales. Y entonces vuelve el llamado "enemigo interno". Los pobres desesperados que cortan una ruta, sin herir a nadie, son los subversivos de ahora. Es esto lo que se está poniendo bajo control y para ello ya se han instalado, en diversos países, tropas estadounidenses –con el argumento del combate a las drogas–, asesores, oficinas de la CIA, el FBI y DEA, se imparten cursos y aparecen las "fuerzas de élite", esos encapuchados que en cualquier lugar de América surgen en la escena para "combatir el mal" y no importa el grado de violencia que usan. Aparecen también las Fuerzas de Despliegue Rápido. Un conflicto en Neuquén, en Río Negro, en Jujuy, y allá va la "nueva" gendarmería, que ya no cuida fronteras –en el libre mercado no existen, salvo para la circulación de las personas– y ahora conforman los nuevos equipos de la Guerra de Baja Intensidad (GBI). El "paramilitarismo" es ahora de uso corriente. Las capuchas hacen invisible al victimario. Institucionalmente se hace "invisible" la mano del crimen.

Una de las orientaciones de este tipo de nuevas doctrinas "encara el desafío de unir seguridad interna y democracia a través del aparato jurídico del Estado, reformulando el papel de las Fuerzas Armadas Latinoamericanas". Está previsto que la misma situación haga surgir movimientos de rebelión que ya no se podrán ¿o sí? acusar al conflicto este-oeste. Y "habrá que actuar". El conflicto social podría derivar a insurgencias, pero ya estarán ahí, en el terreno, esperando, las nuevas fuerzas de contención y sus nuevas armas.

A fines de los 90, era obvia la preocupación por la "subversión de la cultura y la reconstrucción de visiones globales alternativas al 'capitalismo democrático'", como recuerda Ezcurra, tanto en los documentos de Santa Fe II como en las propias conclusiones de la Conferencia de Ejércitos Americanos (CEA) realizada en noviembre de 1987, en Mar del Plata, "la penetración ideológica vendría de la mano del accionar subversivo inspirado en Antonio Gramsci y operaría en el campo de la educación, los medios de comunicación, las artes, la moral social, los centros de pensamiento y el terreno religioso, especialmente".[10]

Estamos, como quien dice, donde empezamos. Porque la "guerra sucia", el "Operativo Cóndor" no fueron *consecuencia de* sino *creaciones para*. La guerra sucia no es sólo militar. Es político-militar. Y un inmenso sector de civiles comparte esa acción punitiva contra las sociedades que demandan. Henry Kissinger no es militar. Los jefes paramilitares no siempre son militares. Sin los civiles de alto poder de Chile las Fuerzas Armadas hubieran sido una hoja en la tormenta. Esa alianza de sectores de poder económico y también religioso —en algunos casos— con sectores militares conforman una estructura siniestra, son los ejecutantes de un proyecto cuyos resultados no cierran sin genocidios. Antes, ahora y en el futuro, si no se logra entrar en el 2000 de otra manera.

Lo cierto es que al finalizar el siglo XX hay fábricas de victimarios, que son a su vez victimados. Y por supuesto víctimas, "objetivos", "blancos" abundan cada vez más, a medida que la marginalidad, la miseria y el analfabetismo se extienden retrotrayéndonos a 50 años atrás. La detención en Londres del dictador chileno Agusto Pinochet, el 16 de octubre de 1998, y la decisión final, después de un largo proceso, de Jack Straw, ministro del Interior británico, de dar curso a la solicitud de extradición de la justicia española, el 15 de abril de 1999, así como diversos juicios sobre el genocidio pasado, abiertos en varios países y lo actuado por las Abuelas de Plaza de Mayo, de Argentina, quienes buscan en forma incansable a casi 400 niños, apropiados por militares y policías, hijos de detenidas políticas desaparecidas, han logrado abrir las puertas de los laberintos de la muerte.

Como una muestra de la eterna fuente de milagros, que es la naturaleza, Sara Méndez, uruguaya, secuestrada en Argentina, llevada a Orletti, entregada a su país, es ahora una madre que busca a su niño (caso único) que le fue arrebatado por sus captores, cuando tenía sólo semanas de vida. Tantos años después esta mujer, que fue víctima del Operativo Cóndor, está allí reclamando, testificando con su presencia que el crimen deja huellas imperceptibles y que esas huellas, algún día, se hacen camino y nos llevan hacia el agujero donde dormita la serpiente.

Notas

1. Stella Calloni "Podría regresar el terror al Cono Sur, advierte Almada", *La Jornada*, México, 25 de enero de 1998, pág. 53.

2. *La Jornada*, 29 de septiembre de 1997, págs. 59-60.

3. Heinz Dieterich, *Noam Chomsky habla de América Latina*, Editorial 21, agosto de 1998, págs. 56-57.

4. *Ibid.*, pág. 57.

5. *Ibid.*, pág. 97.

6. Michael Klare y Perter Komblush, *La Guerra de Baja Intensidad*, citado en "Democracias amenazadas", Revista *Desafíos*, diciembre de 1998, Buenos Aires, Argentina, págs. 3 -4.

7. *Ibid.*, pág. 7.

8. Ana María Ezcurra, *El conflicto del año 2000*, El Juglar Ediciones, México, agosto de 1990. págs. 40-47.

9. *Ibid.*, pág. 81.

10. Documento Conferencia de Ejércitos Americanos (CEA), 1987.

LA PATAGONIA TRAGICA

José María Borrero

Prólogo de Osvaldo Bayer

"En 1928 apareció en Buenos Aires un libro que alcanzó gran notoriedad y ribetes de escándalo. Se llamaba *La Patagonia trágica*. Su autor era José María Borrero. El libro estaba escrito en un estilo agresivo y en cada página había una denuncia. No tenía rigurosidad histórica pero podía servir de testimonio o de materia polémico para un estudio serio de la realidad patagónica. En torno a *La Patagonia trágica* se formó todo un halo de misterio: al poco tiempo desapareció de las librerías. Empezó a difundirse entonces la leyenda de que el libro había sido prohibido, o que los Braun Menéndez o los Menéndez Behety habían comprado toda la edición. Los pocos libros en circulación se pasaban de mano en mano, casi en secreto, por lo explosivo del tema. En su última página, el libro anunciaba la segunda parte, titulada: *Orgía de sangre*. Esta segunda parte jamás apareció. Trataba, según el anuncio, de las 'horrorosas matanzas de 1921'. Se formó una nueva leyenda sobre esta segunda parte. Se dijo que a Borrero le habían robado los originales, que se los habían quemado, que lo habían matado al propio Borrero, etc., etcétera."

Osvaldo Bayer

CINCO DANDYS PORTEÑOS

Pilar de Lusarreta

Prólogo de Pedro L. Barcia

Nueva edición de este libro largamente esperado, por ser la cabal expresión de un pasado esplendoroso de la Argentina y testimonio que ha servido a historiadores y novelistas para bucear, sobre todo, en la novelesca vida de Fabián Gómez y Anchorena, Conde del Castaño.

LA NOVELA DE LA ARGENTINA

Eduardo S. Calamaro

Una aguda visión de los fundamentales problemas nacionales; sus contradicciones, su prepotencia de grandeza y la desconsoladora realidad, protagonizado por políticos, funcionarios e instituciones de nuestro país.

LA PATAGONIA TRAGICA

José María Borrero

Prólogo de Osvaldo Bayer

He aquí la reedición de un "clásico" de la literatura social; "un clásico de iniciación –dice Bayer– para todo aquel que quiere internarse en la historia patagónica". Libro insoslayable para entender la grandeza de "esa parte integrante del territorio argentino, que sutil y capciosamente escapa a la tutela del Estado" –como afirma su autor–, y es abandonada a manos de aventureros y latifundistas.

EL TANGO: SU HISTORIA Y EVOLUCION

Horacio A. Ferrer

Prólogo de José Gobello

Abarcadora visión de nuestra música ciudadana, desde su origen a nuestros días; del pecaminoso pasado a la consagración planetaria de la aguda expresión de nuestra identidad nacional.

ROMANCERO CANYENGUE

Horacio A. Ferrer

Prólogo de Alejandro Dolina

Introducción de Cátulo Castillo

El poeta de *Balada para un loco* y *Chiquilín de Bachín* nos entrega aquí la musa "maldita" de la noche, la vida surrealista de la última "grela", y el lírico dolor de los "perdedores".

EL TANGO, TESTIGO SOCIAL

Andrés Carretero

Investigación y testimonios de los escenarios sociales, prostibularios y proletarios, que inspiraron a la poesía y a la música popular llamada tango.